广东省优秀社会科学家文库（系列一）

罗必良自选集

罗必良 ◎ 著

·广州·

版权所有 翻印必究

图书在版编目（CIP）数据

罗必良自选集/罗必良著. —广州：中山大学出版社，2015.11
[广东省优秀社会科学家文库（系列一）]
ISBN 978 - 7 - 306 - 05439 - 5

Ⅰ.①罗… Ⅱ.①罗… Ⅲ.①农业经济—经济制度—中国—现代—文集 Ⅳ.①F320 - 53

中国版本图书馆 CIP 数据核字（2015）第 217823 号

出 版 人：徐　劲
策划编辑：嵇春霞
责任编辑：嵇春霞
封面设计：曾　斌
版式设计：曾　斌
责任校对：曹丽云
责任技编：何雅涛
出版发行：中山大学出版社
电　　话：编辑部 020 - 84110283，84111996，84111997，84113349
　　　　　发行部 020 - 84111998，84111981，84111160
地　　址：广州市新港西路 135 号
邮　　编：510275　传真：020 - 84036565
网　　址：http：//www.zsup.com.cn　E - mail：zdcbs@ mail.sysu.edu.cn
印　刷　者：广州家联印刷有限公司
规　　格：787mm×1092mm　1/16　18.75 印张　309 千字
版次印次：2015 年 11 月第 1 版　2015 年 11 月第 1 次印刷
定　　价：60.00 元

如发现本书因印装质量影响阅读，请与出版社发行部联系调换。

罗必良

  1962年11月生，湖北监利人。博士，华南农业大学学术委员会副主任，经济管理学院教授、博士生导师。教育部"长江学者"特聘教授、广东省"珠江学者"特聘教授。享受国务院政府特殊津贴。兼任国务院学位委员会学科评议组成员、教育部农林经济管理教学指导委员会副主任委员。先后主持各类科研课题90余项，获得各种科研成果奖励60余项。出版专（合）著30余部，发表论文300余篇。获得全国首批"新世纪百千万人才工程"国家级人选、教育部"高校青年教师奖"、广东省高等学校"教学名师"、广东省"五一劳动奖章"、广东省首届优秀社会科学家、全国先进工作者等荣誉（称号）。

"广东省优秀社会科学家文库"（系列一）

主　任　　慎海雄

副主任　　蒋　斌　王　晓　李　萍

委　员　　林有能　丁晋清　徐　劲

　　　　　魏安雄　姜　波　嵇春霞

"广东省优秀社会科学家文库"（系列一）

出版说明

　　哲学社会科学是人们认识和改造世界、推动社会进步的强大思想武器，哲学社会科学的研究能力是文化软实力和综合国力的重要组成部分。广东改革开放30多年所取得的巨大成绩离不开广大哲学社会科学工作者的辛勤劳动和聪明才智，广东要实现"三个定位、两个率先"的目标更需要充分调动和发挥广大哲学社会科学工作者的积极性、主动性和创造性。省委、省政府高度重视哲学社会科学，始终把哲学社会科学作为推动经济社会发展的重要力量。省委明确提出，要打造"理论粤军"、建设学术强省，提升广东哲学社会科学的学术形象和影响力。2015年11月，中共中央政治局委员、广东省委书记胡春华在广东省社会科学界联合会、广东省社会科学院调研时强调："要努力占领哲学社会科学研究的学术高地，扎扎实实抓学术、做学问，坚持独立思考、求真务实、开拓创新，提升研究质量，形成高水平的科研成果、优势学科、学术权威、领军人物和研究团队。"这次出版的"广东省优秀社会科学家文库"，就是广东打造"理论粤军"、建设学术强省的一项重要工程，是广东社科界领军人物代表性成果的集中展现。

　　这次入选"广东省优秀社会科学家文库"的作者，均为广东省首届优秀社会科学家。2011年3月，中共广东省委宣传部和广东省社会科学界联合会启动"广东省首届优秀社会科学家"

评选活动。经过严格的评审，于当年7月评选出广东省首届优秀社会科学家16人。他们分别是（以姓氏笔画为序）：李锦全（中山大学）、陈金龙（华南师范大学）、陈鸿宇（中共广东省委党校）、张磊（广东省社会科学院）、罗必良（华南农业大学）、饶芃子（暨南大学）、姜伯勤（中山大学）、桂诗春（广东外语外贸大学）、莫雷（华南师范大学）、夏书章（中山大学）、黄天骥（中山大学）、黄淑娉（中山大学）、梁桂全（广东省社会科学院）、蓝海林（华南理工大学）、詹伯慧（暨南大学）、蔡鸿生（中山大学）。这些优秀社会科学家，在评选当年最年长的已92岁、最年轻的只有48岁，可谓三代同堂、师生同榜。他们是我省哲学社会科学工作者的杰出代表，是体现广东文化软实力的学术标杆。为进一步宣传、推介我省优秀社会科学家，充分发挥他们的示范引领作用，推动我省哲学社会科学繁荣发展，根据省委宣传部打造"理论粤军"系列工程的工作安排，我们决定编选16位优秀社会科学家的自选集，这便是出版"广东省优秀社会科学家文库"的缘起。

　　本文库自选集编选的原则是：（1）尽量收集作者最具代表性的学术论文和调研报告，专著中的章节尽量少收。（2）书前有作者的"学术自传"或者"个人小传"，叙述学术经历，分享治学经验；书末附"作者主要著述目录"或者"作者主要著述索引"。（3）为尊重历史，所收文章原则上不做修改，尽量保持原貌。（4）每本自选集控制在30万字左右。我们希望，本文库能够让读者比较方便地进入这些岭南大家的思想世界，领略其学术精华，了解其治学方法，感受其思想魅力。

　　16位优秀社会科学家中，有的年事已高，有的身体欠佳，有的工作繁忙，但他们对编选工作都非常重视。大部分专家亲自编选，亲自校对；有些即使不能亲自编选的，也对全书做最后的审订。他们认真严谨、精益求精的精神和学风，令人肃然起敬。

在编辑出版过程中，除了16位优秀社会科学家外，我们还得到中山大学、华南理工大学、暨南大学、华南师范大学、华南农业大学、广东外语外贸大学、广东省社会科学院、中共广东省委党校等有关单位的大力支持，在此一并致以衷心的感谢。

广东省优秀社会科学家每三年评选一次。"广东省优秀社会科学家文库"将按照"统一封面、统一版式、统一标准"的要求，陆续推出每一届优秀社会科学家的自选集，把这些珍贵的思想精华结集出版，使广东哲学社会科学学术之薪火燃烧得更旺、烛照得更远。我们希望，本文库的出版能为打造"理论粤军"、建设学术强省做出积极的贡献。

"广东省优秀社会科学家文库"编委会
2015年11月

目录

学术自传 / 1

第一部分　产权制度与农地产权

政治结构、政府行为与产权制度 / 3
公共领域、模糊产权与政府的产权模糊化倾向 / 13
农地产权模糊化：概念性框架及其解释 / 32
农地流转的市场逻辑：理论线索与案例分析 / 58

第二部分　农业合作与合约选择

农业合作机理：组织特性、声誉机制与关联博弈 / 93
要素品质与契约选择：对佃农理论的进一步思考 / 114
契约期限如何确定：资产专用性维度的考察 / 135
以合约治理合约：思想模型及案例阐释 / 151

第三部分　制度安排与农业发展

目标、效率与制度选择：以中国农地制度为例 / 191
制度的有效性评价：以家庭承包经营制度为例 / 205
农业经济组织的效率决定：比较案例分析 / 223
农业经营制度：制度底线、性质辨识与转型发展 / 240

附录　罗必良主要著述目录 / 279
后记 / 281

学术自传

◎ 罗必良

我于1962年11月出生于湖北江汉平原的农村，父母是地地道道的农民。小时候所感受到的农业劳作的艰辛、父辈维生的辛劳以及村落文化的质朴，对我的成长与学术研究有着深刻的影响。

1980年我进入华中农学院（现为华中农业大学）学习农业经济管理，1984年考入西南农业大学（现为西南大学）师从叶谦吉教授攻读农业生态经济学研究方向的硕士研究生。连续7年的专业训练，使我意识到农业特性与生态环境特性在农业经济发展中的重要性。

对外生性条件与要素的研究，并不能保证对农村发展中各种问题的理解。于是，我的研究进一步拓展到产权及其制度安排。所以，后来在南京农业大学师从顾焕章教授，"农民经济组织的制度研究"自然就成为我的博士论文选题。

因此，将农业与农村经济学、资源与生态经济学、产权与制度经济学结合起来研究"三农"问题，应该是我的研究兴趣的聚合点。因此，大体上可以说，我的研究工作所呈现的基本特点是，产权与制度分析是逻辑主线，农业、农村与农民是主要对象，生态、资源与环境条件是约束条件。

对制度经济学的研究，是我的理论兴趣所在。我的工作主要集中于两个方面。

第一，致力于新制度经济学框架体系的构建。我从1994年开始为研究生讲授"新制度经济学"课程。当时新制度经济学作为一个前沿领域刚刚被介绍到中国，文献资料的系统性有限，使得我的教学工作受到许多约束。一是国内外出版的专著由于研究角度与兴趣的不同，只能丰富学生的阅读范围；二是已经出版的教科书，要么覆盖范围有限，要么深度不够。重要的是，仅仅限于文献资料的介绍，是难以满足教学要求的。我强烈感受到应该有中国特色的新制度经济学的教材。于是，我在2000年获得教育部"高等学校优秀青年教师教学科研奖励计划"后,《新制度经济学》的写作计划随即进入了实施阶段。经过差不多10年的准备、5年的写作,本书终于在2005年出版。该书被评价为集全面性、系统性、权威性、适用性和通俗性于一体,是我国新制度经济学领域最具代表性的专著型教材。最令我满意的是,该书在注重框架体系完整性的同时,能够将理论叙述与案例分析结合、一般问题与"中国问题"结合,从而体现国际化与本土化特点。

第二,致力于产权理论的基础性研究。从1990年以来,在20多年的时间里,我在新制度经济学领域的理论研究,大体遵循着"产权结构—行为特征—经济绩效"的逻辑线索。显然,理解产权结构是重要的。产权经济学认为,经济学要解决的是由于使用稀缺资源而发生的利益冲突,必须用这样或那样的规则即产权来解决。我更为关注产权与产权结构的生成机理。从宏观层面来说,我倾向于从制度目标、政治结构、政府行为的维度来理解产权的性质及其意义;在微观方面,我则偏好于从环境特性、资源特性、交易特性、行为响应等方面来理解产权制度的生成及其演变机理。

将制度经济学与农业经济问题结合,是我的实证兴趣所在。我主要关注四个问题。

第一,中国的农地为什么易于流失?通过构建一个农地产权模糊化进而被侵蚀的解释性框架,由此阐明:中国农地的流失是多项制度安排的结果。一方面由中国粗放经济增长方式的内在机制所诱致,另一方面则由模糊的产权制度安排所决定。前者导致了农地被流失的可能性,后者导致了农地被侵蚀的必然性。或者说,前者提供了农地流失的制度需求,后者提供了农地流失的制度供给。地方财政压力所引发的工业化与城镇化冲动,促成了普遍的"占地竞赛",获取"土地财政"成为政府的普遍"偏好"。因此,赋予农民土地财产权利,强化农民的产权强度,就显得尤为重要。

第二,农地流转为什么困难重重?基于"产权强度—禀赋效应—交易装置"的分析线索,发现农地流转并不是一个纯粹的要素市场,而是包含地缘、亲缘、人情关系在内的特殊市场,有其特殊的市场逻辑。农户普遍存在的禀赋效应,因土地人格化财产特征的强化,而成为抑制农地流转的重要根源。通过对科斯定理的反思与拓展,揭示交易装置及其匹配将是一个重要的研究方向。

第三，农业合作为什么易于失败？合作组织是否有效率，一直存在两种针锋相对的判断。争论的焦点集中于自由退出、限制退出及其监督机制等方面。应该说，制度绩效的高低在相当程度上取决于制度安排所导致的对生产性努力与分配性努力的行为预期。合作机制与交易对象及环境特性的相容性决定合作效率。在不同的交易背景下，退出威胁与进入威胁并不是一个非此即彼的相互替代的组织治理策略。以合约匹配合约、以合约治理合约，是保障合约稳定性的一个重要机制。

第四，如何创新农业经营制度？在农村土地所有权、承包权、经营权三权分置背景下，创新农业经营方式的关键就在于盘活农地经营权。因此，农地产权的细分、农业分工的深化与家庭经营空间的扩展，将是农业经营方式转型的基本方向。以土地"集体所有、家庭承包、多元经营、管住用途"为主线的制度内核，有可能成为我国新型农业经营体系的基本架构。

无疑，上述"问题导向型"的关注点显然是不够的。因为，作为制度运行的主体——村庄及其开放背景下的农民，对宏观制度安排的响应，对村庄微观规则的生成，都具有内生性作用。因此，对农业制度经济问题的研究，必须始终将认识和理解农民特别是农民的经济理性放在逻辑的起点。

20世纪80年代，整个发展经济学界的注意力从对发展中国家经济发展战略的研究转向了对发展中国家经济运行的微观基础的研究。其中，最主要的动向之一就是对制度经济学的重视，而另一方面的动向就是对农民经济行为的研究。20世纪90年代以来，主流的农业经济研究表现出一个重要的特征：对农民理性的认定、农民能够对制度安排做出理性响应。缺乏对农民理性的深刻认识，任何研究、任何判断乃至最后形成的任何政策都可能是偏颇的，历史经验对此予以了反复证明。

理性是指一个行为主体面临一个选择机会时，他会选择一个能使他的效用达到最大满足的方案。在经济学家看来，当说一个人缺乏经济理性时，即意味着这个人对价格变化或潜在赢利机会缺乏反应。舒尔茨（1964）在《改造传统农业》一书中提出了一个重要的观点：农民是理性的，他们并不保守，也不反对现代化。他们对价格有足够的反应，他们在行为努力上具有与其他任何社会群体、任何社会阶层同样的人性，即追求自身效用的最大化。发展经济学家金德尔博格（1958）有一段至理名言：给农民以土地的所有权（产权），他会把沙漠变成绿洲；如果让农民以租赁的方式来经营土地，他会把绿洲变成沙漠。这表明，农民对制度安排有着充分的理性反应。

尊重农民的经济理性，理解农民的行为选择，在此前提下分析所面临问题的性质及其生成机理，由此寻求可能的解决办法，应该是我研究"三农"问题的一以贯之的分析范式。

或许1994年我在获得广东省首届"优秀中青年社会科学家"称号时的感言，依然能够表达我现在的学术追求："我是农民的儿子，因而我从不放弃我的启蒙专业农业经济学，我总在奢望以自己的方式为农民做点什么；我知道中国还不富裕，因而我总想在发展经济学那里寻找到什么启示；我深深懂得中国在生态上也不富有，因而我总想通过生态经济学的研究找到一条持续发展之路；当我认识到制度问题对经济发展的关键性影响之后，我总想从制度经济学那里找到对中国经济发展与农村改革的有用思路。"

本书最初拟定的书名为《产权、合约与农业发展》。考虑到"广东省优秀社会科学家文库"的一致性，所以不得已而放弃。本书关注于农地产权、农业合约以及农业经营制度问题，大体反映了我在中国农业制度经济研究领域的努力。因此，这本书实际上是我的一个专题式的"自选集"。

全书共收录十二篇文章，分为三个部分。

第一部分"产权制度与农地产权"，包括四篇文章。其中：

《政治结构、政府行为与产权制度》一文，试图用产权经济学的方法建立一个分析政府行为的一般模型，以期揭示政治结构、政府行为和产权制度三者之间的内在联系。文章指出，政治结构决定了一个特定的产权博弈，从而也决定了一个特定的博弈均衡，并且经由博弈均衡决定了政府行为和产权制度。

《公共领域、模糊产权与政府的产权模糊化倾向》是上文的继续，在界定所有权和产权概念的基础上，阐述了公共领域的五种类型及其模糊产权的本质。基于前文关于政府行为的产权分析模型，本文揭示了政治行为、制造公共领域与模糊产权的关系。文章旨在说明的基本命题是：政府具有模糊产权的倾向。

《农地产权模糊化：概念性框架及其解释》进一步利用前文所提供的概念性框架，总结了我国农地产权模糊的制度演进与内在逻辑，分析了家庭经营背景下的农地产权模糊及其侵蚀，并进一步提出了我国农地产权制度变革的基本方向。

上述文章表明，提升农民对土地的产权强度具有重要的意义。但是，产权强度的强化并不必然促进农地的流转集中与规模经营。

因此，《农地流转的市场逻辑：理论线索与案例分析》一文，基于"产权强度—禀赋效应—交易装置"的分析线索，揭示了农户对土地普遍存在的禀赋效应。农地流转并不是一个纯粹的要素市场，有着特殊的市场逻辑。推进农地的流转及其规模化经营，需要针对产权主体与产权客体不可分的交易约束，进行相应交易装置的选择与匹配，并由此拓展了科斯定理。文章进一步对四川省崇州市的"农业共营制"进行了案例剖析。文章认为，以土地"集体所有、家庭承包、多元经营、管住用途"为主线的制度内核，有可能成为我国新型农业经营体系的基本架构。

第二部分"农业合作与合约选择"，同样包括四篇文章。其中：

《农业合作机理：组织特性、声誉机制与关联博弈》一文，是要说明合作团队中的威胁机制能够发挥作用是有严格的条件保证的。农业的生产特性、团队规模的问题都在不同程度上减弱了已有关于威胁机制文献所表达的激励作用。但值得注意的是，农业合作只是村庄成员多重合作中的一部分，村庄环境条件下存在的声誉机制及其关联博弈所发挥的行为规范作用，有利于农业合作中的"可自我执行协议"的形成。文章认为，农业合作中"可自我执行协议"形成的条件是适度规模、专业化、威胁机制，以及村庄环境下的关联博弈及其行为规范。

《要素品质与契约选择：对佃农理论的进一步思考》一文，深化和拓展了张五常的佃农理论。传统佃农理论之所以认为分成契约低于定额租约的效率，是因为忽视了风险因素。本文证明，如果将风险问题转换为交易费用约束并使工资率满足一定条件，则分成契约与定额租约将具有相同效果。进一步放松要素同质的假设，利用博弈模型分析表明，低质量土地和高能力佃农的要素组合与分成契约匹配，定额租约则适用于高质量土地和低能力佃农的要素组合；并且，定额租约和分成契约分别是信息对称和不对称结构下的最优制度选择。文章运用20世纪初中国的农户调查数据对理论模型进行了检验。

前面两篇文章主要是阐明合作与契约的生成机理,接下来的两篇文章则是讨论合约的选择问题。

《契约期限如何确定:资产专用性维度的考察》一文,从资产专用性的角度,重点讨论了农户转出土地的契约期限选择问题。基于实证分析发现:农户缔约期限的选择,主要与农户的资源禀赋相关,与土地本身有价值的产权维度的关系甚微。由于土地对农民的人格化财产特征,意味着赋予农户以土地的财产性权利,土地流转的契约化与规范化才有可能成为常态。

《以合约治理合约:思想模型及案例阐释》一文,通过东进公司的土地承租案例,试图说明一项不稳定的合约是如何得以存在并延续的。为什么选择了一项不稳定的合约?为什么不改变合约本身,而是选择了维护原有合约的治理方式?东进公司的创新性试验就是:以合约匹配合约、以合约治理合约。文章发现了以"边缘合约"维护"核心合约"的两种形式,厘清了要素合约与商品合约的关系,并进一步说明了东进公司案例对我国农业的组织化创新及其农业现代化的实现机制所具有的宏观含义。

第三部分"制度安排与农业发展",也是包括四篇文章。其中:

《目标、效率与制度选择:以中国农地制度为例》一文指出,任何制度安排都有其特定的目标,离开制度目标讨论制度效率是没有意义的。只有在特定的约束条件下能够有效实现其制度目标的制度安排才是有效率的。制度所内含的对生产性努力和分配性努力的激励兼容决定着制度效率。人民公社和家庭承包经营制度,尽管都能够基本实现其制度目标,但二者均存在效率损失。制度环境的变化与制度目标的转换,意味着"土地集体所有、农户家庭承包、农业多元经营"应该成为基本的制度安排。

《制度的有效性评价:以家庭承包经营制度为例》一文表明,行为主体的社会认同与制度响应是表达制度绩效的重要判据。基于"制度观念—制度目标—制度响应"的制度评价框架,一方面从宏观层面阐明中国农村基本经营制度的效率特征,另一方面从农户满意度的微观视角揭示家庭承包制和家庭经营制的绩效生成。家庭承包经营的制度安排在总体上是成功有效的,但家庭承包制由土地福利性赋权转向财产性赋权,家庭经营制通过产权的细分与农业的分工参与,则能够进一步改善制度绩效。

上述两篇文章实际上是要揭示制度选择的效率标准,后面的两篇文章则分别从微观和宏观两个层面讨论了制度安排的有效性问题。

《农业经济组织的效率决定：比较案例分析》一文，构建了一个"产权结构—计量能力—环境特性—经济绩效"的解释模型，通过案例分析，目的在于解释两类现象：一是相同的农业经济组织形式采用不同的制度安排，其隐含的激励与约束机制却不同，从而影响作为理性参与者的行为努力，进而导致经济组织的不同绩效；二是同样的制度安排，因置于不同的环境背景，使得其内含的考核能力不同，从而也决定着不同的组织绩效。文章认为，一个经济组织的产权结构与之匹配的交易环境的相容程度，是决定其效率高低的关键。

《农业经营制度：制度底线、性质辨识与转型发展》一文，基于中国农村基本经营制度的制度目标与制度底线，梳理了现行农业经营格局面临的挑战及其代表性主张，对学界有关农业经营制度的一些重大理论分歧进行了辨识，特别是围绕农业的规模经营、分工经济、家庭经营的性质进行了深入讨论。文章认为：①稳定和完善农村基本经营制度，必须坚持制度目标与制度底线；②农业经营方式转变的一个重要方向是实现农业的规模经营，但单纯地推进土地的流转集中与规模经营存在重大的政策缺陷；③将家庭经营卷入分工活动，那么农业规模经济性的获得就可以从土地规模经济转向农业服务规模经济；④家庭经营与经营规模无关，在产权细分与农事活动可分离的前提下，家庭经营则具有广泛的适应性，其实现形式亦可以多种多样；⑤只要坚持农村土地的集体所有制和家庭承包的主体地位，那么家庭经营制度就具有不可替代性。

第一部分 产权制度与农地产权

罗必良自选集

政治结构、政府行为与产权制度[①]

一、引言

在现代经济中，政府处于制定法律和实施法律之中心地位，政府行为主要表现为界定产权的行为。因此，离开产权，人们很难对政府行为做出有效的分析。尽管经济学家从未忽视政府在经济发展中的作用，但对政府行为的产权含意并未给予足够的关注，致使经济学在解释一国产权制度的形成与演变这样一类基本问题时，往往显得勉为其难。

本文试图用产权经济学的方法建立一个分析政府行为的一般模型，以期揭示政治结构、政府行为和产权制度这三者之间的内在联系。

二、研究政府行为的方法

在研究方法论之前，有必要澄清两个概念：政府与国家。政府不同于国家，二者之间的区别主要有两个方面。其一，国家是由特定范围之内的国民所组成的一个政治经济共同体，政府则是这一共同体之领导者或者说代表共同体行使强制权力之合法组织。其二，人们之所以组成国家共同体，是因为他们具有潜在的共同利益。这种共同利益主要来自两个方面：①在共同体内部建立保护与秩序，抵御来自共同体内部和外部的掠夺行为，从而能够消除依靠私人暴力界定产权所产生的公共领域。②在国家的范围内组织公共产品之供给，具有明显的规模经济。为了实现国家的共同利益，必须依靠强制手段，这就需要建立政府。政府是实现国家潜在利益之组织或工具。由于政府垄断了合法的强制力，使得控制政府之人能够运用政府的强制力追求个人（或集团）利益，政府有可能成为国民之间利益争夺的场所。政府的行为将受制于国民之间这种利益上的争夺行为。

[①] 本文发表于《中国社会科学季刊》1999 年夏季号，作者为罗必良、曹正汉。

政府与国家之区别，也反映在人们组成国家和建立政府时之行为差异上。一方面，人们出于共同利益之需要而组成国家共同体，国家的形成可以解释为人们的自愿契约行为。另一方面，人们为了分享国家的共同利益又展开了建立政府和控制政府的竞争。这种竞争的目的同市场竞争的目的是相似的，它们都是为了获得稀缺资源的排他性权利。但这两种竞争的方式完全不同。市场竞争是通过自愿交易进行的，人们为了得到一种稀缺资源的排他性权利而愿意以另一种排他权相交换。通过建立政府或控制政府来获得稀缺资源的排他权，其实质是法律上界定产权的竞争，即人们竞相谋求政府权力以建立一套有利于自己的产权制度。因此，政府行为是人们在立法和实施法律这一层次上的产权博弈行为之表现。

在新古典经济学中，政府行为是外生的，经济学家的任务是告诉政府应该干什么或者不应该干什么。例如，对私人的经济活动是应该信守自由放任，还是应该奉行干预主义。这种规范分析的方法对揭示政府行为并没有提供多少帮助。对政府行为的实证分析反映出经济学家企图突破新古典经济学的局限。斯蒂格勒在对政府管制行为的分析中，发现每个有足够政治力量的产业或职业团体都会谋求政府管制，以增加本团体的直接或潜在收入。所以，"管制通常是产业自己争取来的，管制的设计和实施主要是为产业的利益服务"（Stigler，1971）。但是，在斯蒂格勒的管制理论中，政府是被动的，常受利益集团的行为所左右。我们要指出的是，政府对产业的管制行为不应仅从被动的角度来解释，政府实施管制往往有它自己的目的，利益集团仅是影响政府管制的因素之一。在方法论上，斯蒂格勒还没有完全避免新古典方法的局限，没有在产权博弈层面上赋予政府管制行为以产权含意。

张五常对价格管制背后产权问题的分析，深化了人们对政府行为的认识。张五常指出，政府进行价格管制的实质是将稀缺资源的一部分价值变成不受私人财产支配而受政府支配的"公共财"，政府再将它控制的这块租值以等级规则进行分配。政府用这种办法可以控制属下的官员，通过官员又可以控制整个国家和经济。（Cheung，1974，1988）张五常的价格管制理论揭示了一个重要事实，价格管制背后的动因是对稀缺资源的排他性权利进行重新界定；但张五常同样没有在博弈均衡的意义上分析政府行为，当然也不可能为研究政府行为提出一个一般的分析框架。

诺斯为研究政府行为同产权制度之间的内在联系建立了一个新古典国

家模型（North，1981）。诺斯在模型中没有明确区分国家与政府，并将政府简化为"统治者"。统治者以一组服务（保护与公正）交换属民的税收，并在竞争约束与交易费用约束之下为属民选择一套有效率的产权制度，以实现统治者的收入最大化。在诺斯的模型中，统治者原本是希望选择一套有效率的产权制度，只是由于存在潜在竞争对手（竞争约束）和征税成本（交易费用约束），使得统治者选择的产权制度既要有利于潜在的竞争对手又要降低征税成本，这才导致了无效率的产权制度存在。诺斯的国家模型尽管能在一定程度上解释历史上的无效率产权制度存在之原因，但仍然存在两方面的局限：一是以"统治者"代替政府，并且假定政府偏好税收最大化，这种简化是有疑问的。政府这一概念不仅仅指政府机构等法律实体，它更包含实际权力的行使与配置。因此，分析政府行为必须分析对政府权力具有控制权的人（或集团）的行为。这些控制政府权力之人可能是在位的政府官员，也可能是选民，或某个利益集团。他们控制政府权力的目的，不一定是为了获得税收，而是为了获得一般意义上的排他性权利。二是诺斯的国家模型实际上是在给定竞争约束与交易费用约束条件下，求解统治者的福利最大化问题，故没有将统治者的潜在竞争对手谋求扩大自己的排他性权利之行为包含在模型的均衡中。因此，根据诺斯模型推导出来的结论很可能是错误的。例如，在诺斯的模型中，潜在竞争对手的存在似乎是造成无效率产权制度的原因之一；但是，如果在模型中引入博弈均衡，潜在竞争者的存在恰恰有助于改进产权制度的效率。

公共选择学派将新古典经济学应用于政治决策问题的研究，故对政府行为的分析构成这一学派的一个重要研究领域。由公共选择学派提出的政府行为模型主要有三种（文建东，1996），即中间人投票理论、利益集团与寻租理论、官僚理论。根据这些模型预测的政府行为也具有三个特征：①政府会反映中间投票人的利益；②政府会满足一些特殊利益集团的寻租要求；③政府官僚会追求自己的利益，倾向于扩大本部门的预算支出。上述预测的政府行为可能是互相冲突的，这说明在公共选择学派中尚没有一个统一的理论框架来解释不同约束条件下的政府行为。此外，公共选择学派同样没有探讨政府行为与产权制度之间的内在联系。

上述对方法论的分析有助于我们厘清研究政府行为的两条思路：一是揭示政府行为的产权含意；二是政府行为由能够控制政府权力之人（或集团）在产权博弈上的均衡所决定。

三、政府行为的产权分析模型

政府这一术语，既指法律实体上的政府机构，也指一般意义上的政府职能或者说政府权力以及控制政府权力之人（或集团）。在本文中，政府的含义侧重于后者，即指履行政府职能之政府权力；当然也包含作为政府权力之载体的政府机构。政府权力之核心是政府制定法律和实施法律之权力，它来源于政府垄断了国家暴力，政府是国家暴力的合法行使者。

政府权力在不同类型的政府中是基本相似的，它为实现国民之共同利益所必需。不同类型政府之区别不在于政府权力的性质，而在于控制政府权力之人（或集团）在分布上的差别。控制政府权力之人能够在一定程度上操纵政府机构制定和实施法律规则，因而他们也能够谋求行使政府权力来制定一套有利于他们自己的产权制度。控制政府权力之人可能是一国的国民（称之为"选民"），也可能是由政府机构的领导者及政府官员所组成的官僚集团。前者所形成的政府是一个控制权充分分散的政府，在这种情况下，官僚集团难以按照自己的利益操纵政府权力；后者所形成的政府是一个集权的政府，官僚集团完全控制了政府权力，因而能够完全根据其自身的利益行使政府权力。当然，更常见的政府类型是介于上述两者之间，官僚集团和国民中的一些特殊利益集团共同拥有对政府权力的控制权。在这类政府结构中，官僚集团与特殊利益集团必须在政府权力的行使上达成共识，而这一共识从属于各集团谈判力量的对比与博弈均衡，所形成的产权制度将满足官僚集团和特殊利益集团各自的利益。在我们的模型中，所谓政治结构，即指对政府权力的控制权在国民之间的配置格局。我们假定政治结构是外生给定的，在此前提之下，我们将预测政府如何制定和实施法律规则，以及相应形成的产权制度是什么。因此，政府行为和产权制度是政治结构内生之结果。此外，我们把一国之稀缺资源总量看成既定的，稀缺资源在国民之间有一个初始分布，构成每一国民之资源禀赋，称之为国民的资产。我们还假定，在模型的初始条件中，国民资产的排他性权利之归属是未定的，有待政府权力予以界定之。对资产的排他性权利包括对资产的排他性使用权、收益权与转让权。资产的排他性权利同资产在名义上（或法律上）的所有关系是可以分离的，在资产的排他权未明确归属之前，资产的所有权对其所有者而言是没有经济意义的。问题的关键在于，政府可以将这些排他性权利全部或部分地授予资产的初始所有者，也可以将这些权利授予资产所有者之外的人（或集团）。这一划分资产排他性权利归属的过程，即是政府界定产权之过程。政府界定产权是以政府制定法律和实施法律之手段来完成的，但其背后则是控制政府权力之人通过操纵政府权力以扩大自身的排他权而进行的产权博弈过程。所谓的政府行为，是在产权博弈达到均衡时，博弈的各参与方依照各自的最优策略去操纵政府权力，所综合而成的政府权力之运作特征。

上述分析包含一个简单的逻辑关系，政治结构决定了一个特定的产权博弈，从而也决定了一个特定的博弈均衡，并且经由博弈均衡决定了政府行为和产权制度。接下来需要完善的工作，是在政治结构、政府行为、产权制度这三者之间建立起具体的联系。为此目的，我们将三类有代表性的产权博弈问题归纳成以下命题，对命题结论的推导留待第四部分进行。

命题1 若对政府权力的控制权平均分布于每个选民，那么由选民之间的产权博弈所决定的政府行为是制定一套中立的对稀缺资源的竞争规则。由此形成的产权制度将是完整意义上的私有产权制度。

命题2 若对政府权力的控制权完全掌握在官僚集团手中，官僚的最优策略将是最大限度地限制属民的排他性权利，导致政府行为具有追求公共领域最大化的特征，形成的产权制度是等级产权制度。

命题3 若对政府权力的控制权由官僚集团和特殊利益集团所共同分享，政府行为表现为对经济活动的管制，所形成的产权制度将是一种歧视性的法团产权制度①。掌握了控制权的特殊利益集团成员将能获得对非集团成员资产的部分排他性权利，非集团成员对其拥有的资产之产权将是残缺的，而在特殊利益集团成员的产权中则包含了非集团成员转移过来的租金（简称"含租产权"）。官僚集团通过实施这种歧视性的产权制度，能够分享含租产权中的部分租金。

---

① 所谓歧视性的法团产权制度，指一方面具有私有产权制度特征——因为俱乐部式的法团产权对俱乐部外部成员具有排他性；另一方面它又具有等级产权制度特征——因为法团内部的控制权集中于法团官僚层。

四、不同约束条件下的政府行为及产权制度

在本部分,我们将完成对上述命题的逻辑推导过程。

(一) 控制权分散于选民的政府之行为

当对政府权力的控制权平均授予每个选民时,保证了每个选民都没有能力谋求政府权力去攫取对别人资产的排他权。所以,在界定产权的博弈中,每个选民的最优策略是将政府权力用于保障自己拥有的资产产权不至于受到别人的侵犯。每个人的这一最优策略构成产权博弈中的一个纳什均衡,由纳什均衡决定的政府行为,是政府充当中立的规则制定者和仲裁者,为全体选民制定一套中立的保护私有财产的法律。此种意义上的产权制度也即是完整意义上的私有产权制度,每个选民对其资产拥有完整的排他权利。

(二) 官僚集团控制的政府之行为

当官僚集团完全控制了政府权力时,官僚集团扩大自己的排他性权利行为不受其他政治力量的约束,仅受到法律名义上的约束,也就是官僚集团的这一行为必须在名义上符合国家的公共利益。因此,官僚集团不能将属民资产直接据为己有,而只能以政府名义占有属民资产的排他权。这一约束条件并不能阻止官僚集团扩张自己的权利范围,而只是改变了官僚集团实现这一目标的具体方式。以政府名义占有稀缺资源的排他性权利,相当于将稀缺资源的有价值属性在国家范围内置于公共领域,我们称这类公共领域为政府制造的公共领域,以区别于巴泽尔定义的、因交易费用存在而导致的产权界定中的公共领域(Barzel, 1989),后者在本文中也称之为均衡状态下的公共领域。均衡状态下的公共领域是指在产权博弈达到均衡时,仍存在资源的一些有价值属性的排他性权利未被确定归属,这些资源价值仍然处于可以自由攫取状态。在均衡状态的公共领域中,由于界定资源排他性权利的成本超过了排他的收益,故没有人有动机去要求对这些

公共领域中的资源价值拥有排他性权利①。

政府制造的公共领域一般还不是均衡状态下的公共领域。在政府制造的公共领域中，属民资产的排他性权利在名义上归属政府，但这仅仅是排他权的初始界定，还没有达到产权博弈中的均衡界定。在博弈到达均衡之前，人们将持续地谋求政府权力来建立对这些资源在使用、收益、控制等方面的特殊权利，这些特殊权利的拥有者事实上构成对政府制造的公共领域中的资源享有间接的排他性权利②。只要谋求行使政府权力的私人成本低于私人能够获得的排他权利之收益，这种建立间接性排他权利的行为就将付诸实施。这一过程即是对政府制造的公共领域之排他权进行重新界定，直至私人获取排他权的成本同排他权的收益在边际上相等为止。此时，所谓公共领域中的大部分资源之排他权利都被间接私有化了，仍然未被界定排他权的资源才构成均衡状态下之公共领域。

在官僚集团控制了全部政府权力的条件下，政府制造的公共领域事实上由官僚集团所控制，公共领域中的产权博弈只是在官僚集团内部进行。在博弈的均衡状态下，每位官员所能获得的排他权利之多少，将由他掌握的控制权大小来决定，即形成所谓的等级产权制度。（Cheung，1988；曹正汉，1998a，1998b）

官僚集团在预见到上述博弈均衡之后，将有积极性动用政府权力限制属民对其资产的排他权利，使得属民资产的有价值属性最大限度地被置于政府制造的公共领域中。这也意味着，官僚集团具有追求政府制造的公共领域最大化之动机。（罗必良，1998）而在官僚集团完全控制政府权力的条件下，官僚集团的上述行为也即政府行为。

官僚集团制造公共领域的方式，不仅表现为限制属民对其资产的排他

---

① 汪丁丁（1996）以草莓交易中的"过分挑剔"问题来说明均衡状态下的"公共领域"之性质。草莓卖主为了节约定价成本，只对草莓做粗略的分类，放弃了继续挑选草莓的权利。这些被卖主放弃的"继续挑选权"成为经济学上的"公共资源"留在草莓产权的公共领域中。此时，买卖双方对"继续挑选权"都不愿意建立排他性的拥有权。卖主自愿放弃了"继续挑选权"，卖主也不会花费资源阻止其他买主行使继续挑选权。

② 例如，政府在界定农民对土地的产权时，如果取消了农民对作物品种的选择权和对农产品的自由售卖权，这两项权利就落入政府制造的公共领域中。一些有势力的社会成员（或集团）可以通过政府，指定农民种植他们所偏好的作物品种，然后又通过政府低价收购这些农产品以满足他们之所需。由此，这些有势力的社会成员事实上获得了部分对农民土地的间接的排他性权利。

权利，还必须设计新的组织制度对公共领域中的资源实施有效的控制和管理，以实现公共领域中资源价值的最大化或者说租耗最小化。（Cheung，1974）因此，同政府制造公共领域相适应，政府还往往通过设立政府经营的企业和建立相应的便于政府直接控制经济活动的管理体制等组织形式来直接从事经营活动。（罗必良，1996）

（三）特殊利益集团和官僚集团联合控制的政府之行为

为了不使讨论过于复杂，我们对此种类型的政府再做一点简化。假设特殊利益集团和官僚集团中的任何一方都不能独立操作政府权力。在此假设之下，官僚集团动用政府权力必须得到特殊利益集团的支持；反之，特殊利益集团在谋求通过政府权力实现自身利益时，也必须有官僚集团的同意才是合法的。尽管特殊利益集团和官僚集团都谋求扩大自身的排他性权利，但方式有所不同。特殊利益集团谋求直接扩大排他性权利的范围，即谋求直接获取对非集团成员资产的排他权利，这一行动将削弱非集团成员对其资产的排他权。所以，特殊利益集团将要求官僚集团采取行动，以立法的形式限制非集团成员的排他权利，增加本集团成员的排他权①。官僚集团扩大自身排他权的方式是制造公共领域，但官僚集团为了实施这一行为现在必须寻求特殊利益集团的支持。因此，官僚集团和特殊利益集团必须找到它们的共同利益，才能联合行使政府权力。也就是，它们必须找到博弈的合作解。

上述合作解是否存在，依赖于合作租金在官僚集团和特殊利益集团之间的分配。所以，官僚集团与特殊利益集团之间的博弈实际是围绕租金分配而进行的博弈。均衡的租金分配方案可能有无限多种，这既依赖于博弈双方的力量对比，也依赖于双方的策略。一般而言，只要租金分配方案能够满足每一方的参与约束（即任一方选择合作的收益都超过了选择合作的机会成本），双方都有积极性选择合作解。常见的情况是，官僚集团与特殊利益集团之间有一个默契分工，官僚集团通过立法等手段限制非集团成员的排他性权利来制造公共领域，同时保留对公共领域中资源的分配

---

① 特殊利益集团所扩大的排他性权利，对非集团成员具有排他性，但对集团内部成员而言可能具有准公共产品的性质。因此，特殊利益集团在谋求扩大本集团的排他性权利时，必须克服集团内部的"搭便车"行为。

权；特殊利益集团从官僚手中获取对公共领域中资源的排他性使用权。公共领域中资源的收益权则由两集团共同分享①。

综上所述，当特殊利益集团和官僚集团联合控制了政府权力时，政府行为仍表现出制造公共领域，但此时的政府更像一个歧视性的垄断者，它为特殊利益集团成员界定的产权是一种含租产权，并分享含租产权中的租金；而为非特殊利益集团成员界定的产权则是受到削弱的私有产权。

五、结论

政府是一个复杂的政治经济组织，政府行为也远非单一特征。本文用产权经济学方法所建立的政府行为模型，虽然不能反映政府行为的全部特征，但有助于揭示政治制度、政府行为与产权制度这三者之间的联系，在人们的政治活动与经济活动之间搭起了一座贯通的桥梁。从模型中可以推导出两个基本结论。

（1）政府行为和产权制度由一国的政治结构所决定。政治权利的分散将使得政府行为趋于中立，并导致产权制度趋向于完整的私有产权制度。反之，政治权利的集中预示着政府将扩大产权界定中的公共领域；同时，政治上的等级规则将取代市场竞争规则成为分配稀缺资源的排他性权利之重要原则。

（2）无论是私有产权制度，还是等级产权制度，产权的背后都包含着相应的政治权利。一个人所拥有的对稀缺资源的排他性权利之大小或强弱由他的政治权利所决定。

参考文献

[1] Barzel Yoram. Economic analysis of property rights [M]. Cambridge：Cambridge University Press, 1989.

---

① 15—18 世纪时期，西班牙国王对羊主团放牧权的界定，是特殊利益集团（羊主团）同官僚集团（王室）联合限制非集团成员（农民）对农耕土地的排他权的一个典型案例。由于羊主团的岁入构成王室财政的支柱之一，对牧羊主征税又比对分散的农民征税容易，故牧羊主能够用税金做交换，从国王手中获得了一系列的自由放牧权。这些自由放牧的特权有效地阻止了农民对耕作土地行使排他权。(North et al., 1973)

［2］ Cheung S N S. A theory of price control ［J］. Journal of Law and Economics, 1974 (17).

［3］ Cheung S N S. Common property rights ［M］// Eatwell J, Milgate M, Newman P, ed. The new palgrave: a dictionary of economics. New York: Stockton Press, 1988.

［4］ North D C. Structure and chang in economic history ［M］. New York: W. W. Norton, 1981.

［5］ North D C, Thomas Robert. The rise of the Werstern World ［M］. Cambridge: Cambridge University Press, 1973.

［6］ Stigler G J. The theory of economic regulation ［J］. Bell Journal of Economics, 1971 (Spring).

［7］ 曹正汉. 传统公有制经济中的产权界定规则：控制界定产权 ［J］. 经济科学, 1998 (3).

［8］ 曹正汉. 公有制经济中的产权界定规则与公有化的微观基础 ［J］. 中国社会科学季刊（香港）, 1998（夏季卷）.

［9］ 罗必良. 国有企业的性质：一种政策工具 ［J］. 学术研究, 1996 (10).

［10］ 罗必良. 经济组织的制度逻辑 ［D］. 南京：南京农业大学, 1998.

［11］ 汪丁丁. 产权博弈 ［J］. 经济研究, 1996 (10).

［12］ 文建东. 公共选择学派 ［M］. 武汉：武汉出版社, 1996.

公共领域、模糊产权与政府的产权模糊化倾向[①]

一、所有权与产权：区别与联系

一般而言，财产所有权（简称"所有权"）是指财产占有的法律形式，它体现了主体的意志和支配力量，具有法律赋予的强制力[②]。关于产权，西方产权理论中没有统一的解释，但有一点是明确的，即产权并不是人们通常所理解的所有权或财产所有权。德姆塞茨在《关于产权的理论》一文中说，"产权是一种社会工具，它的意义来自于这个事实：产权能够帮助一个人在与他人的交易中形成一个可以合理把握的预期。这些预期通过社会的法律、习俗和道德得到表达……要注意的很重要的一点是，产权包括了一个人受益或受损的权利"（转引自科斯等《财产权利与制度变迁》）。德姆塞茨在这里所定义的产权是在人与人之间的交易中所形成的，或者说是通过竞争所取得的，是在竞争达到均衡时人们所获得的对稀缺资源的排他性权利，它用来界定人们在经济活动中如何受益、如何受损以及人们之间如何进行补偿的规则。产权的获得是由财产所有制、政治制度、法律以及道德伦理所决定的。

事实上，所有权与产权都是指对稀缺资源的排他权，即使用资产的权利（使用权），获得资产收益的权利（收益权），改变资产形态和实质的权利（处置权），以及以双方一致同意的价格把上述几项权利部分或全部转让予他人的权利（转让权）。但两者的含义不同，这可以从以下几个方面加以考虑：

[①] 本文发表于《改革》2005 年第 7 期。
[②] 古罗马规定所有权是所有者"在法律许可的程度内对物的使用权和滥用权"；《中华人民共和国民法通则》（简称《民法通则》）规定："财产所有权是指所有人依法对自己的财产享有的占有、使用、收益和处分的权利。"

首先，从权利的范围与归属来看。由于物品存在多种属性，要完全界定物品的所有属性，成本高昂，部分物品的属性由于交易费用或技术的限制无法得到充分的界定从而形成所谓的"公共领域"（巴泽尔，1989），这种在所有权界定层次留在"公共领域"中的物品的有价值的属性并不构成物品的所有权。真正的所有权是指在技术许可的范围内，能够被明确界定，并且可以通过法律程序明确其归属关系的那部分有价值属性的权利。

产权则是指能够行使的物品有价值属性的权利。当所有权在法律上界定（技术可行性）以后，所有者是否能完全行使他的所有权取决于所有者的行为能力。所以，对某项特定的资产而言，法律赋予所有者的所有权同他能够实施的对该项资产的排他性权利（产权）在内容上和范围上都不一定一致。

其次，从权利主体的性质来看。在法律上，一项资产的所有权可以归属于某个人、某个集体或国家，它们分别被称为私人所有权、集体所有权或国家所有权。但该项资产的产权一定是属于个人或个人组成的集团，像国有产权或集体产权之类的说法，只是一种虚假的表象，其实是不存在的。①

最后，从竞争发生的领域看。界定所有权的竞争发生在立法过程中，一个社会是推行公有化还是私有化，所有权包括哪些权利、不包括哪些权利，这些事项只有通过立法程序才能完成。界定产权的竞争既包括立法层次的竞争，也包括所有权的实施过程发生的竞争。在法律上界定所有权只是界定产权的第一步，由于所有权的界定与实施过程可能出现"公共领域"，产权的竞争并没有结束，还将在公共领域中继续进行，直到权利的配置达到均衡状态为止。

综上所述，以法律形式明确的某项资产的所有权并不意味着所有者就能完全实施所有权中的全部权利，也不意味着该项资产的全部有价值的属性都已在法律上归属所有者。事实上，围绕该项资产的使用和收益，可能

---

① 巴泽尔认为，一切权利分析的基本单位是"个人"，所谓"组织"的行为最终可以分解为个人行为的整合。用巴泽尔的话说："因为个人的目的相当清楚，把所有的产权都定义为个人占有的权利是有好处的……任何组织的功能可以同样地归结为各种不同的权利由一个与它有关的个人向另一个人的让渡。"[（美）巴泽尔：《产权的经济分析》，费方域、段毅才译，上海三联书店1997年版，第9页。]

存在一个或大或小的公共领域，所有者无法排除其他人在公共领域的竞争获得该项资产的部分产权。针对私人物品，在竞争达到均衡时，产权实际上包括两部分：一部分是资产所有者本人可以行使的所有权，另一部分是非资产所有者凭借竞争优势攫取的部分权利。前者的产权主体是资产所有者本人，后者的产权主体是具有竞争优势的非资产所有者；前者的产权可以很便利地在市场上进行交易，他人要想获得这部分产权，一般而言只能通过市场交易的方式租赁或购买获得，后者的产权很难通过市场的方式进行交易。

二、公共领域与模糊产权

（一）五类公共领域

通过上述分析，我们可以发现无论是在所有权层面还是在产权层面，都存在所谓的"公共领域"（public domain）。它至少包括五种类型。

（1）属于巴泽尔所定义的类型，即部分物品的属性由于交易费用或技术的限制，无法得到充分的界定从而形成所谓的"公共领域"——纯技术层面的"公共领域Ⅰ"。

（2）尽管在技术上是可以界定的，但由于法律界定上的成本，或者考虑到法律界定后的司法成本，会导致物品一部分有价值的属性被置于"公共领域"（法律不完全性）——法律层面的"公共领域Ⅱ"。

（3）假定立法权不是平均地分布于每个公民，而是掌握在官僚集团手中，官僚集团的最优策略将是最大限度地限制属民的排他性权利。因此，官僚集团会以法律名义将属民资产直接据为己有，或者以政府名义（广义政府概念，可视为国家概念）占有属民资产的排他权。如埃塞俄比亚在1975年的革命后所形成的土地制度：不准许农民拥有土地的所有权或签订长期租赁合同、使用的土地数量不能超出政府规定的界限、农民被迫以政府定死的低价出售产品、不允许他们按市场出清价格签订购销合同，此外政府还反对农民存储剩余谷物、不准雇工。这表明所有者的部分产权因为歧视性的法律约束被迫地留在了"公共领域"。因此，以政府名义占有稀缺资源的排他性权利，相当于将稀缺资源的有价值属性在国家范围内置于公共领域——法律歧视制造的"公共领域Ⅲ"。

（4）当所有权在法律上界定以后，所有者是否能完全行使他的所有权取决于所有者的行为能力。当所有者行使所有权的收益大于行使所有权的成本时，所有者有激励行使的那部分所有权便直接构成对其资产的产权；当所有者实施所有权带来的收益弥补不了成本的损失时，所有者会自愿放弃一部分在法律上可以实施的所有权而将其留在"公共领域"（契约不完全性）——行为能力不完全所形成的"公共领域Ⅳ"。

（5）在所有权通过法律界定后，即使所有者具备行使其所有权的行为能力，但在产权的实施过程中却受到行为上的约束。例如，政府在界定农民对土地的产权时，如果取消了农民对作物品种的选择权和对农产品的自由售卖权（如中国"人民公社"时期的"统购统销"政策），这两项权利就落入政府制造的公共领域中——行为能力受约束所形成的"公共领域Ⅴ"。

（二）模糊产权

以上所说的公共领域一般分为三块，分别为技术、法律与政府行为、所有者行为能力所导致的三大公共领域。

把技术作为内生变量，来分析产权的界定和实施行为是产权经济学家的重要工作（如德姆塞茨、麦克马纳斯、安德森、黑尔）。在技术一定的情况下，产权的界定和实施行为将趋向于使界定和实施行为的边际收益等于边际成本，而未能界定和实施的资产属性将被置于公共领域，即我们所说的"公共领域Ⅰ"。技术进步之于产权具有双重影响：一方面伴随着人类对资产属性认识的深化，它将推进产权界定和实施行为的边际成本的降低和边际收益的提高，从而使人类对资产属性的产权界定趋于完善，公共领域趋向于缩小。另一方面，技术的创新和进步，将进一步开发越来越多未知领域或发现越来越多有价值的资产属性，这些属性又成为人类产权界定过程中"公共领域Ⅰ"扩张的源泉；而"公共领域Ⅰ"不断变化的过程，在一定程度上反映在人类社会产权制度不断变迁的过程中。

巴泽尔提出的"公共领域"和哈特提出的不完全合同理论两者之间在我们看来有异曲同工之妙，只不过各自的侧重点不同罢了。巴泽尔认为，人们对资产的权利（包括他们自己的和他人的）不是永久不变的，而是他们自己直接加以保护、他人企图夺取和任何"第三方"所做的保护这项权利的努力程度的函数。由于这些努力是有成本的，所以世界上没有绝对的权利，而这些没有界定的权利就把一部分有价值的资源留在了"公共领域"。从巴泽尔对资产权利的函数所下的定义来看，他更多的是从政府行为和所有者行为的角度来探讨公共领域。哈特的不完全合同理论是在资产私有的前提下，探讨可以行使的资产有价值属性的排他性权利。哈特认为，由于交易费用的存在使合同是不完全的，在借助物品和服务的让渡而进行的权利让渡过程中，这里存在着没有明确规定的"剩余权利（包括剩余控制权和剩余索取权）"。其实，哈特所说的"剩余权利"与"公共领域"的提法并没有多大差异，只不过哈特更侧重于从所有者行为能力的角度来探讨公共领域。

李稻葵（1995）对模糊产权的概念做了界定并对我国转型经济中的模糊产权做了理论剖析。李稻葵是在控制权这一层次上定义模糊产权的概念的。他认为，明晰的产权意味着财产所有者对其财产的各个方面具有完全的控制权；当然，在某些条件下，所有者会根据事前合同的规定，转让资源一部分控制权。然而，模糊产权却意味着所有者的控制权缺乏保证，以至于受损。所有者不得不为其本应有的权利不断地进行斗争或讨价还价。实际上，谁真正拥有这些权利，在生产周期中并不确定。李稻葵针对转型中国非国有部门存在突出的模糊产权现象进行了诠释。他认为，由于广泛存在的行政干预和法律体系不健全等问题，企业本身不断面临着各种各样其自身难以应付的麻烦和问题，例如筹措资本、取得生产执照和进出口许可证以及解决合同纠纷等等。在现有的政治体制下，由于对政府行为的约束能力很弱，地方政府可以凭借手中拥有的行政权力和关系，把企业家所创造的租金纳入集体所有的范畴，保持最终控制权的模糊性。作者论证了在我国特殊的背景下，这种产权安排是有"生产效率"的。

这表明模糊产权并不等同于巴泽尔提出的"公共领域"和哈特不完全合同理论中的"剩余权利"，李稻葵对模糊产权概念的界定应该说是可以借鉴的，但其定义还不甚明确。

本文定义的所谓模糊产权，是指一类由政府有意制造的"公共领域Ⅲ"和通过限制行为主体能力所形成的"公共领域Ⅴ"。它具有两个方面的特点：①是指"公共领域"中物品的一些有价值的属性存在不明确的最终控制权；②是政府因素有意制造的，这里排除了技术因素和所有者真实能力因素所导致的"公共领域"。

三、政府的产权模糊化倾向：政治活动、扩大公共领域与设租①

（一）关于政府行为的产权分析模型及其命题

政府这一术语，既指法律实体上的政府机构，也指一般意义上的政府职能或者说政府权力以及控制政府权力之人（或集团）。在本文中，政府的含义侧重于后者，即指履行政府职能之政府权力，当然也包含作为政府权力之载体的政府机构。政府权力之核心是政府制定法律和实施法律之权力，它来源于政府垄断了国家暴力，政府是国家暴力的合法行使者。

政府权力在不同类型的政府中是基本相似的，它为实现国民之共同利益所必需。不同类型政府之区别不在于政府权力的性质，而在于控制政府权力之人（或集团）在分布上的差别。控制政府权力之人能够在一定程度上操纵政府机构制定和实施法律规则，因而他们也能够谋求行使政府权力来制定一套有利于他们自己的产权制度。控制政府权力之人可能是一国的国民（称之为"选民"），也可能是由政府机构的领导者及政府官员所组成的官僚集团。前者所形成的政府是一个控制权充分分散的政府，在这种情况下，官僚集团难以按照自己的利益操纵政府权力；后者所形成的政府是一个集权的政府，官僚集团完全控制了政府权力，因而能够完全根据其自身的利益行使政府权力。当然，更常见的政府类型是介于上述两者之间，官僚集团和国民中的一些特殊利益集团共同拥有对政府权力的控制权。在这类政府结构中，官僚集团与特殊利益集团必须在政府权力的行使上达成共识，而这一共识从属于各集团谈判力量的对比与博弈均衡，所形成的产权制度将满足官僚集团和特殊利益集团各自的利益。在我们的模型中，所谓政治结构，即指对政府权力的控制权在国民之间的配置格局。我们假定政治结构是外生给定的，在此前提之下，我们将预测政府如何制定和实施法律规则，以及相应形成的产权制度是什么。因此，政府行为和产权制度是政治结构内生之结果。此外，我们把一国之稀缺资源总量看成既

---

① 本节部分内容与前文《政治结构、政府行为与产权制度》重复，但为了保证本文的逻辑性与完整性，这里不做删改。

定的，稀缺资源在国民之间有一个初始分布，构成每一国民之资源禀赋，称之为国民的资产。我们还假定，在模型的初始条件中，国民资产的排他性权利之归属是未定的，有待政府权力予以界定之。对资产的排他性权利包括对资产的排他性使用权、收益权与转让权。资产的排他性权利同资产在名义上（或法律上）的所有关系是可以分离的，在资产的排他权未明确归属之前，资产的所有权对其所有者而言是没有经济意义的。问题的关键在于，政府可以将这些排他性权利全部或部分地授予资产的初始所有者，也可以将这些权利授予资产所有者之外的人（或集团）。这一划分资产排他性权利归属的过程，即是政府界定产权之过程。政府界定产权是以政府制定法律和实施法律之手段来完成的，但其背后则是控制政府权力之人通过操纵政府权力以扩大自身的排他权而进行的产权博弈过程。所谓的政府行为，是在产权博弈达到均衡时，博弈的各参与方依照各自的最优策略去操纵政府权力，所综合而成的政府权力之运作特征。

上述分析包含一个简单的逻辑关系，政治结构决定了一个特定的产权博弈，从而也决定了一个特定的博弈均衡，并且经由博弈均衡决定了政府行为和产权制度。接下来需要完善的工作，是在政治结构、政府行为、产权制度这三者之间建立起具体的联系。为此目的，我们将三类有代表性的产权博弈问题归纳成以下命题。

命题1 若对政府权力的控制权平均分布于每个选民，那么由选民之间的产权博弈所决定的政府行为是制定一套中立的对稀缺资源的竞争规则。由此形成的产权制度将是完整意义上的私有产权制度。

命题2 若对政府权力的控制权完全掌握在官僚集团手中，官僚的最优策略将是最大限度地限制属民的排他性权利，导致政府行为具有追求公共领域最大化的特征，形成的产权制度是等级产权制度。

命题3 若对政府权力的控制权由官僚集团和特殊利益集团所共同分享，政府行为表现为对经济活动的管制，所形成的产权制度将是一种歧视性的法团产权制度①。掌握了控制权的特殊利益集团成员将能获得对非集团成员资产的部分排他性权利，非集团成员对其拥有的资产之产权将是残

---

① 所谓歧视性的法团产权制度，指一方面具有私有产权制度特征——因为俱乐部式的法团产权对俱乐部外部成员具有排他性；另一方面它又具有等级产权制度特征——因为法团内部的控制权集中于法团官僚层。

缺的，而在特殊利益集团成员的产权中则包含了非集团成员转移过来的租金（简称"含租产权"）。官僚集团通过实施这种歧视性的产权制度，能够分享含租产权中的部分租金。

（二）政治行为、制造公共领域与模糊产权

当官僚集团完全控制了政府权力时，官僚集团扩大自己的排他性权利行为不受其他政治力量的约束，仅受到法律名义上的约束，也就是官僚集团的这一行为必须在名义上符合国家的公共利益。因此，官僚集团不能将属民资产直接据为己有，而只能以政府名义占有属民资产的排他权。这一约束条件并不能阻止官僚集团扩张自己的权利范围，而只是改变了官僚集团实现这一目标的具体方式。以政府名义占有稀缺资源的排他性权利，相当于将稀缺资源的有价值属性在国家范围内置于公共领域，我们称这类公共领域为政府制造的公共领域，以区别于巴泽尔定义的、因交易费用存在而导致的产权界定中的公共领域（Barzel，1989）。它所导致的结果是对"公共领域Ⅲ"的扩大。如我国现行土地法律规定了用于城市的农地必须全部转为国有制，因而征地实际上变成农地转用非农建设的唯一合法形式。这导致了两个结果：一是政府把持了农地转用的行政垄断权，使得农民无法成为独立的市场经营主体；二是1982年《中华人民共和国宪法》（简称《宪法》）连同以后修改的《中华人民共和国土地管理法》（简称《土地管理法》），仍然照搬1954年《宪法》"为了公共利益"这一征地限制条件，这意味着农民必须以"征地价"而不是"市场价"出让土地，从而决定性地使其成为公共利益的牺牲者或成本的支付者。

另一方面，政府在产权主体的行为能力上施加约束。例如，政府在界定农民对土地的产权时，尽管农民获得了农村土地的使用权，但如果取消了农民对作物品种的选择权和对农产品的自由售卖权（如人民公社时期的"统派购制度"），这两项权利就落入政府制造的公共领域中，从而使得政府能够摄取工农产品价格的"剪刀差"。它所导致的结果是对"公共领域Ⅴ"的扩大。

（三）模糊产权与官僚集团控制

在官僚集团控制了全部政府权力的条件下，政府制造的公共领域事实上由官僚集团所控制，公共领域中的产权博弈只是在官僚集团内部进行。

在博弈的均衡状态下，每位官员所能获得的排他权利之多少，将由他掌握的控制权大小来决定，即形成所谓的等级产权制度。（Cheung, 1988；曹正汉，1998a，1998b）

官僚集团在预见到上述博弈均衡之后，将有积极性动用政府权力限制属民对其资产的排他权利，使得属民资产的有价值属性最大限度地被置于政府制造的公共领域中。这也意味着，官僚集团具有追求政府制造的公共领域最大化之动机（罗必良，1998）。而在官僚集团完全控制政府权力的条件下，官僚集团的上述行为也即政府行为。

官僚集团制造公共领域的方式，不仅表现为限制属民对其资产的排他权利，还必须设计新的组织制度对公共领域中的资源实施有效的控制和管理，以实现公共领域中资源价值的最大化或者说租耗最小化。（Cheung, 1974）因此，同政府制造公共领域相适应，政府还往往通过设立政府经营的企业和建立相应的便于政府直接控制经济活动的管理体制等组织形式来直接从事经营活动。①（罗必良，1996）

（四）设租与寻租

把资产有价值的属性置于公共领域，公共领域全部资源的价值也就叫作"租"。设租与寻租是模糊产权存在的两个方面。设租是权利个体在政府对经济活动的干预和行政管理过程中阻止供给增加，形成某种生产要素的人为的供给弹性不足，造成权利个体获取非生产性利润的环境和条件。寻租活动是个体或集团利用合法与非法手段获得特权以占有租金的活动。在权与钱的交易过程中，设租是从权到钱，寻租则往往是"钱—权—钱"的增量。（陈裔金，1997）从供求关系来看，设租—寻租关系的形成可以分为三种情况。第一种情况是，先有租的供给，即设租，如国家对某些行业的垄断经营、特许权制度等，然后产生寻租行为；第二种情况是，先有对租的需求，即寻租，如经济主体对优惠政策的要求，然后有租的供给；第三种情况是，设租与寻租相互制约，因为一些设租和寻租不是一次完成的，有一个不断反复的设租—寻租过程。（卢现祥，2000）

---

① 这可以视为广义的设租行为。政府权力的控制集团运用政府合法的强制性权利，通过将私人物品界定为国有或集体产权，或者限制其他私人或弱势集团的行为能力，把一部分有价值资产属性的权利放置到"公共领域"中，从而获取其租金。

设租与寻租活动作为一种交易关系，它与市场中一般商品供给和需求的交易关系存在很大的差别。主要表现在：①设租与寻租是一种非生产性的活动，市场中商品的供给与需求是一种生产性的寻租活动。在非生产性的活动中，是在原有的社会总产出中为自己或集团成员争取到更大的分配份额，努力将别人的财富转化为自己的财富。这种活动不是考虑如何使总的蛋糕量做大，而是考虑在已有的蛋糕中分配到更多的份额。不过，用分蛋糕来比喻这种分配性的活动还不够恰当，更近似的比喻是在瓷器店中争夺瓷器，一部分人虽然多拿了一些，但还会同时打破一些本来大家可分到手的瓷器。生产性的寻租活动是指参与者努力创造财富，在不改变社会分配格局的前提下，努力增加生产，从而使参与者获得更多的收益。②设租与寻租活动是通过政治活动或政治过程进行的，而一般商品的供给和需求交易是通过市场交换进行的。政治是生活在一定区域内的人们相互之间的一种复杂的交易结构，人们通过种种政治活动在这个交易结构中寻求各自不同的个人目标，而这种个人目标通常要借助于集团或组织的形式来完成。而设租与寻租活动是处于社会不同阶层或集团中人们政治活动的两种活动方式，其着眼点在于创造模糊产权和分配控制权，以便获取别人创造的财富。③设租与寻租活动是与特许权、垄断、管制等现象联系在一起的，而市场中的商品供给和需求交易活动是与平等、自由、竞争等现象联系在一起的。简而言之，设租与寻租活动是政府"看得见的手"在发挥作用，是政治活动的具体表现形式，市场中的商品供给和需求交易活动则是"看不见的手"在发挥作用。

（五）设租—寻租活动的生成

政府是代表国家行使强制性权力实现全民共同利益之合法组织或工具，谁控制了政府，谁就能利用政府之合法的强制性权力来追求个人或集团的利益。因而，政府这一术语，实际包含了两方面的含义：一方面是指法律实体上的政府机构，另一方面则指控制政府权力的个体或集团。这里在设租—寻租活动的分析中所说的政府一般指后者，由于完全的选民型政府和官僚型政府很少，最常见的政府类型是混合型政府，其政府的权力掌握在官僚集团和一国国民之中的特殊利益集团手中。下面探讨一下混合型政府设租—寻租活动的生成。

（1）任何政治市场中的个体作为经济人而存在，都有追求自身收益最大化的动机和倾向。这是设租—寻租活动产生的假定前提。也正是由于这个前提性条件的存在，致使社会中的个人理性和集体理性无法做到一致，甚或是对立的。虽然政府组织的内部治理和外部治理能够提供一种隐性激励和选择性激励，但由于代理成本的存在，不同的政府类型，它只能带来设租—寻租活动程度上的差异，无法从根本上消除设租—寻租活动。

（2）用脚投票缺失与政府垄断性权力。政府权力对一个国家或一定地区的公民具有普遍性和强制性，政府是一种垄断性的组织，在一国之内的公民无法做到自由地选择政府和自由地进入与退出，用脚投票权机制缺失。政府凭借自身的暴力比较优势为公民提供服务，以此换取税收收入。政府是社会中各种政治力量博弈的场所，是各方政治力量之间的一种契约结构，谁控制了政府，谁就能利用政府之合法的强制性权力来追求个人或集团的利益。它通过制定歧视性的产权制度以获取租金的最大化，这种歧视性的产权，其实质就是指模糊产权，即"公共领域Ⅲ"。所以，控制政府的个人和利益集团将尽可能使"公共领域Ⅱ"的租金最大化。

（3）"公共领域Ⅲ"与设租。政府利用制定法律和实施法律的权力来制造"公共领域Ⅲ"，占有私人物品的一些有价值的属性的权力，这种制造"公共领域Ⅲ"的活动就是一种设租活动。政府的行为能力不同于个人的行为能力，两者所受的约束条件是不同的。个人的行为能力除受到个人所支配的资源约束之外，主要是受个人经验和信息约束，而政府的行为能力（除资源约束和信息约束之外）还受立法、司法和行政程序以及集体行动所限。所以，政府相对于个人来说，只具有有限行为能力。为减少代理成本，在对"公共领域Ⅲ"的租金的控制中，对其租金是按照政府官员身份或职位的大小分配给个人或集团的。这种职位产权对权力个体或集团来说是一种设租激励，使权力个体或集团有扩大"公共领域Ⅲ"的倾向。

（4）特殊利益集团与寻租。社会中个人或集团的力量有大小之分，在对政府控制权的争夺中有的处于强势地位，有的处于弱势地位，有的能够花费一定资源获取更多的资源，有的却丧失了自己所拥有的租金。在利益纷争和控制权的争夺中，在博弈均衡的结果下，总会存在对政府有更大控制权的利益集团，从而成为特殊利益集团。特殊利益集团对租金分享，必将驱使集团有维持现状和更进一步扩大控制权的激励。所以，特殊利益集团的寻租活动体现了个人和集团追求非生产性财富的努力，这种非生产性财富的获取也激励着个人和集团进行寻租活动，寻求获取更大的特权。而这种寻租活动对特权范围的拓展，实际上是通过对弱势群体行为能力的限制与约束来实现的，体现为扩大"公共领域Ⅴ"的努力。

（六）政府的产权模糊化倾向及其表现

政治活动是指一种非生产性的努力，而政府是这种政治活动中各个人和集团力量博弈的一种契约联结。控制政府权力个体或集团运用政府合法的强制性权力来追求自身的利益，它通过将私人物品界定为国有或集体所有，把一部分有价值资产属性的权利放置到"公共领域Ⅲ"中，或者通过自己所拥有的政治资源禀赋去实施行为约束，获取"公共领域Ⅴ"中租金。

政府的产权模糊化倾向与政府规模的扩张有直接的联系，要弄清政府的产权模糊化倾向的表现，有必要通过与政府规模大小相关的指标来对产权模糊化倾向的表现进行实证。

我们这里主要通过经济合作与发展组织（简称"经合组织"）成员国政府支出和政府收入占国内生产总值（GDP）的比例来论证。结果见表1。

表1 经济合作与发展组织成员国政府支出与收入所占国内生产总值的比例（按1985年不变价）

经合组织成员国	1960年（%）		1985年（%）	
	支出	收入	支出	收入
澳大利亚（1960—1964年）	21.4	25.4	36.6	33.3
奥地利	35.7	34.4	50.7	47.7
比利时	30.3	27.5	54.4	46.5
加拿大	28.9	26.0	47.0	38.9
丹麦	24.8	27.3	59.5	57.0
芬兰	26.6	29.7	41.5	40.5
法国	34.6	34.9	52.4	48.5
联邦德国	32.4	35.0	47.2	45.4
希腊	17.4	21.1	43.2	34.6
冰岛	28.2	36.4	35.6	33.4
爱尔兰（1960—1984年）	28.0	24.8	54.6	44.3

(续表1)

经合组织成员国	1960年（%）		1985年（%）	
	支出	收入	支出	收入
意大利	30.1	28.8	58.4	44.1
日本	18.3	20.7	32.7	31.2
卢森堡（1960—1982年）	30.5	32.5	56.4	53.0
荷兰	33.7	33.9	60.2	54.4
挪威	29.9	33.1	48.1	56.1
葡萄牙（1960—1981年）	17.0	17.6	43.9	33.3
西班牙	18.8	18.1	39.3	33.2
瑞典	31.0	32.1	64.5	59.4
瑞士	17.2	23.3	30.9	34.4
土耳其（1962—1968年）	18.0	19.1	21.9	21.8
英国	32.3	30.0	47.8	42.8
美国	27.0	26.3	36.7	31.3
平均（未加权）	26.6	27.7	47.3	42.9

资料来源：缪勒《公共选择2》，剑桥大学出版社1989年版。

从表1中，我们可以看出两个趋势。第一个趋势是从1960年到1985年26年间，无论是政府收入占GDP的比例，还是政府支出占GDP的比例，它们都无一例外地得到了提高，且增长幅度较大。政府平均收入从1960年的27.7%提高到了1985年的42.9%，增长了15.2%。而政府平均支出则由26.6%增长到了47.3%，增长了20.7%。并且所占比例接近GDP的一半。瑞典国家的支出比例增长最快，所占GDP的比例也是最高，它在1960年至1985年的26年中，政府支出占国内生产总值的比例从31%上升到64.5%，增加了1倍多。第二个趋势是政府平均收支从基本保持盈余到政府平均收支出现赤字。1960年政府平均支出比例为26.6%，平均收入比例为27.7%，盈余1.1个百分点。1985年政府平均支出比例为47.3%，平均收入比例为42.9%，支出超出收入4.4个百分点。在所有23个经合组织成员国中，出现盈余的只有挪威和瑞士两个国家。其他国家都普遍出现不同程度的赤字。所以，政府财政有赤字化的倾向。从以上两个趋势可以看出，政府的规模是不断扩大的，它所支配的资源空间越来越大，意味着社会中处于"公共领域"的租值越来越大，产权模糊有进一步加强的趋势。

四、民办市场与官办市场：一个案例分析

（一）故事：一个农民自建市场的遭遇

《中国农民》1996年第9期在一篇主题文章《一个农民自建市场的遭遇——山东惠民县郑家村蔬菜市场调查》的前面，用黑体字写下了这样一段话：

北京左安门蔬菜批发市场每天进销大量的外地蔬菜，其中来自山东省惠民县郑家市场的蔬菜占有相当的数量。在这里，就连看门的老头儿也知道百里之外有个郑家市场。可是，自去年冬季以来，由郑家市场开往这里的运菜车越来越少。人们说，去郑家市场的路上有了卡子。一位贸然而去的菜贩竟然带着伤回来了。郑家市场究竟怎么啦？

位于山东惠民县的郑家村，交通方便，土地肥沃，具有种植蔬菜的天然优势。该村的农民也有种菜的传统，而且长于种菜。但真正形成大规模种植，是在土地承包到户后，特别是近10年来。

开始的几年，农民们只能用单车驮菜到几十里外的市场上销售；后来，有一些外地客户上门求购，形成了田边地头的零散交易。1990年，村里划出了村东南的一块空地，作为固定的蔬菜交易场所，并配置了两台磅秤和一名管理人员。然而，仅几个月的发展，这个交易场地就显得拥挤狭小。1991年，村里将其迁到村小学前的一片较大的空地上，并且增添了磅秤和管理员。这样就初步形成了一个蔬菜交易市场的雏形。而此时，郑家村和其周围几个村的蔬菜大棚已有数百个，形成了具有一定规模的蔬菜基地。

随着产量的增加和交易的扩大，原来的交易场容纳不了日益增多的人流和车流。在全村菜农的要求下，1992年，村支部和村委会决定建立一个蔬菜批发市场。为此，村里给镇党委打了申请报告，要求解决市场占地问

题和给予资金支持。报告很快得到批准。村支书还向县委书记做了汇报。县委书记当即表示支持,并派县委顾问、县财政局局长与工商局局长去郑家村帮助选址。为了解决建设资金问题,村委会征得村民同意,全村800多人每人集资60元,共筹集资金5万元,镇党委书记又批准贷款1万元。由此,一个代表农民利益并由农民自建的组织形式——批发市场得以形成。

市场建成后,郑家村人对外开拓市场,与此同时对来采购的客户提供良好的服务。批发市场经过3年的培育和开拓,市场半径不断推延,知名度日益提高。高峰期每天来郑家市场购菜的车达到五六十辆,日成交量十几万斤(1斤=500克)。市场的繁荣也促进了蔬菜生产,到1995年,全村有蔬菜大棚400多个、蔬地400多亩(1亩≈0.06667公顷。另外,本书中的少数文章中,不同的语境下分别使用"亩"与"公顷"为单位,为保持文章原貌,不做统一),年产蔬菜600多万斤。全村800多人,仅蔬菜一项,年人均收入即达4000多元。

就在郑家市场红红火火的时候,镇政府经县工商局批准,在距郑家市场15里(1里=500米)的镇政府所在地,投资320万元,建成了一个占地180亩的大型蔬菜批发市场,取名为"惠民大市场"。同时,把农民办的市场称作郑家小市场。"大市场"于1995年12月18日正式开业。开业前,镇党委副书记多次找郑家村支书谈话,要其暂时关闭郑家市场。开业后,因其周围菜源少,加之知名度不高,经营又不景气。为使其兴旺起来,镇政府和县工商局联合发出公告,决定关闭郑家市场和周围几个村庄的蔬菜交易场所。郑家村及附近村庄的农民不服。于是,镇政府出面,包括工商所、派出所和交通部门等组成蔬菜管理小组,在郑家市场周围路口设置关卡,拦车扣菜,罚款打人,致使郑家市场无法正常经营,导演了一幕"大市场"要灭"小市场"的悲剧。

由于郑家村农民三番五次上访,新闻单位介入,一些社会人士发表意见,中央政府有关部门的官员发表谈话,在社会舆论的压力下,县、镇两级政府才不得不宣布让两个市场平等竞争,优胜劣汰,郑家市场才又恢复经营。至此,历时半年多的官民之争暂时告一段落。

(二)官民之争的根源:权力、利益与产权模糊化

1. 郑家市场:农民理性选择的结果

从本质上看,市场是生产者和消费者、供给者和需求者发生交易形成

的经济关系。因为，交易表面上是商品的交换，实际上是产权的转让，是利益的取得和实现。一个地方之所以能够成为商品交易和集散的中心，之所以能够聚集生产者和消费者、供给者和需求者的集中交易，既不是上苍的旨意和安排，也不是什么伟人的号召和劝导，更不是政府的规定和强制，而是因为那里存在潜在的赢利机会，是因为那里存在交易利益与合作剩余，并将赢利机会变成赢利的现实。（张曙光，1997）

郑家市场并不是一开始就有的。从生产者方面来看，郑家村有产菜的优势，包括资源优势、区位优势，以及种菜经验与传统的人力资本优势，在经历了种植规模由三五家发展为全村种菜并波及邻近几个村子，种植方式经过了露天种植—薄膜种植—低温大棚种植—高温大棚种植的反复学习、知识积累与发展过程后，才形成了相当规模的蔬菜基地。从需求者方面来看，随着居民收入水平的提高与城镇化进程，城乡人民对蔬菜的需求大大增加，对蔬菜的品种和质量的要求也越来越高。在供求双方的互动下，蔬菜交易市场才经由零散的行商—田头交易—小空地集中交易—大空地集中交易—蔬菜批发市场，逐步由分散到集中、由小到大而发展起来，成为远近闻名的一个相互依存和相互促进的蔬菜基地和批发市场。

郑家农民之所以一开始没有搞高温大棚种植蔬菜，之所以没有一开始种植就建批发市场，完全取决于他们的理性预期。农民非常清楚，他们每做出一种行为选择和决策，其收益是属于自己的，而支付的成本和所遇到的风险也必须且只能由自己来承担，况且农民承担风险的能力天生弱小，因此农民的每一种选择都有十分稳定的收益预期。郑家农民之所以敢于自己集资办市场，是他们经过长期学习之后的理性选择：其一，菜源丰富；其二，求购者日增；其三，对客商的良好服务（1992年建成市场后实行"三年免收服务费"）；其四，具有相当的知名度（形成了专用性资产）；其五，得到了县、镇领导的热心支持（在官本位依然存在的农村社区，此点对农民决策尤为重要）。

2. 惠民大市场：政府行为与官员的利益

在惠民县的官员看来，所谓市场就是商品交易的场所，所谓发展市场经济就是建造交易大厅。由此，建设市场、发展市场经济就变成了一种单纯的政府行为。

从计划经济向市场经济转型，要求一方面政府要退出很多曾经由其垄断和管制的经济活动领域，扩大个人经济自由活动的空间；另一方面政府要解除禁令，放开、激活并保护各个经济主体自发追求自己利益的积极性。所以，在这里政府的行为起着决定性的作用。（张曙光，1997）然而，政府又是由政府官员组成的，而官员同样是经济人，他们力图在可选择的空间实现其收益最大化。

其一，政府具有作为一个强制性的垄断机构的特殊地位，使得官员们可以动用政治权利资源对经济活动进行行政干预和强制，而政治权利的膨胀在利益的驱动之下又演化为官员们超越政府的职责范围，进一步制造垄断、行政管制，甚至侵犯个人经济自由的权利以及公民的其他权利。为了"惠民大市场"开业和经营，镇政府动用了一个政府机构掌握的全部权力以及超越政治权利的资源：先是下令关闭郑家蔬菜批发市场（侵犯了农民的经营自主权）；其次是利用等级组织资源找村干部"谈话"，接着是在村主任"不听话"的情况下撤掉其职务（村委会是农民自治组织，村主任的任免由农民选举，而这一撤职行为显然是对农民政治权利的侵犯）；再次是强制其他村庄的菜农去惠民"大市场"卖菜（侵犯了农民的自由交易权）；最后是动用公、检、法等国家机器拦截去郑家市场交易的菜农和客商（侵犯了农民的人身权利）。

其二，利用公共资源来谋取私人利益。郑家市场和"惠民大市场"两个批发市场之间有着重要的区别。前者的投资主体和经营主体是郑家村农民，后者的投资主体和经营主体则是淄角镇镇政府。我们关心的问题是，镇政府为何要动用高昂的人力物力建造"大市场"，动用全部的行政与组织资源关闭"小市场"呢？目的无非有二：

一是镇政府出于"大利益"和"长远利益"的考虑。这是官员们一再表示的立场。然而，这一说法是有疑问的。①投资320万元，占地180亩（据说实际占地270亩）。（张曙光，1997），对一个镇来讲并不是一个小的投资项目，但事先并未进行可行性研究。由此我们看不到"惠民大市场"到底有多大的长远利益。②惠民大市场周围的菜源不多，而主要集中在郑家村及其相邻的几个村，由于缺乏资源优势与市场区位优势，我们看不到其"大利益"有何非行政性保障。③为什么不利用郑家"小"市场的辐射效应和声誉效应，鼓励扶持其发展为"大"市场？这样不是可以以更小的投资代价和交易成本来获取"大利益"吗？④郑家市场关闭之后，郑家村到省里上访的有27人，到滨州地区上访的有87人，到惠民县上访的有130多人，影响经营活动造成的直接经济损失数十万元；至于由此引致的精神损失（包括强行关闭市场、拦车抢菜、罚款打人等等），更是无法估计。这样高昂的代价，还仅仅是无足轻重的"局部"与"短期"利益吗？⑤郑家村的村民们说，他们在起初建批发市场时，县、镇领导是热心支持的，没承想日后会出问题。由此可见，政府在农民心目中的信誉损失与形象损伤。政府失信于民应该说是重要的"大利益"损伤。

可见，第一种说法是站不住脚的。

二是政府官员出于私人利益的追求。这种追求至少可分为三个方面：第一方面可能是出于政府官员的权力欲，因为郑家市场属于农民，镇政府官员无法控制，而"大市场"则完全在他们的掌握之下；第二方面是培植政治资本，通过支配和利用公共资源，创造政绩；第三方面是权力寻租，镇政府既是"大市场"的投资主体也是其经营主体，在政企合一的情况下，"大市场"可以成为镇政府的小金库，即使"大市场"投资失败，他们仍可从中获利。

我们关心的一个问题是：为什么镇政府一定要自己办"大市场"而取消农民办的"小市场"呢？这或许与政府的偏好有关。从"小市场"到"大市场"的更替，有产权模糊化的倾向——由私有产权变为公有产权，这样，政府官员可以获得更大的寻租空间。当政府不是办"大市场"，而是为"小市场"提供制度性服务时，意味着政府官员的行为不仅易于受到制衡，而且其服务质量易于被度量，从而易于被监督（当政府提供公共服务时，其收益权以税收方式实现，但税收的多少由明确的税种与税率所界定，易于计量，便于监督，相对来说容易约束权力寻租）。而当产权的界定模糊、产权规则混乱时，政府不仅可以占有更多的公共财产（凡产权未被充分界定的部分都被置于公共领域），而且政府行为及绩效被计量的可能性越小（或计量成本越高），从而官员行为受到制衡和监督的可能性越小。可见，政府在产权界定上的作用多么重要。

由此我们可以提出一个推论：当政府官员与农民的利益取向不一致时，或者说明确的产权结构所决定的农民行为努力方向与政府官员的预期收益目标不一致时，政府有偏好产权模糊进而模糊产权的倾向——以便占有更多的公共领域，获取更大的寻租空间。

参考文献

[1] Cheung S N S. A theory of price control [J]. Journal of Law and Economics, 1974 (17).

[2] Cheung S N S. Common Property Rights [M]// Eatwell J, Milgate M, Newman P, ed. The new palgrave: a dictionary of economics. New York: Stockton Press, 1988.

[3] (美) 罗纳德·哈里·科斯, 等. 财产权利与制度变迁 [M]. 上海: 上海三联书店, 1994.

[4] (冰岛) 思拉恩·埃格特森. 新制度经济学 [M]. 北京: 商务印书馆, 1996.

[5] (美) 巴泽尔. 产权的经济分析 [M]. 费方域, 段毅才, 译. 上海: 上海三联书店, 1997.

[6] 曹正汉. 传统公有制经济中的产权界定规则: 控制界定产权 [J]. 经济科学, 1998 (3).

[7] 陈裔金. 设租与寻租行为的经济学分析 [J]. 经济研究, 1997 (4).

[8] (美) O. 哈特. 企业、合同与财务结构 [M]. 费方域, 译. 上海: 上海三联书店, 1998.

[9] 李稻葵. 转型经济中的模糊产权理论 [J]. 经济研究, 1995 (4).

[10] 卢现祥. 西方国家经济管制的理论与实践述评 [J]. 经济评论, 2000 (1).

[11] 罗必良. 国有企业的性质: 一种政策工具 [J]. 学术研究, 1996 (10).

[12] 罗必良. 经济组织的制度逻辑 [M]. 太原: 山西经济出版社, 2000.

[13] 罗必良, 曹正汉. 政府行为与产权制度 [J]. 中国社会科学季刊, 1999 (夏季卷).

[14] 孙耀军. 一个农民自建市场的遭遇 [J]. 中国农民, 1996 (9).

[15] 张曙光. 政府、农民与市场 [J]. 中国社会科学季刊, 1997 (秋季卷).

农地产权模糊化：
概念性框架及其解释[①]

一、问题的提出

伴随着中国经济的快速增长，一个奇特的现象是：在史无前例的大规模工业化与城镇化背景下，大量的农业用地被征用为工业、房地产等非农用地，但在此过程中，农民在失去土地的同时却未能分享到发展的成果，得到的土地流转收益往往还不到5%，绝大部分市场化溢价被开发商和地方政府拿走。由此，农地流失成为一个普遍事实。

农地流失之所以是一个严重的问题，是因为耕地保护事关粮食安全。一方面，从国际经济社会的总体态势而言，粮食问题已经从经济问题转化为政治问题；另一方面，中国是人口大国，是食品消费大国，因此，粮食安全已经成为国家安全的核心内容。保护耕地，禁止农地流失，是事关全局的战略问题。

我们的问题是：是什么原因导致了农地易于流失？我们认为，中国农地的流失是多项制度安排的结果。一方面由中国粗放经济增长方式的内在机制所诱致，另一方面则由农地模糊的产权制度所决定。前者导致了农地被流失的可能性，后者导致了农地被侵蚀的必然性。或者说，前者提供了农地流失的制度需求，后者提供了农地流失的制度供给。

关于中国农地产权制度的模糊问题，已有大量文献进行了研究（周其仁，1995；姚洋，1998；等等）。但是，中国农地的产权是如何被模糊的，则一直没有得到充分的讨论。本文的目的就在于揭示中国农地产权模糊化的内在机理。我们试图通过扩展巴泽尔（Brazel，1989）的"公共领

[①] 本文为教育部创新团队发展计划"中国农村基本经营制度"（IRT1062）、教育部哲学社会科学研究重大课题攻关项目（09JZD0022）的阶段性成果。本文初稿曾发表于 *China Agricultural Economic Review* 2009 年第 4 期，修改稿发表于《学术研究》2011 年第 12 期。

域"概念来揭示产权模糊化的本质,并由此分析我国农地产权模糊的制度演进与内在逻辑,阐明家庭经营背景下的农地产权残缺及其侵蚀问题,从而进一步提出我国农地产权制度变革的基本方向。

二、公共领域与产权模糊:一个概念性框架

(一)简要的文献述评

经济学家已经认识到,制度就是为人们发生相互关系而设定的一系列规则(North,1990)。人们正是根据这些规则来明确可以做什么、不可以做什么,从而形成采取怎样的行动更为合算的合理预期。正因为如此,权利的完整性或者限制问题一直是制度经济学家关心的焦点。

所有权与产权都是指对稀缺资源的排他权,即使用资产的权利(使用权)、获得资产收益的权利(用益权)、改变资产形态和实质的权利(处置权),以及以双方一致同意的方式把上述几项权利部分或全部转让予他人的权利(转让权)。但所有权是指在法律层次上所界定的物品的有价值属性的排他性归属权利,产权则是指可以行使的物品有价值属性的排他性权利(为便于表述,后文将不再对此做区分而统称为广义的"产权")。对于一项物品,谁拥有对它的权利以及拥有怎样的权利,涉及权利的界定;而所界定的权利是否完整取决于多个方面。

巴泽尔(Brazel,1989)注意到了产权界定的技术限制。事实上,一项物品可能存在多种属性或多种用途,当这些属性被不同的行为主体分割时,由于交易费用或技术以及其他方面的限制,使得物品的部分有价值的属性无法得到充分界定从而形成所谓的"公共领域"。

基于技术维度来分析产权的界定和实施行为是产权经济学家的重要工作。从静态层面而言,在技术一定的情况下,产权的界定和实施行为将趋向于使界定和实施行为的边际收益等于边际成本,而未能界定和实施的资产属性将被置于公共领域。从动态层面来讲,技术进步之于产权具有双重影响:一方面,伴随着人类对资产属性认识的深化,它将推进产权界定和实施行为的边际成本的降低和边际收益的提高,从而使人类对资产属性的产权界定趋于完善、公共领域趋于缩小。另一方面,技术的创新和进步将进一步开发越来越多未知领域或发现越来越多有价值的资产属性,这些属

性又成为人类产权界定过程中公共领域扩张的源泉。而公共领域不断变化的过程，在一定程度上反映在人类社会产权制度不断变迁的过程中。

巴泽尔也同样注意到了行为能力对权利的影响。他指出，人们对资产的权利（包括他们自己的和他人的）不是永久不变的，它们是他们自己直接加以保护、他人企图夺取和任何"第三方"所做的保护这项权利的努力程度的函数。由于这些努力是有成本的，所以世界上没有绝对的权利，而这些没有界定的权利就把一部分有价值的资源留在了"公共领域"。不过，从本质上来说，巴泽尔依然是在强调技术层面的产权不完全（incomplete）。

行为能力问题也被哈特（Hart, 1995）和李稻葵（1995）论及。哈特的不完全合同理论是在资产私有的前提下，探讨可以行使的资产有价值属性的排他性权利。他认为，由于交易费用的存在使合同是不完全的，在借助物品和服务的让渡而进行的权利让渡过程中，存在着没有明确规定的"剩余权利"（包括剩余控制权和剩余索取权）。李稻葵（1995）在控制权这一层次上定义了模糊产权（ambiguous property rights）。他认为，明晰的产权意味着财产所有者对其财产的各个方面具有完全的控制权；当然，在某些条件下，所有者会根据事前合同的规定，转让资源的一部分控制权。然而，模糊产权却意味着所有者的控制权缺乏保证，以至于受损。所有者不得不为其本应有的权利不断地进行斗争或讨价还价。实际上，谁真正拥有这些权利，在生产周期中并不确定。

值得特别关注的是，对产权的外在限制问题。这一问题尽管可以追索到早期的管制经济学文献，但主流的理论并没有认识到权利限制对行为所产生的影响。阿尔奇安和凯塞尔（Alchian and Kessel, 1962）最早强调了权利的残缺与行为之间可能遵循的相互关系，指出由于权利受到限制，人们的行为也将随之改变。德姆塞茨（1988）则进一步明确提出了"产权残缺"的问题。他指出："所有权的残缺，可以被理解为是对那些用来确定'完整的'所有制的权利束中的一些私有权的删除。"认为"权利之所以常常会变得残缺，是因为一些代理者（如国家）获得了允许其他人改变所有制安排的权利。对废除部分私有权利束的控制已被安排给了国家，或者由国家来承担"。

与德姆塞茨的思想相一致，埃格特森（1990）提出了产权弱化的概念。"如果政府对独占权加以一定限制，我们习惯地把这些限制称为产权的弱化。"而菲吕博腾与配杰威齐（1972）则明确指出："通过限制性措施的强制所导致的私有（或国有）产权的削弱，会影响所有者对他所投入的资产的使用的预期，也会影响资产对所有者及他人的价值，以及作为其结果的交易的形式。"

可见，德姆塞茨等人是从法律以及行为能力的角度讨论产权残缺问题的，并且明确强调导致产权模糊或者不完整的行为方都是国家。

（二）公共领域与产权模糊的本质：一个概念性框架

1. "公共领域"及其扩展

上述文献表明，所有权与产权的完整与否，分别与技术、所有者（产权主体）行为能力、法律与政府行为等紧密相关。借用巴泽尔"公共领域"的概念，就可以认为产权的"公共领域"能够由不同的因素而形成。因此，扩展巴泽尔的定义，与产权不完全相一致的"公共领域"至少包括五种类型。

（1）由于物品存在多种属性，要完全界定物品的所有属性，成本高昂，部分物品的属性由于交易费用或技术的限制无法得到充分的界定，从而形成巴泽尔意义上的公共领域——纯技术层面的"公共领域Ⅰ"。

（2）尽管在技术上是可以界定的，但由于法律界定上的成本，或者考虑到法律界定后的司法成本，会导致物品一部分有价值的属性被置于公共领域（法律不完全性）——法律层面的"公共领域Ⅱ"。

（3）假定立法权不是平均地分布于每个公民，而是掌握在官僚集团手中，官僚集团的最优策略将是最大限度地限制属民的排他性权利。因此，官僚集团会以法律名义将属民资产直接据为己有，或者以政府名义（或国家名义）占有属民资产的排他权。如埃塞俄比亚在1975年的革命后所形成的土地制度是：不准许农民拥有土地的所有权或签订长期租赁合同、使用的土地数量不能超出政府规定的界限、农民被迫以政府定死的低价出售产品、不允许他们按市场出清价格签订购销合同，此外政府还反对农民存储剩余谷物、不准雇工。这表明所有者的部分产权因为歧视性的法律约束被迫地留在了"公共领域"。因此，以政府名义占有稀缺资源的排他性权利，相当于将稀缺资源的有价值属性在国家范围内置于公共领域，笔者称这类公共领域为——法律歧视制造的"公共领域Ⅲ"。

（4）当所有权在法律上界定以后，所有者是否能完全行使他的所有权取决于所有者的行为能力。当所有者行使所有权的收益大于行使所有权的成本时，所有者有激励行使的那部分所有权便直接构成对其资产的产权；当所有者实施所有权带来的收益弥补不了成本的损失时，所有者会自愿放弃一部分在法律上可以实施的所有权而将其留在"公共领域"（契约不完全性）——行为能力不完全所形成的"公共领域Ⅳ"。

（5）在所有权通过法律界定后，即使所有者具备行使其所有权的行为能力，但在产权实施过程中却受到行为上的约束。例如，政府在界定农民对土地的产权时，如果取消农民对作物品种的选择权和对农产品的自由售卖权，这两项权利就落入政府制造的公共领域中——行为能力受约束所形成的"公共领域Ⅴ"。

2. 产权模糊的本质

本文定义的所谓产权模糊（ambiguous property rights），是指一类由政府有意制造的"公共领域Ⅲ"和通过限制行为主体能力所形成的"公共领域Ⅴ"。它具有两个方面的明显特点：①是指"公共领域"中物品的一些有价值的属性存在不明确的最终控制权；②是政府因素有意制造的，这里排除了技术因素和所有者真实能力因素所导致的"公共领域"。

政府故意制造的产权模糊包括两个方面：

一是产权界定上的法律歧视。政府是代表国家行使强制性权力实现全民共同利益之合法组织或工具，谁控制了政府，谁就能利用政府之合法的强制性权力来追求个人或集团的利益。因而，政府这一术语实际包含了两类含义：其一是指法律实体上的政府机构，其二则指控制政府权力的个体或集团。①

当官僚集团控制了政府权力时，官僚集团扩大自己的排他性权利行为不受其他政治力量的约束，仅受到法律名义上的约束，也就是官僚集团的这一行为必须在名义上符合国家的公共利益。因此，官僚集团不能将属民资产直接据为己有，而只能以政府名义占有属民资产的排他权。但这一约束条件并不能阻止官僚集团扩张自己的权利范围。以政府名义占有稀缺资源的排他性权利，相当于将稀缺资源的有价值属性在国家范围内置于公共领域，本文称这类公共领域为政府制造的公共领域，是在法律层面故意制造的产权模糊。它所导致的结果是对"公共领域Ⅲ"的扩大。

---

① 政府不同于国家。但为了表述方便，本文对二者不做严格区分。

二是行为能力约束。相对于产权界定的法律歧视，政府在产权主体的行为能力上施加约束是更为普遍的做法。例如，政府在界定农民对土地的产权时，尽管农民获得了农村土地的使用权，但如果取消了农民对作物品种的选择权和对农产品的自由售卖权（如人民公社时期的"统派购制度"），这两项权利就落入政府制造的公共领域中，从而使得政府能够摄取工农产品价格的"剪刀差"。它所导致的结果是对"公共领域Ⅴ"的扩大，是在产权的实施过程中有意制造的产权模糊。

制造"公共领域"实质上是一种设租活动。因此，产权模糊化的本质在于：政府权力控制者运用政府合法的强制性权力来追求自身的利益，它通过将私人物品界定为国有或集体所有，制定歧视性的产权制度，把一部分对有价值资产属性的权利放置到"公共领域Ⅲ"中，从而获取垄断性租金；或者通过自己所拥有的政治资源禀赋对属民进行行为约束，对弱势群体行为能力故意实施限制，从而获取"公共领域Ⅴ"中的不当竞争性租金。

（三）逻辑推论：农地产权的权利范围及其模糊化的可能方面

政府天然地拥有谈判优势与竞争能力，在权利不均衡的情形下往往具有产权模糊偏好进而模糊产权的倾向。（罗必良，2005）紧接着的现实问题是：在中国，农民的土地权利是不是更容易被模糊化并进而受到侵蚀？

如前所述，行为主体对一项物品的权利不可能是完全的。同样，农民对土地的产权也不可能是完全的。因此，农地产权同样存在五个方面的公共领域。包括因土地属性的复杂性所导致的纯技术层面的"公共领域Ⅰ"、因法律界定上的困难及法律规则的不确定性而形成的"公共领域Ⅱ"、法律歧视制造的"公共领域Ⅲ"、农民对土地权利的行为能力不完全所引发的"公共领域Ⅳ"以及农民行为能力受约束所形成的"公共领域Ⅴ"。图1刻画了农地产权不完全的不同方面。

从逻辑上讲，上述五个方面的"公共领域"被故意制造、被扩大或者被模糊化的可能性是不一样的。

对于"公共领域Ⅰ"，由于它仅仅与技术因素有关，那么伴随着技术进步、伴随着产权主体技术能力的提高，一般来说它应该随时间推延而具有收缩的趋势。

伴随着法律意识的提高、社会进步与知识积累，法律层面的技术水平

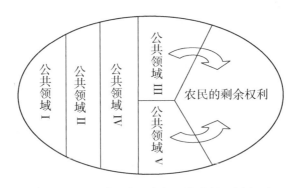

图1 公共领域：农地产权不完全的不同方面

（立法技术与司法技术）会不断提高，因而从长期来说"公共领域Ⅱ"也应该具有收缩的趋势，或者说被扩大的可能性将减少。

由于存在"干中学"的学习机制，可以认为产权主体在发现和获取潜在收益上的行为能力会有不断提高的趋势，因此，"公共领域Ⅳ"也应该具有收敛的特点。

问题是，一旦面临歧视性的法律设计与故意的产权限制，那么作为产权主体的个人的谈判能力将十分有限，从而"公共领域Ⅲ"和"公共领域Ⅴ"就易于扩张。因此，这两个领域往往是导致农民土地权利模糊化的关键。

三、农地产权模糊化的制度演进

本节的任务是：根据中国农地制度的形成过程，从实践层面上回答农地产权是如何被模糊化的。

（一）初始的制度安排：国家制造

初期的农地制度安排是政治的需要。中国是农业大国，是农民大国，在资本主义发育极为有限的背景下，中国共产党领导的政权革命所依靠的基本力量必然是农民。正如毛泽东所指出的，中国"80%的人口是农民，这是小学生的常识。因此农民问题，就成了中国革命的基本问题，农民的力量,是中国革命的主要力量"①。农民以农为生,土地被视为农民的命根子。严酷的人地矛盾决定了谁赋予农民以土地的产权,谁就能获得广泛的政治资源与社会支持。因此,共产党领导的中国革命,一个重要的战略是"打土豪、分田地",广泛开展土地改革运动。

土地改革运动从1950年年底开始,到1952年年底在全国范围内基本完成。土地改革"使全国3亿多无地、少地的农民无偿地获得了7亿亩的土地和其他生产资料,免除了过去每年向地主交纳的700亿斤粮食的苛重的地租""土地改革以后,贫农、中农占有的耕地占全部耕地的90%以上,原来的地主和富农占有全部耕地的8%左右"。②

土地改革形成的产权制度无疑是一种土地的农民私有制。然而,不同的制度形成方式,所隐含的制度强度是不同的。周其仁(1995)区分了三类土地私有权的获取途径:一是经过自由的交换契约获得产权(产权市场长期自发交易的产物);二是通过一个国家干预的土地市场在形式上获得产权(对土地产权自发交易过程中施加某些限制的产物);三是通过国家强制的制度安排而完全不经过市场途径所获得的土地(国家组织社会政治运动直接重新分配土地产权的结果)。在第一种情形下,农民有独立的谈判地位,他们能够根据成本收益的合理预期决定是否继续持有或完全让渡产权。但是,农民的这种独立谈判地位在第二种情形下打了折扣,而在第三种情形下几乎荡然无存。显然,这三类产权的强度具有依次弱化(attenuation)的特点。所以,周其仁合乎逻辑地指出,完全可以有不同的土地私有制,它们具有不同的强度、不同的稳定性,并且具有完全不同的进一步改变的逻辑。

因此,土地改革形成的土地的农民私有制,既不是产权市场长期自发交易的产物,也不是国家仅仅对土地产权自发交易过程中施加某些限制的结晶,而是国家组织大规模群众斗争直接重新分配原有土地产权的结果。根据周其仁的分析,由于国家和党的组织对突破无地少地农民在平分土地运动中不可避免的"搭便车"(free rider)行为具有决定性的作用,同时平分土地的结果又可以经过国家的认可而迅速完成合法化,因此在领导土地改革私有化运动的过程中,国家就把自己的意志铸入了农民私有产权。

---

① 毛泽东:《新民主主义论》(1940年1月)。
② 国家统计局:《伟大的十年》,人民出版社1959年版,第29页。

当国家意志改变的时候,农民的私有制的产权制度就必须改变。这一点正为诺斯(1981)所言中,作为一个暴力潜能的垄断组织,当然可以创造任何产权形式。

(二)剥夺私有权:国家控制的集体产权

1952年土地改革完成后,农村主要贯彻中共中央《关于农业互助合作社的决议(草案)》精神,发展互助合作组织。其目的是本着资源互助的原则,帮助农民解决农具、牲畜不足等困难。1953年12月,中共中央发布了《关于发展农业生产合作社的决议》,确立党在农村工作的根本任务,就是要促进农民联合起来,逐步实现农业的社会主义改造。该决议设计的我国农业合作化的路径是,由互助组到初级形式的半社会主义的农业生产合作社,再到完全社会主义的高级形式的农业生产合作社。①

1953年,中国开始实行发展国民经济的第一个"五年计划"。中国共产党提出了过渡时期总路线:在一个相当长的时期内,逐步实现国家的社会主义工业化,并逐步实现国家对农业、对手工业和对资本主义工商业的社会主义改造。国家工业化的原始积累主要来源于农业剩余(压低农产品价格以获取工农产品价格"剪刀差")。于是,当以低价格在市场上获得农产品变得越来越困难时,国家开始实施"统购统销"政策,并于1958年完成了这一制度安排。

在这一制度下,政府垄断了农产品的全部收购,并通过城市票证制度控制了食品和其他农产品的销售。一方面,低价垄断农产品市场,可能会导致农民从农业领域的退出;另一方面,这个制度压低了城市的生活成本,可能会诱导农民向城市的转移。为了确保农民从事农业生产,并低价出卖农产品,政府必须实施相应的政策以限制地区之间和部门之间的劳动力流动。由此,政府在农业生产的微观机制上,强行推广集体化政策。1958年,中央做出《关于在农村建立人民公社问题的决议》。由互助组到初级社,到高级社,土地由农民个体所有制变为集体所有制。于是,人民公社体制的建立及其土地的集体所有制为实施政府的经济与行政计划提供了有效的制度形式。

---

① 参见孙健《中华人民共和国经济史(1949—90年代初)》,中国人民大学出版社1992年版,第150页。

由于控制劳动力流动是推行重工业发展战略的关键，而控制农民自由流动的成本又是高昂的，从而一个旨在降低政府管制成本的户籍制度于20世纪50年代后期得以建立并延续到今天。

统购统销、人民公社以及户籍制度作为国家获取农业剩余的三套相互匹配的制度体系构建，使得集体所有制经济完全处于国家的控制之下，国家成为所有制经济要素（土地、劳动和资本）的第一决策者、支配者和收益者，集体在合法的范围内仅仅是国家意志的贯彻者和执行者。

如果说初期农地产权的私有化是政治的需要，那么随之而来的土地集体化则既是政治的需要，更是经济的需要。

集体产权的国家控制是通过土地集体化和政社合一两者结合而得以实现的。这大致经过三个步骤①：第一是重合行政边界和集体土地边界，使该集体既是一个行政单位又是一个经济组织；第二是使该集体领导既是行政官员又是经济组织的管理者；第三是用命令和服从的行政原则使该领导执行国家计划。国家意志由此进入了农村集体经济组织。国家计划决定该组织生产什么、生产多少和如何分配。尽管该组织拥有某块土地，但它并不能决定如何使用。土地的控制权事实上不在所有者而在国家手里。

（三）农地产权模糊化的方式

国家组织社会政治运动直接重新分配土地产权，为农地产权的模糊化奠定了政治基础。市场经济体制条件下产权的形成过程应该是出于私人考虑的人们在长期交易过程中而形成的契约关系，但中国农村集体化的产权制度是在计划体制背景下形成的，是国家完全出于自己的考虑或者行为者的偏好乃至意识形态的原因而制造或建构的。从而，在产权形成的过程中国家意志被注入进去了。

农地产权的模糊化是伴随着对农民行为能力的约束进而通过歧视性的法律约束逐步推进的。

在初期，国家侵蚀农民的土地私有权利，仅仅是通过政策约束农民的行为能力，但并没有在法律上加以消灭。比如，规定每家每户的粮食和棉花生产指标，对产品订购定销，禁止雇工、租佃和借贷，以及关闭集市贸

---

① 参见董国礼《中国土地产权制度变迁：1949—1998》，见学导网（www.xuedao.net，2006 - 7 - 21）。

易并切断农民与私商的联系通道。所有这些并没有改变农民的名义所有权,而只是对农民产权的使用、收益和转让给予了某种干预、限制和管制。国家通过对农民行为能力的约束导致了农地产权的弱化,通过产权的模糊化导致了一定程度上的产权"弱化",通过故意制造"公共领域"使国家获得了对土地部分权利的控制权进而获得产权租金(作为税收以外的农业剩余,也可以称之为"暗租")。

但是,在后期,国家推进的集体化运动进一步消灭了已经模糊的农民所有权。在产权制度安排中,最重要的是经济资源的排他性收益权和让渡权。而国家控制的集体产权,使一切排他性的制度安排成为多余,而取消了权利排他性,也就取消了资源利用的市场交易。(周其仁,1995)互助组运动联合了农民的生产活动,初级社归并了农民的主要财产,高级社消灭了土地和牲畜的分红,人民公社则在更大范围内推行公有化。[①] 政社合一的集体化公有制,不仅获得了法律保障,而且进一步成为中国农村社会的基本制度和组织基础,时至今日仍然发挥着相当的作用。

在人民公社的制度安排中著名的"三级所有"及其可过渡性,实际上是一个使产权模糊化的制度安排形式,它几乎否定了任何确定性的产权主体。这样的产权界定状态,自然无法创造有效的竞争机制与竞争秩序,产权制度对经济体制的激励、配置、保险和约束功能无从体现。农民没有土地的使用权、收益权和转让权,土地的利用必然是低效的甚至是浪费的;由于农村任何资源产权都失去了具体明确的责任主体、权利主体和利益主体,其产权安排几乎不具有排他性,因而行为主体的分配性努力大大超过了生产性努力;在偷盗、"磨洋工""搭便车"等机会主义行为盛行的情形下,由集体(公社或生产队)来对每个农业劳动者进行监督不仅十分困难且费用极高;正因为每个成员努力程度的监督与评价费用高昂,在公社化制度下就无法实现"按劳取酬",分配上的平均主义就成为这一产权安排运行的必然结果;平均分配使每个成员的报酬与其努力的关联极低,势必导致劳动力资源的浪费与劳动效率低下,由此农业增长陷入停滞。

---

① 参见杜润生《中国农村经济改革》,中国社会科学出版社1985年版。

四、家庭经营背景下的农地产权模糊及其侵蚀

1959—1961年间,农业危机导致的大量人员非正常死亡、经济衰退,以及接下来低效率经济的长期徘徊,引发了人们对集体化的怀疑。普遍的饥荒使人们从浮夸、表忠等政治热情中幡然醒悟。表达农民行为能力的一个基本冲动是追求产权的清晰化。事实表明,1961年中央农村工作部经调查后总结说,农业包产到户的做法已普遍存在,差不多每个省、市、自治区都有发现。① 事实也同样表明,在长达20多年的人民公社时期,包产到户前后有5次冲动却又5次被压制。② 可见,在集权政治秩序下,那些与官僚集团或核心领导者的偏好相一致的制度安排能够得到持续的维护,而与之不一致的制度变迁则极难推进。

长期的低效率以及经济的短缺与食品匮乏,特别是核心人物的更替(1976年毛泽东去世与1977年邓小平再次复出)以及相应意识形态的修正,使家庭联产承包责任制终于在20世纪70年代末80年代初得以实行并相继获得政治鼓励与法律保障。由此,国家开始从通过政权内卷化(involution)③ 而对农村经济无所不在的介入与控制状态中逐步退出,以此换得稳定的税收、低成本的监管系统和农民的政治支持;农民则以保证对国家的上缴和承担经营责任,换得土地的长期使用权以及上缴之余资源的剩余索取权。

与20世纪60年代初"包产到户"不同的是,农民家庭对产量的承包已发展成对土地经营的承包。"交够国家的,留够集体的,剩下都是自己的"的新制度安排,初步保证了农民对土地的经营权以及农业剩余的索取权。

---

① 参见国家农业委员会办公厅《农业集体化重要文件汇编》(第二册),中共中央党校出版社1981年版,第495页。
② 参见綦好东《新中国农地产权结构的历史变迁》,载《经济学家》1998年第1期。
③ 格尔兹(Clifford Geertz)在1963年撰写的《农业内卷化》(*Agricultural Involution*)一书中首先运用了内卷化这个概念。杜赞奇(Prasenjit Duara)在借用的基础上进行了发展,认为政治的内卷化必然出现基层社会的经纪体制,通过经纪体制的推行,国家权力深入到乡村社会,对乡村社会的剥削日益加重,但同时经纪体制的存在致使国家提取的租金不能大幅度增长。(参见杜赞奇《文化、权力与国家——1900—1942年的华北农村》,江苏人民出版社1994年版,第66~68页。)

然而，正如前文已经指出的，与在土地改革中农民获得土地的私有产权一样，家庭经营条件下农民得到的土地的长期经营权，依然是通过国家强制的制度安排而没有经过市场途径获得的。这就使得现行的农村土地制度仍然存在广泛的公共领域及其产权被模糊化的可能。

如前所述，农地产权的模糊化及其侵蚀同样来源于两个方面：一是法律歧视制造的"公共领域Ⅲ"以获取垄断性租金，二是约束产权主体行为能力形成"公共领域Ⅴ"以获取不当竞争性租金。

（一）法律歧视与产权模糊

1. 产权主体不清与身份模糊化

1986年颁布的《中华人民共和国土地管理法》规定"农村和城市郊区的土地，除法律规定属于国家所有的外，属于集体所有""集体所有的土地依照法律属于农民集体所有，由村农业生产合作社等农业集体经济组织或村民委员会经营管理"。作为产权主体的"集体"到底是指谁？农业生产合作社是以地缘和血缘关系为纽带而不是以土地的产权关系为纽带的，充当农地的产权主体显然缺乏法律根据。据农业部在全国100个县1200个村的调查，农村土地承包制的发包方明显缺位，事实上往往是由村级组织，主要是由村民委员会来填补的。① 但是，村民委员会是村民自治组织而非经济组织，并不具备作为农村土地所有权主体的法人资格。这表明，农村土地所有者主体的法律地位没有得到认可。

主体不清与身份模糊，必然"弱化"产权的排他性进而导致产权侵蚀。核心在于，作为人民公社体制的制度遗产，"集体所有制"经济依然处在国家（政府）的控制之下。一方面公有经济及其共有产权特征决定了农地中存在广泛的"公共领域"，另一方面实施国家控制通过权力的委托代理必然依赖于党政官僚等级制度。由此，政府制造的公共领域事实上由官僚集团所控制，公共领域中的产权博弈只是在官僚集团内部进行。在博弈的均衡状态下，每位官员所能获得的排他权利之多少，将由他掌握的控制权大小来决定，即形成所谓的等级产权制度。在等级产权制度中，地方政府或社区官僚集团利用其信息优势、权利控制的比较成本优势以及面

---

① 参见农业部政策研究中心编《中国农村：政策研究备忘录（Ⅰ）》，农业出版社1989年版，第267～228页。

对集体农民的谈判优势，可以进一步扩大公共领域，限制农民对土地的排他权利，扩展寻租空间。

2. 流转歧视与产权掠夺

从理论上讲，在我国实行的土地公有制中的两种土地所有制应该是平等的。《土地管理法》等法律法规规定，国家和集体所有的土地使用权可以依法转让，但同时规定，"农民集体所有的土地使用权不得出让、转让或者出租用于非农建设""集体单位和个人进行建设，需要使用土地的，必须依法申请使用国有土地""城市规划区内的集体所有的土地，经依法征用转为国有土地后，该幅国有土地的使用权方可有偿转让"。这些法律条文隐藏的要义是：土地使用权的非农出让特指国家的批租行为，农村集体非农建设用地不得进入一级土地市场。政府通过国家征地制度，将原本属于农民集体所有的土地强制变为国家所有，然后由国家无偿划拨或出让给厂商使用。

对农地流转的法律歧视、行政垄断以及市场管制，使征地成为农地转用非农建设的唯一合法形式。一方面，农转非的土地资源配置被排斥在市场机制之外；另一方面，农民无法成为独立的市场经营主体，也不可能通过市场分享农地转用租金。这套农地转用制度，既无效率，也不公平。

不仅如此，两个方面的原因进一步加剧了对农民土地产权的掠夺。第一，农民成为"公共利益"的牺牲者①。虽然法律明确规定土地征用须以公共利益需要为目的，但未对公共利益做出明确的界定，从而鼓励权利控制者将征地范围肆意扩大。例如，某省11个县1992年200个较大的用地项目，用地中属于公共事业项目的用地仅有42项，而以营利为目的的项目用地高达148项，其中房地产项目用地35项。② 第二，垄断征用导致的"征地价格剪刀差"，极大地刺激了政府利用行政强制力征用土地的欲望。2002年全国土地使用权招标拍卖收入平均每亩为35.67万元（人民币，下同），而对征地农民的补偿通常只有每亩1.5万~3.5万元。③ 1987

---

① 为什么在公共利益的旗帜下，农民就必须牺牲"私地"转换为"公地"的潜在收益？同样，在农田保护的背景下，农民就不得不支付土地低效利用的机会成本？因此，法律歧视显而易见。

② 参见钱忠好、曲福田《中国土地征用制度：反思与改革》，载《中国土地科学》2004年第5期。

③ 参见张熙《城镇化进程中的阴影》，载《改革内参》2003年第32期。

年至 2001 年，全国非农建设占用耕地 3394.6 万亩，其中 70% 以上是征地，这就意味着至少有 2276 万亩耕地由原来的集体所有变成了国家所有。① 据统计，到 2003 年 12 月底，全国共有各级各类开发区 6015 个。规划用地总面积为 3.51 万平方公里，超过了现有全国城镇建设用地的总量。另外，城市规模盲目扩大，80% 以上占用农民集体土地。这导致了 4000 万农民失去土地，成为"三无"人员（即无地可种、无业可就、无保可享）。

因此，可以发现，在法律歧视的背景下，农村集体土地的所有权及其享益事实上已经分化出两类权利——农业经营权（农用收益权）和工商开发权（非农用收益权）②。如果说农业经营权大体还留在农民手中的话③，那么工商开发权则大多转移到了非农主体手中。不过，这类权利均不具有稳定性，并进一步在产权的实施过程中进行行为能力竞争。

（二）能力限制与产权租金

若政府权力的控制权由官僚集团和特殊利益集团所共同分享，政府行为表现为对经济活动的管制，所形成的产权制度将是一种歧视性的法团产权制度④。常见的情况是，官僚集团与特殊利益集团之间有一个默契分工，官僚集团通过立法等手段限制非集团成员的排他性权利来制造公共领域，同时保留对公共领域中资源的分配权；特殊利益集团从官僚手中获取对公共领域中资源的排他性使用权。公共领域中资源的收益权或产权租金则由两集团共同分享⑤。

---

① 参见国务院发展研究中心课题组《农村集体非农建设用地流转受困现行法律》，载《中国经济时报》2003 年 5 月 9 日。

② 1958 年之前，这两类权利基本上都在作为农民集体组织的公社手中，因为公社可以自由地将土地在农业与工商业之间进行安排（如建立社办企业）。

③ 理由是政府已经取消农业税，村基本不进行提留。

④ 所谓歧视性的法团产权制度，指一方面具有私有产权制度特征——因为俱乐部式的法团产权对俱乐部外部成员具有排他性；另一方面它又具有等级产权制度特征——因为法团内部的控制权集中于法团官僚层。

⑤ 15—18 世纪时期，西班牙国王对羊主团放牧权的界定，是特殊利益集团（羊主团）同官僚集团（王室）联合限制非集团成员（农民）对农耕土地排他权的一个典型案例。由于羊主团的岁入构成王室财政的支柱之一，对牧羊主征税又比对分散的农民征税容易，故牧羊主能够用税金做交换，从国王手中获得了一系列的自由放牧权。这些自由放牧的特权有效地阻止了农民对耕作土地行使排他权。[参见（美）道格拉斯·诺思、罗伯斯·托马斯《西方世界的兴起》，华夏出版社 1989 年版，第 94、140～144 页。]

官僚集团与利益集团追求产权租金的合谋，大大限制了农民对土地产权的行为能力。

1. 非农用收益权的争夺

为了保证政府对土地市场的垄断租金，政府实际上默许了多个利益集团对农民土地非农用收益权的盘剥，而相对众多的利益争夺主体——农民的享益谈判能力极为有限。据调查，在广东佛山市南海区，1亩农地转化为非农建设用地，如只办农地转用手续，牵涉的费用有耕地占用税4000元、征地管理费1500～1800元、垦复基金1万元、农业保险基金6000元、农田水利建设费1333元。如办理出让手续，除了上述费用外，还要再加土地出让金，工业用地为1万～2.5万元，商业用地12.5万元，住宅用地为8万～10万元。这些项目费用被农民以外不同的利益集团所分享。浙江省一项调查表明，如果征地价是100%，被征土地收益分配格局大致是地方政府占20%～30%、企业占40%～50%、村级组织占25%～30%、农民仅占5%～10%。①

官僚集团与利益集团对含租产权的分享是博弈的结果。1992年国家曾规定，土地收益的40%上缴中央、60%留地方，但是中央政府很难收上相应的土地收益；于是1994年调整为中央收取5%，但是仍然难以收到，而且由于地方政府在"征地—卖地"过程中存在着巨大的利益驱动机制，导致过分征地、过量开发的局面。因此，为了保护耕地，充分利用经济机制引导土地合理利用，国务院1997年发布了《关于进一步加强土地管理切实保护耕地的通知》（中共中央、国务院中发〔1997〕11号），规定"农地转为非农建设用地的土地收益，全部上缴中央"；1998年修订《土地管理法》时，又调整为"新增建设用地的土地有偿使用费，30%上缴中央财政，70%留给有关地方政府，都专项用于耕地开发"。但是，在实践中仍然存在着中央政府如何才能足额收回相应的土地收益问题。但不管如何，租金分享激励着众多利益集团对农地产权模糊化的努力以及对农民土地权益权的侵蚀②。

2. 农地产权的稳定性问题及其寻租

家庭承包制后，土地的集体所有制普遍表达为社区集体的每个成员都

---

① 参见《人民日报》2004年8月11日。
② 1994年实行的财政"分灶"体制更是为这一侵蚀提供了制度激励。

天然地平均享有对土地的使用权利。为了保证产权分配（界定）的公平性，从初始的按人（劳）均分土地使用权，到一次又一次地因人口变化而重划土地经营权，追求产权界定公平的调整永无休止。这种制度安排的运作费用无疑是高昂的。2000年对山东、江苏、江西、河南四省344个县（市、区）742个村的调查表明，实行土地家庭承包制以来，89.6%的村对土地进行过次数不一、程度不同的调整，平均调整次数为3.9次。其中，大调整的次数平均为1.9次，调整最多的为一年一调。① 2001年8月，中国人民大学与美国西雅图农村发展研究所的调查显示，94.1%的农民知道中央政府关于"承包期30年不变"的土地政策，但只有12.2%的农民相信这项政策会彻底落实，相反却有45.8%的农民认为30年内"还会重新调整"。②

土地的重新调整尽管满足了农民对地权公平分割的诉求，同时也引发了农民对地权行为能力不足的问题（公共领域Ⅳ）：第一，土地的经常性调整，使农户无法形成对土地投资的长期预期；第二，既然每个成员对集体土地权利是均等的，这就意味着他们在土地数量、质量及土地负担的分摊上是均等的，因而，土地远近好坏的统一搭配使农户承包的地块不仅分散而且零碎，造成了严重的规模不经济；第三，为了做到地权的平均分配，每次调整都需要重新核查人口、土地面积与地块数量及其质量，产权的界定费用高昂；第四，土地的每次分割要找到全体成员一致接受或认可的方案，无疑将支付较高的谈判费用；第五，为了保证土地资产功能不致减弱，避免农户的掠夺性经营，其监督费用的高昂以致使这种监督成为不可能；第六，没有新的福利替代，农户是不会轻易转让其承包地的，从而使土地流转与集中，进而使资源配置的改善步履艰难。

更为关键的问题是，土地的重新调整为权力寻租和腐败问题留下了空间（公共领域Ⅴ）。现以"反租倒包"和"土地股份制"这两类典型的土地调整方式为例（它们常常被推崇为农地制度的"重要创新"）。

(1) 反租倒包。是由集体经济组织出面，将农民的承包地租过来，

---

① 参见杨学成《关于"30年不变政策"若干基本问题的思考》，载《山东农业大学学报》2001年第2期。

② 尽管2002年颁布的《农村土地承包法》强调了农地使用权的稳定问题，但27条依然为"微调"留有余地，第28条更为在调整过程中"预留机动地"开了缺口。

然后以一个更高的租金出租给其他的农业经营者。第一，使农民对土地的使用权和承包经营权重新回到集体经济组织手中，家庭经营变成了"集体经营"。① 第二，"集体"通过"反租"与"倒包"，获得了相应的产权租金，而集体的权利控制者进一步通过倒包对象的遴选以及租金的确定，获得了实际的"剩余控制权"。第三，集体的代理人利用权力强制反租、通过合谋倒包，引发权力寻租和腐败②。

（2）土地股份制。和反租倒包一样，也是将原来一家一户经营的土地集中到村集体经济组织，然后由村集体经济组织来经营社区经济组织。只不过前者是以地租的名义来实现土地经营权的主体转换，而后者则是以价值形态置换实物形态的名义来完成土地经营权的转换。如果说"反租倒包"在一定程度上受到批评的话，那么土地股份制则受到了普遍的好评。但是，它所存在的问题依然严重：第一，在股份合作社内，集体财产量化到个人的社员股，但不能退股抽资。正是这种集体财产"不可分割性"的特别要求，使对土地占有权、经营权和处分权由家庭经营过渡到集体并进而被社区官僚体制所控制。第二，从广东的实践来看，股份合作社形成了三个相互关联而又相互独立的经营主体，即股份合作联社、联社下属的股份合作社以及联社兴办的企业，从而形成了等级产权制度。第三，股权不能转让、继承、抵押、赠送等流动性限制，在导致社区封闭性的同时，更对社区居民形成一种"套牢"机制，从而大大约束了农民对产权的行为能力。第四，在股权设置中普遍设立了份额较高的"集体股"，其产权的模糊性与公共性往往激励内部人控制与寻租。第五，土地股份的福利性质常常会鼓励集体代理人或社区官僚牺牲集体长远利益用红利换取村民自治条件下的政治支持，从而导致对土地产权长期合约的损害。

---

① 参见刘守英《地方政府和基层组织介入土地流转对农民土地权益的影响》，见中国农娃资讯网，2001年11月20日。
② 我们并不反对"反租倒包"，但前提条件必须是充分尊重农地承包权主体的意愿并维护其权益。

五、农民土地产权保护的变革方向

从产权模糊的可能性而言，笔者关心的主要是"公共领域Ⅲ"和"公共领域Ⅴ"。从图1可以发现，"公共领域Ⅲ"和"公共领域Ⅴ"的扩张直接导致的是农民土地剩余权利的收缩与残缺。因此，未来农地制度变革的核心是农民土地权利的法律保障以及对农民行使产权行为能力的保护。

（一）农民土地权利的法律保障：避免法律歧视

1. 已有的改进

中国农地制度变革的一件大事是2002年8月通过并于2003年3月1日开始实施的《中华人民共和国农村土地承包法》（简称《农村土地承包法》）[而2007年3月16日通过并于2007年10月1日开始实施的《中华人民共和国物权法》（简称《物权法》）再次对其核心内容进行了确认]，这是新中国史上第一次以国家法律的形式赋予农民长期稳定的土地承包经营权的法律文本。这部法律修改了以往对农地的众多法律歧视，农民土地权利的法律保障得到了明显改善。

（1）强化了产权的法律认可。《农村土地承包法》的出台和实施，把农户承包耕地的权益30年不变由政策上升到国家法律，并经由《物权法》承认了土地承包权是农民的财产权之一。这对于有效地稳定农民的土地承包权益，促进家庭承包责任制之上的统分结合的双层经营体制作为中国农村最基本的制度的地位，推进农村的土地流转，都有着积极的意义。

（2）产权的稳定性大大提高。一系列的规定，如发包方"维护承包方的土地承包经营权，不得非法变更、解除承包合同；尊重承包方的生产经营自主权，不得干涉承包方依法进行正常的生产经营活动""承包期内发包人不得收回承包地""承包期内发包人不得调整承包地"等，从而彻底否定"三年一小调，五年一大调"的格局。地权稳定性的提高将改善农民对土地的投资预期，具有重要的行为发生学意义。

（3）产权弱化的状态有了明显改观。一方面是继承权有了保障。如规定"承包人应得的承包收益，依照《中华人民共和国继承法》（简称

《继承法》）的规定继承"。另一方面，一是产权转让得到了承认与保障。如规定，"通过家庭承包取得的土地承包经营权可以依法采取转包、出租、互换、转让或者其他方式流转"（《物权法》进一步规定对荒地等的承包经营权可以转让、入股、抵押或者以其他方式流转）。此外，相应的收益权也得到了保护。如规定"土地承包经营权流转的转包费、租金、转让费等，应当由当事人双方协商确定。流转的收益归承包方所有，任何组织和个人不得擅自截留、扣缴"。所有这些关于土地承包经营权流转的具体规定，提升了农民土地产权的强度，推动了土地经营的资产化进程。

2. 变革的方向

然而，在农地转为非农用地方面，法律歧视依然存在。《农村土地承包法》肯定了农户作为土地使用权的所有者地位，于是也就肯定了在产权让渡中获得相应补偿的权利，但这与现行的征地政策相矛盾。①

财产征用是世界通行的一种法律制度。在各种财产征用中，土地是最多也是最普遍的征用对象和补偿对象。尽管各个国家或地区在立法上对土地征用的表述不尽一致，但其实质都是国家为了公共利益或公共目的需要，依照宪法和法律规定的条件，强制取得公、私财产，并给予补偿的行为。尽管土地征用或征收的定义和称谓表述各异，但几乎都认同了三个基本构成要件，即土地征购属于政府的特有权力、这个权力一直只用于公共目的、行使这个权力时必须给予合理补偿。

因此，土地制度变革的基本方向体现在三个方面。

（1）确定公共利益的范围，严格限制征用权的行使。基本导向是：缩小范围与约束权力。由于征地权是属于政府的强制性权力，必须明确公共利益的范围并对征地权的行使加以规范。鉴于公益性、经营性建设用地在界定上的模糊性及可能导致的合谋与寻租行为，现阶段可以考虑以法律法规的形式列举征用权行使的条件以及征地的具体范围②，与此同时建立对征用权行使的监督制约机制。

（2）建立合理的征地补偿机制。基本导向是：价格的市场化生成。对于"合理补偿"的含义及其标准，学术界与实际部门一直存在争论。

---

① 参见姚洋《土地、制度和农业发展》，北京大学出版社 2004 年版，第 5 页。
② 由于目前对公共利益的界定缺乏共识，因而以列举式确定征地范围是一种减少制度执行成本的选择，并可由此考量政府的公信力。

如果以市场均衡为标准，那么"合理补偿"就应该选择市场价格；但有人认为用市场机制生成价格，又失去了"征用"的性质。笔者认为，补偿的标准应该是市场价格，国家"征用权力"的体现，不是表现为"低价格"，而应该表达为"购买"的强制性与"转让"的服从性方面。征地按市价补偿的制度含义在于，除了防止公益用地与非公益用地的配置误导，还减少了被征土地与进入市场交易土地的差价，有助于从源头上根治"权力寻租"；同时，一旦政府财力构成征地数量的经济约束，就等于给"最严格的耕地保护"与"农地转用的最优利用"提供了"双保险"。①

(3) 农田保护的制度补偿。农田保护的目的是为了保证国家粮食安全的公共利益，但牺牲了农民对土地资源配置的自由选择权利，隐含着农地使用权的产权弱化。因此，与征地补偿相类似，国家应该对基本农田保护区的农民所支付的机会成本实行财政补贴，以增强农民参与基本农田保护的积极性，保障农田保护区农民的基本权益。

(二) 缓解行为能力约束：控制"内部人"控制

1. 问题的逻辑

我国的《宪法》《民法通则》《土地管理法》《物权法》以及《中华人民共和国农业法》《农村土地承包法》等重要法律都明确规定，中国农村的土地归农民集体所有。但是，集体到底指的是哪一级哪个组织，有关法律却没有明确界定。不同的法律分别表达了集体土地所有权的主体有三种形式，即乡镇农民集体经济组织、村农民集体经济组织、村内农民集体经济组织，可以简称为"乡镇、村、组"三级。三者在不同程度上都是农村集体土地的所有权代表。

一方面，三级所有权的代理集团形成了等级产权制度。产权等级越高，控制的资源越多，产权租金越高。另一方面，"乡镇、村、组"三级官僚等级制度，必将导致职位等级制度。身份等级越高，分享的管制权越大。结果是，第一，集体土地的剩余控制权和剩余索取权主要掌握在集体的治理集团手中，而不是主要掌握在集体所有者手中。由此会形成农村土地中的"职位等级产权制度"，从而导致层级式的"内部人"控制，农民

---

① 参见《周其仁教授纵论我国征地制度改革》，见中国经济学教育科研网 (www.cenet.org.cn, 2004-3-12)。

对土地产权的行为能力因此受到约束。① 第二，不同土地所有权代表必然形成不同的利益集团，对集团利益的追求与合谋在加剧产权进一步模糊化的同时，也会因控制权的争夺与利益的摩擦引发产权租金的耗散。

2. 变革的方向

（1）打破等级产权制度，切断官僚等级制度对土地产权的侵入，从而瓦解职位等级产权制度。基本的变革是明确与村民小组相对应的集体经济组织行使农村土地所有权职能，在此基础上逐步将社区集体经济组织转化为合作经济组织及企业型经济组织，并引入现代企业的治理机制，解决土地产权运作的"内部人"控制问题。

（2）改善土地产权的稳定性，遏制土地重新调整过程中的权力寻租和腐败问题。人们对土地调整的担心主要来源于"内部人"控制，特别是社区官僚或者说村干部对权力的滥用。尽管《农村土地承包法》第二十七条有可能使村干部对权力的滥用得到控制，但第二十八条规定依然留下了空当。已有的研究支持了这样的观点：较稳定的地权增加土地投资，较自由的转让权提高资源配置效率，保证初始产权公平的土地调整有利于弥补农村社会保障和失业保险功能的缺位。因此，变革的基本方向是：允许适应人口变化做出小规模的土地调整，但调整决策应该是农民的自主选择与集体成员的民主表达；同时，土地的使用权买卖和租赁受到法律的严格保护。② 土地重新调整的基本原则是：从行政（权威）分配转为通过当事人交易完成，交易合约及其未来收益的分配由当事人决定，并且合约受到法律的保护。

（3）农地流转市场应该逐步转向以农户的完全土地使用权而不是以集体土地所有权为基础。这样既可以与农村改革的基本成果以及《农村土地承包法》相衔接，又可以减少村庄权力人物利用农地调整与转用机

---

① 在此情形下，产权残缺化制造的公共领域及其租金是如何分配的？本文认为由两方面决定：一是由个人的分利能力界定，二是以个人职位等级作为竞争规则。前者会导致政府对成员身份的进入限制，后者则形成等级产权结构。因此，残缺产权及其租金是根据职位等级产权结构分配的。

② 通过土地租赁实现土地使用权流转，是世界上通行的做法。大量文献资料认为，土地租赁市场可以规避风险、使资源利用效率更高、更有利于形成规模经营。格申·费达等在总结世界银行土地政策的演变时指出，土地租赁市场与土地买卖市场相比有很多优势，不仅交易费用低，同时固定佃租一类的合同有助于佃户提高效率。（参见张红宇《中国农地调整与使用权流转：几点评论》，载《管理世界》2002年第5期。）

会再度侵犯农民权益，并由此通过市场开放提高土地资源的利用效率。

六、进一步的讨论

（一）关于土地产权的悖论

可以认为，无论是过去还是现在，中国的农地制度都是通过国家强制的制度安排而不是经过市场途径演化的结果。今天所赋予的农民的土地权利，依然是政府（或国家）意志的表达。这就使得人们不免担心，照此逻辑，将来的某一天政府同样能够收回已经赋予农民的某些权利。由此，中国的农地产权不可避免地存在这样一个悖论：产权弱化—政府赋予—产权强化—政府限制—产权弱化。

应该说，改革开放以来，中国农地制度的变革表现了农民产权不断强化的路径特征，产权模糊的范围在逐步减少。但值得关注的是，在依然存在的模糊地带，产权掠夺却有加剧的趋势。

因此，规范政府行为，约束和打击权利控制者与利益集团对土地的寻租行为，必须依赖于两个方面的努力：一是加快农地产权市场化的进程，以更替农地制度变革的原有逻辑与制度生成机制；二是强化农地产权的法律支持与法制建设。后者尤为迫切。

（二）关于法律规则的不确定性问题

农民土地权利的法律保障以及对农民产权行为能力的保护是未来农地制度变革的核心线索与基本方向，但并不意味着可以忽视其他方面的问题。其中，农村土地使用规则的不确定性问题尤其值得重视。

笔者在此强调的不是农地产权的法律歧视问题，而是因法律界定上的困难及法律规则的不确定性而形成的土地产权的"公共领域Ⅱ"。

事实表明，中国乡村社会发生了大量土地纠纷。在纠纷中，人们分别引用不同的政策法规说明自己"正确"：一些人援引土地承包合同，认为土地是承包户（在承包期间）专门使用的财产，其生产价值应当属于承包户；另一些人则援引土地法中"集体所有"条文，认为它属于（村庄所有成员的）公共财产，其价值应当由所有村民共同分享；还有一些人援引一般的"公有制"理念，认为土地是公家的，应当由"公家"机构或人员即政府来决定如何处理。之所以如此,关键在于土地使用规则的不确定性问题,而土地使用规则的不确定又源于法律的不确定所致。(张静,2003)

在土地使用方面可以发现有多种规则,它们分别包含不同原则和价值。其中的任何一个,都可能被社会成员选择采用,相机选择给规则变化提供了机会。由于不存在限定的公共认同原则作为标准,人们便根据实际利益和力量比较对规则做出取舍,他们的行为方式是根据当前利益对规则进行权衡,而不是根据规则衡量利益是否正当。(张静,2003)尤其重要的是,这种"各执一词"的利益取向与合法性声称来源的性质,不是在同一原则下对不同规则的选择,而是对包含不同(公正)原则的地权规则(法律)进行的选择,于是实际的选择过程已经不是典型意义上的法律过程,而是一种政治过程,它遵循利益政治逻辑。考虑到农民在政治谈判中的弱势地位,这一选择逻辑必然会在业已存在的"公共领域Ⅱ"的基础上,进一步激励"公共领域Ⅲ"的扩大及其产权的模糊化。[①]

中国农地制度安排及其创新实践的多种多样,一方面表达了农民自主选择的宽松环境,但另一方面也反映了人们在法律承认与遵守方面存在问题。如果将国家不适当地放在规则确定的唯一重要位置上,而忽略对法律的社会承认,将产生广泛且严重的"公共领域Ⅱ"问题。因此,为了维护农地法律的严肃性与实际效力,应该在立法过程中建立起立法、司法以及管理对象或利益相关者之间沟通的桥梁,以保证土地使用的各项规则(及其宪政原则)在法定之前能够通过必要的程序达成公共同意。

(三) 关于农地产权演变的基本趋势

如果说农村集体土地产权已经初步分化为农业经营权(农用收益权)和工商开发权(非农用收益权)是符合事实的判断,那么,要进一步研究的问题是,考虑到这两类权利的不稳定,是否有可能继续分化出更多层次的产权?如果回答是肯定的,或许就会发现一个重要的机制:当众多的

[①] 亓宗宝、史建民(2007)通过四宗农村土地承包经营纠纷诉讼案件,从承包合同、合同解除和司法救济三个方面对相关主体的角色表现进行了比较分析,表明当前承包农户所获得土地承包经营权的保障程度较低,发包方的强势地位显著。四宗案例的判决书中引用《合同法》《民法通则》的条文占66.7%,而专门规范土地承包关系的《农村土地承包法》被引用的条文仅占引用法律条文总数的8.3%。(参见《中国农村观察》2007年第2期,第43页。)

行为主体竞争同一资源的公共领域,其结果也许不是产权完全归属哪一方,而是具有各自竞争优势的主体均能获得某种层面的产权。于是,土地的产权界定就不会是非此即彼,也不会长期停留在不确定状态,而将表现为多层产权的分立与统一的结局。这一大胆的猜想显然需要下一步的小心求证。

最后需要指出的是,中国农地产权的变革是事关整个"三农"的重大问题,其复杂性已经超过了单纯的政策可能把握的范围。制度变革方向的选择与变革路径的设计依然有待于实践的昭示。应该强调,如果基于国家稳定与社会和谐的基本信念,农地制度变革的目的就不仅仅在于保护农民利益与改善土地资源配置效率的产权基础,更关键的是要形成农民能够分享工业化与城镇化成果的制度支撑。

参考文献

[1] Alchian A, Kessel R. Competition, monopoly, and the pursuit of money [M]// The In National Bureau of Economic Research. Aspects of labor economics. Princeton: Princeton University Press, 1962.

[2] Barzel Y. Economic analysis of property rights [M]. Cambridge: Cambridge University Press, 1989.

[3] Hart O. Firms, contracts and financial structure [M]. New York: Oxford University Press, 1995.

[4] North D. Structure. Change in economic history [M]. Naw York: W W Norton & Company. Inc, 1981.

[5] North D. Institutions, institutional change and economic performance [M]. Cambridge: Cambridge University Press, 1990.

[6] Schotter A. The economic theory of social institutions [M]. Cambridge: Cambridge University Press, 1981.

[7] (冰岛) 思拉恩·埃格特森. 新制度经济学 [M]. 北京: 商务印书馆, 1996.

[8] (美) 哈罗德·德姆塞茨. 所有权、控制与企业 [M]. 段颖才, 等, 译. 北京: 经济科学出版社, 1999.

[9] 菲吕博腾, 配杰威齐. 产权与经济理论: 近期文献的一个综述 [M]//

（美）罗纳德·哈里·科斯，等. 财产权利与制度变迁. 上海：上海三联书店，1994.

［10］李稻葵. 转型经济中的模糊产权理论［J］. 经济研究，1995（4）.

［11］罗必良. 公共领域、模糊产权与政府的产权模糊化倾向［J］. 改革，2005（7）.

［12］姚洋. 中国农村土地制度安排与农业绩效［J］. 中国农村观察，1998（6）.

［13］张静. 土地使用规则的不确定：一个解释框架［J］. 中国社会科学，2003（1）.

［14］周其仁. 中国农村改革：国家与土地所有权关系的变化——一个经济体制变迁史的回顾［J］. 中国社会科学季刊，1995（6）.

农地流转的市场逻辑：
理论线索与案例分析[①]

一、问题的提出

Alchian（1965）曾经指出，所有定价问题都是产权问题。价格如何决定的问题，就成了产权如何界定、交换以及以何种条件交换的问题。其中，产权主体对所交易物品的价值评价，关键取决于交易中所转手物品的产权的多寡或产权的"强度"。不减弱的产权能够获得较高的价值评价，能够有效生成价格并促进其交易。正如Barzel（1989）所说，任何对产权施加的约束，都会导致产权的"稀释"。如果物品的产权边界是不明确的，或者产权易于被减弱，那么其参与交易的可能性会被抑制。对个人产权而言，将减少个人财产的价值或者导致租值耗散；从社会角度来说，则会损失资源配置效率与社会福利效应。

中国农村的土地制度正在发生两个重要的政策性转变：一是通过强权赋能不断提升农民对土地的产权强度；二是通过加大支持力度推进农地的流转集中，以求一方面保护农民的土地权益，另一方面改善农业经营的规模经济性。

我们的问题是，提升物品的产权强度，就必定能够改善人们对物品潜在价值的评价，进而促进物品的交易吗？第一，交易费用范式关注了资产专用性、交易频率、不确定性等因素对交易成本的影响（Williamson，1985）。这一范式的特点是假定交易参与者具有明晰的产权，且具有同样的交易意愿。不过，该范式忽视了交易主体的主观差异。因为不同的人将其所拥有的物品进行交易的意愿程度是不同的。第二，对于不同的产权主

[①] 本文为教育部创新团队发展计划"中国农村基本经营制度"（IRT1062）、国家自然科学基金重点项目"农村土地与相关要素市场培育与改革研究"（71333004）的阶段性成果，并受到广东省宣传文化人才专项资金的资助。本文发表于《南方经济》2014年第5期。

体来说，提升物品的产权强度，其所能发现物品潜在价值的能力是不同的，进而参与交易的可能性及倾向也是不同的。因此，产权强度对产权交易的意义并非是明确的。

本文试图基于"产权强度—禀赋效应—交易装置"的分析线索，以期阐明农地流转的市场逻辑。重点在于：第一，基于产权强度的生成机理的分析，通过引入禀赋效应理论，并通过实证分析揭示农地产权流转抑制的根源。目的在于说明农地产权强度的提升并不必然改善农地承包经营权的流转绩效；第二，对于一项具有排他性产权，同时又具有禀赋效应的物品，如何改善其产权交易效率？交易费用的高低，并不唯一地由产权安排所决定。因此，本文更重要的目的是要说明，如何使产权便于交易，交易装置及其匹配将是一个可以拓展的重要研究方向。

二、产权强度、禀赋效应与交易抑制

（一）产权强度及其生成机理

周其仁（1995）区分了三类土地私有权的获取途径：一是经过自由的交换契约获得产权（产权市场长期自发交易的产物）；二是通过国家干预的土地市场在形式上获得产权（对土地产权自发交易过程中施加某些限制的产物）；三是通过国家强制的制度安排而完全不经过市场途径所获得的土地（国家组织社会政治运动直接重新分配土地产权的结果）。在第一种情形下，农民有独立的谈判地位，他们能够根据成本收益的合理预期决定是否继续持有或完全让渡产权。但是，农民的这种独立谈判地位在第二种情形下打了折扣，而在第三种情形下几乎荡然无存。显然，这三类产权的强度具有依次弱化的特点。由此我们可以合乎逻辑地判断，完全可以有不同的土地制度安排，它们具有不同的强度、不同的稳定性，并且具有完全不同的进一步改变的逻辑。

假定存在产权市场，对于人们如何获得产权并判断其产权强度，周其仁的逻辑是没有问题的。但是从起源的角度来说，则存在悖论：如果缺乏产权强度（弱产权），人们不可能通过市场来交易；如果缺乏自由的市场交换，则无法提升其产权强度。因此，有必要进一步认识产权强度的生成机理。

洛克（Locke，1690）从原始森林的果子掉到地上开始分析物成为财产的原因。假若森林的果子掉到地上，没有人拾起，则果子不成为财产。但如果一个人弯腰拾起果子，则果子中注入了劳动，果子就会成为那个人的财产。因而，洛克认为，财产是一种自然和技术的产物，是已经物化的劳动。如果财产单纯指已经物化的劳动，这就会产生一个问题：行窃和战争也是一种劳动，那么采集果子的劳动与偷窃果子的劳动又有什么区别呢？揭示采集果子的劳动与偷窃果子的劳动的区别，可以从不同的角度做出解释。

第一是法律赋权（合法性）。对于一项物品的产权，如果没有法律意义上的界定，那么就不可能有所谓"非法行窃"的"合法性"判断，同样也不可能有所谓的市场交易。经由市场的交换契约获得产权，之所以具有产权强度，缘于两个方面的原因：①该产权及其权益是受到法律保护的，具有强制性；②这个市场及其契约是合法的，具有权威性。

第二是社会认同（合理性）。行窃和战争是一种社会概念。毫无疑问，如果不考虑社会认同，要区分采集果子的劳动和偷果子的劳动是非常困难的。有关物化劳动成为财产的合法性思想在一定程度上与人类的共同认可与尊重有关，但正如我们已经在现实中看到的一样，作为被赋予一种权利的劳动，如何获取财产总是一种社会的选择。这种选择是关于某种努力在人们头脑中形成的一种可以被社会共同认可的权利的选择。因此，经由市场进行交易，是因为这种方式能够得到社会认可与道义支持。或者说，市场交易能够表达社会认同及其规范。

在国家社会状态下，产权的强度首先依赖于法律赋权的强制性。然而，其强制性的界定、实施及其保护是需要支付成本的，而成本的高低亦与社会认同紧密关联。可以认为，从法律的不完全性来说，社会认同是法律机制的重要补充；从法律的可实施性来说，合法性必须服从于合理性。

写在纸上的"制度"与实际实施的"制度"并不总是一致的（罗必良，2005），农村土地制度尤其如此。当国家权力渗透到农地产权的实际运作中之后，农村干部就成为国家的代理人，国家意志往往是通过乡村干部来达成的。因此，由乡村干部群体所表达的社会认同成为决定农地流转秩序的主流观念（谢琳等，2010）。

第三是行为能力（合意性）。产权经济学关注产权的实际运行与操作，其中，产权主体的行为能力是一个重要的方面。Barzel（1989）指出,人们对资产的权利不是永久不变的,而是由他们自己直接加以保护、他人企图夺取和任何"第三方"所做的保护这项权利的努力程度所决定。产权主体的行为能力对于产权的实施具有重要的行为发生学意义——产权属性的关键在于可排他性、可处置性以及可交易性,具备排他能力、处置能力与交易能力的产权主体能够强化其产权强度。由于产权在实施中的强度问题,使得同一产权在不同的实践环境、对于不同的行为主体,都可能存在实施上的差异。

因此,Alchian(1965)指出,产权的强度,由实施它的可能性与成本来衡量,这些又依赖于政府、非正规的社会行动以及通行的伦理与道德规范。可以认为,产权强度决定着产权实施,是国家赋权、社会规范与产权主体行为能力的函数——法律赋权从合法性、强制性与权威性方面提升产权强度,社会认同从合理性、道义性与规范性方面强化产权强度,行为能力从合意性、偏好性与行为性方面决定产权强度。(罗必良,2013)

(二)禀赋效应:一个认识维度

早在1759年,亚当·斯密在《道德情操论》中把人们的行为归结于同情,阐明具有利己主义本性的个人怎样控制他的感情或行为。他指出一种现象:人们对无论是心灵上的还是肉体上的痛苦,都是比愉快更具有刺激性的感情。也即失去自己拥有物品所带来的痛苦,比获得一件同样物品所带来的喜悦更加强烈。简单地说,就是"失而复得"并不具有等同效应。

后有学者用货币来衡量这一感受。Thaler(1980)由此提出"禀赋效应"(endowment effect)并将其定义为:与得到某物品所愿意支付的金钱(willingness to pay,WTP)相比,个体出让该物品所要求得到的金钱(willingness to accept,WTA)通常更多。即指一旦某物品成为自己拥有的一部分,人们倾向给予它更高的价值评价。

Radin(1982)提出,如果一项财物的损失所造成的痛苦不能通过财物的替代得到减轻,那么这项财物就与其持有者的人格密切相关。进而,她将财产分为人格财产和可替代财产。这意味着,对于产权主体来说,人格财产相比于可替代财产,具有更为显著的禀赋效应。对于农户来说,农户持有的宅基地、承包地是凭借其农村集体成员权而被赋予的,具有强烈的身份性特征,表现为典型的人格化财产,相对于为了出售而持有的物品

(比如储备的谷物),其禀赋效应将会更高。

Kahneman 等(1991)认为,禀赋效应是"损失规避"的一种表现,即损失比等量收益所产生的心理感受更为强烈,因此人们更计较损失。从交易的角度来说,对于同样的物品,一个人的意愿卖价要高于意愿买价。因此,禀赋效应会抑制潜在的交易。

(三) 产权强度、禀赋效应与交易抑制

可以认为,禀赋效应产生于交易。没有交易,就不可能有禀赋效应。但是,禀赋效应会抑制潜在的交易。引入禀赋效应的分析维度,有助于对产权强度的交易含义做进一步的理解。

首先,产权及其交易不仅依赖于法律,在实际运行中更依赖于社会及其道义支持,乡土村庄更是如此。在实际运行中,人们从交易中得到的东西,不仅来自于自己对生产、保护、行窃的选择,而且也取决于别人的认同,而社会规范基本上依赖于人们对公正性的伦理选择。如果违背了任何权利制度赖以存在的公正性,交易所得乃是一种幻影。(Baumol,1982) 假定不存在法律约束,当社会认同无法通过交易来强化农民的权益时,或者实施交易可能导致其产权的租值耗散时,产权主体势必会选择继续持有,因为这是防止其物品价值损失的唯一方法。不交易即是最好的交易,此时的禀赋效应很强。

其次,假定某个人拥有的物品,既得到法律的赋权,也得到社会认同,如果此人对这类物品具有继续持有的依赖性特征,那么其禀赋效应将尤为强烈(例如,一个以农为生、将土地人格化的农户)。产权赋权的"权威"主要表现为排他性。正如 North(1981)所说:"产权的本质是一种排他性的权利,……产权的排他对象是多元的,除开一个主体外,其他一切个人和团体都在排斥对象之列。"法律赋权和社会认同的物品产权的排他性强,持有者的行为能力也相应增强。特别是当完整权利下作为行为努力的产出物成为其赖以维生的来源,持有者本身也成为物品权利的一部分(人格化产权),从而使得这类物品的交易将转换为物与人结合的权利交换,其排他性将变得尤为强烈。此时持有者的禀赋效应很强,即使存在潜在的交易对象,也难以取得这件物品的完整权利,交易也就难以达成。

最后,如果一个人对所拥有的物品具有生存依赖性,并且具有在位

控制诉求，特别是当其控制权的交易具有不均质性、不可逆的前提下，那么其禀赋效应将较为强烈。例如，农村土地在承包权与经营权分离的情形下，农地出租意味着对农地实际使用的控制权掌握在他人手中，并有可能导致土地质量、用途等发生改变。当承包者重新收回经营权时，处置权的强度已经发生改变。如果存在事前预期，并且这种预期又是承包农户难以接受的，那势必会导致承包权主体的禀赋效应增强，交易必然受到抑制。

此外，值得指出的是，禀赋效应理论一直关注交易过程中"人—物"的关系，却未考虑到面对不同交易对象时的情景差异。就同一物品而言，面对不同的交易对象，产权主体所拥有的产权排他能力是不同的。正如Barzel（1989）指出的，个人权利的实现程度取决于他人如何使用其自己的权利。可以认为，同一个产权主体对其所拥有的物品，面对不同交易对象时的禀赋效应是有差异的。

三、农地流转：一个特殊的市场

（一）农地流转的产权经济学意义

应该说，家庭承包制度下农民所获得的土地产权是国家强制的制度安排而完全不经过市场途径所获得。这一赋权方式所决定的逻辑是：①由于产权是国家强制界定的，因此一旦国家意志发生改变，土地产权安排就有了变动的可能，从而决定了制度的不稳定性。②国家的代理人是政府，而政府是由官僚集团构成的。官僚集团除了追求自身的利益，也可能代表着不同利益集体的利益诉求，由此形成的产权制度可能是歧视性的。歧视性产权制度安排所导致的产权模糊及其所制造的"公共领域"至少从两个方面减弱产权强度：一是限制产权主体对其部分有价值的物品属性的控制权；二是限制行为主体行使产权的能力。（罗必良，2005）前者如取消农民土地进入非农流转的交易权，后者如禁止农民对土地承包权与宅基地用益物权的抵押。③按照户籍及成员权所界定的均分地权，必然导致农民行为能力的下降。第一，由于产权是国家无偿赋予的，因此其权利边界及其可实施的内容必须听命于国家，国家意志的改变可以变更权利内容，而且这一变更的不确定性必然导致农民行为预期的不稳定性；第二，由于赋权是均分的，尽管保障了身份权的公平性，但没有顾及成员能力（以及偏好）的差异性，赋权与能力的不匹配，既牺牲了效率，也损害了公平；第三，初始赋权所决定的产权分散性与可实施产权的零碎化，使已经不具备任何规模经济性的农户的行为能力空间进一步收缩。

改善土地的产权强度，可以从不同的维度入手。其中一个重要的方面是改善产权的排他性、公平性与稳定性。中国农村土地的制度安排，就农地的承包经营权层面而言，第一，作为农村集体成员的农户是唯一的产权主体；第二，基于中国特殊的农情与人地关系，土地的福利赋权及其均分亦成为必然选择。因此，农村土地的家庭承包制并不存在太多的关于排他性与公平性方面的问题，关键在于农地产权的稳定性。为了避免国家直接分配的土地产权易于被改变的可能性，产权流动与市场交易就显得格外重要；因为公平公开的市场交易能够强化社会规范。

所以，推进农地承包经营权的流转具有双重意义。第一，改善产权强度。因为经由市场交易的产权具有规范程序的合法性、社会认同的合理性、自愿参与的合意性，因而能够强化产权强度。第二，改善资源配置效率。资源的产权主体明确，并允许产权的自由转让，同时与这一转让相应的收益得到有效保护，产权主体才有可能最大限度地在产权约束的范围内配置资源以获取最大收益。鼓励农户承包经营权的流转，有助于实现规模经营，降低劳动成本，对农户不仅具有资源配置效应、边际产出拉平效应，还具有交易收益效应。（姚洋，1998）

（二）两大变化及其反差

始于1978年的中国农村改革，从本质上讲是财产关系与利益关系的大调整。而农户家庭经营主体地位的确立，有效改善了农民的财产支配权与经济民主权。与之伴随，中国农村出现了两个重要的变化。

（1）人地依存关系的松动。在中国，土地历来被视为农民的"命根子"。人地关系的严酷性，决定了土地对于农民兼具生产资料及社会保障双重功能。Scott（1976）在研究东南亚一些地区的农村土地制度时指出，当人均土地资源极少时，农民的理性原则是以生存安全为第一要素，其经济决策的基础是生存伦理而不是经济理性。然而，我国的现实已经发生了重大变化。第一，人地关系出现了明显的松动。我国农业劳动力的就业份额从1978年的70.50%已经减少到2011年的34.80%，表明农民开始不以农为业。第二，农民对土地的依赖性显著降低。农户纯收入中来自农业的比重由1985年的75.02%下降到2011年的26.30%（国务院发展研究中心农村部，2013），表明众多农民已经不以农为生。

（2）农户土地产权的强化。①强化农户的产权主体地位。中央1982年的第一个"一号文件"，明确肯定了包产到户、包干到户"是社会主义农业经济的组成部分"。进入21世纪以来，中共中央政策文件更是反复申明土地确权到户并保护农民财产权利。2002年出台的《农村土地承包法》更是以法律的形式将农民的土地权利确立下来。②强化赋权的稳定性。1984年中央第三个"一号文件"确定了承包给农民的土地15年不变，1993年的"一号文件"则将承包期延长到30年不变。党的十七届三中全会明确强调，赋予农民更加充分而有保障的土地承包经营权，现有土地承包关系要保持稳定并长久不变；党的十八届三中全会更是强调赋予农民更多财产权利。

在上述背景下，推进农地流转成为重要的政策目标。早在1984年，中央"一号文件"就开始鼓励农地向种田能手集中。2001年中央发布的18号文件系统地提出了土地承包经营权流转政策，《农村土地承包法》则首次将土地承包经营权流转政策上升为法律。此后多个文件及政策均在不断强化对农地流转的激励。应该说，政府政策导向为农地流转和农户退出土地承包经营权提供了制度基础。

但现实的反差是，与农业劳动力的大量转移相比，中国农地流转的发生率严重滞后。1984—1992年间，完全没有参与农地流转的农户高达93.80%，到2006年农地流转率只有4.57%，2008年为8.6%。近几年农地流转的速度有所提升，但到2011年依然只有17.80%。（国务院发展研究中心农村部，2013）问题的严重性在于，尽管经过长达30年的政策努力，我国土地分散化的经营格局不仅没有发生基本改观，反而有恶化的趋势。1996年，经营土地规模在10亩以下的农户占家庭承包户总数的76.00%，2011年的比重则高达86.00%；1996年经营规模在10～30亩的农户占农户总数的20.20%，2011年则只占10.70%。（见表1）

表1　农户经营耕地规模的分布情况

经营规模	1996年的农户比重（%）	2011年的农户比重（%）
10亩以下	76.00	86.00
10～30亩	20.20	10.70
30～50亩	2.30	2.30
50亩以上	1.50	1.00

注：①1996年的数据为全国农村固定观察点农户调查数据；②2011年的数据来源于国务院发展研究中心农村部（2013）。

（三）农地流转中的禀赋效应：一个证据

从逻辑上来说，在经营权流转过程中，每个农户都可能是潜在买者或者卖者，由此可以获得各自的意愿支付价格（WTP）和意愿接受价格（WTA）的报价。WTA/WTP的比值便是禀赋效应强弱的反映，当大于1时，表明存在禀赋效应。一般而言，农户的禀赋效应越高，转出农地的可能性越小，因而能够解释农户的"惜地"行为与农地流转的抑制。

为了测算农户在农地经营权流转中的禀赋效应，我们于2012年初在广东省四大区域（包括珠三角、粤东、粤西与粤北地区）各自随机抽取7个乡镇、每个乡镇抽取拥有承包地的农户10户进行入户问卷调查。回收问卷280份，有效问卷271份（有效率为96.79%）。根据"禀赋效应"的定义，参照经典实验（Daniel et al., 1990），本文利用271个样本农户参与农地经营权流转的意愿价格，测算农户农地流转的禀赋效应。

1. 不同类型农户的禀赋效应

如前所述，农户对土地的禀赋效应与其产权强度紧密关联，因而我们的测算细分了不同的维度。结果见表2。

表2 农户经营权流转禀赋效应的测算结果

分类	观察项	测度含义	样本分布		WTP（元/亩）	WTA（元/亩）	禀赋效应
			数量（个）	比重（%）			
法律赋权	土地属于农村集体所有	同意	127	34.32	1176.45	1599.82	1.36
		不同意	144	65.68	570.79	988.51	1.73
	应该签订承包经营合同	同意	220	81.18	821.05	1984.45	2.42
		不同意	51	18.82	607.50	947.62	1.56
	承包权应该长久不变	同意	115	42.44	1035.45	2969.16	2.87
		不同意	156	57.56	598.96	1155.13	1.93
资源禀赋	农业收入比（%）	≥36.23	113	41.70	578.35	2032.36	3.51
		<36.23	158	58.30	915.29	2007.53	2.19
	务农人口比例（%）	≥40	160	59.04	927.93	2634.31	2.83
		<40	111	40.96	580.93	685.32	1.18
	人均承包地面积（亩）	≥0.73	115	42.44	995.30	1838.30	1.85
		<0.73	156	57.56	631.40	2119.58	3.36
行为能力	是否参与流转农地	是	151	55.72	561.17	664.83	1.18
		否	120	44.28	998.92	2346.92	2.35
	农地种植目的	自用	189	69.74	571.75	747.31	1.31
		出售	82	30.26	1392.12	4132.32	2.97
	承包地抛荒	是	43	15.87	405.79	5956.25	14.68
		否	228	84.13	857.79	1263.68	1.47

注："*"表示家庭资源禀赋中的农业收入比、家庭务农人口比例、人均耕地面积的测度分别以整体样本的均值作为区分标准。

从表2可以发现：

（1）无论任何情形，农户对农地的禀赋效应均高于1，表明农户在农地流转中的"惜地"与高估其拥有的经营权价值，是普遍的现象。显然，普遍存在的禀赋效应必然对农地流转形成抑制。

（2）尽管法律规定农地属于农村集体所有，但有65.68%农户对此并不认可，干部群体的社会认同度也只有2.10①。问卷结果表明，无论是干部群体还是农户，均倾向于认可土地属于"国家所有"，其认同度分别为3.98和3.86。之所以如此，可能的原因是农户或许认为"国家所有"更能够赋予其承包经营权以公正性和权威性，而"集体所有"所形成的"内部人控制"将弱化其产权强度。因此，农户对土地的"非集体"认知以及干部群体的道义支持，会增强其禀赋效应，进而抑制农地流转。

（3）无论是法律规定还是社会认同，均支持土地承包经营合同的签订（社会认同度达4.70），农户对此的同意率亦高达81.18%，其禀赋效应是"不同意"农户的1.55倍。可见，承包经营合同所形成的明晰产权，能够显著强化农户的行为能力并增强其禀赋效应，从而抑制农地流转。这表明产权经济学教科书所强调的产权明晰有利于促进产权交易的判断（张军，1991；黄少安，1995），并不完全适用于农地产权流转这一特殊市场的交易情形。

（4）尽管政策导向已经倾向于农户承包经营权的长久赋权，但仍有57.56%的农户并不认可，社会认同度也只有2.50。但是，由于农户天然的身份权使其在承包经营权的赋权中占有"垄断"地位，身份权、承包权、经营权的合一，大大强化了农户土地的人格化财产特征。一旦农户诉求于长久承包权，其排他性产权的占先优势，势必导致在农地流转交易中对产权准租金的追求，从而大大提升其禀赋效应。因此，强化农户的产权强度与鼓励农地的流转集中，存在政策目标上的冲突。

（5）农户对土地的依存性表达了明显的禀赋效应。主要特征在于：①以农为生，农业收入占家庭收入的比例越高，其禀赋效应越高；②以农为业，家庭中从事农业的人口所占比例越高，其禀赋效应越高；③以地立命，农户所承包的农地越少，其禀赋效应越高，且未参与农地流转农户的禀赋效应大大高于已参与流转的农户。其中，农户的务农收入及其种植商业化行为所表达的较高禀赋效应，意味着增加农民的农业收入与促进农地流转之间存在政策目标上的冲突。②

---

① 社会认同的数据来源于本课题组利用各种培训及会议机会在全国范围内对乡镇干部群体所做的书面问卷（2010年2月至2011年3月）。共发放问卷600份，回收有效问卷533份，有效率为88.83%。认同度为"1～5"打分，"1"为非常不认同，"2"为不认同，"3"为一般，"4"为认同，"5"为非常认同。

② 我们已经证明，农户务农收入与承包经营权流转存在显著的负相关。（罗必良等，2012）

（6）对承包地的抛荒，尽管法律没有明确限制，但干部群体与农户均持反对的态度（社会认同度为2.27）。没有抛荒行为的农户其禀赋效应为1.47，而抛荒农户尤为重视其产权控制，禀赋效应高达14.69，大约有15.87%的农户宁愿闲置土地亦不愿意流转。总体来说，无论是否存在抛荒，均说明了农户对"在位处置权"的重视，从而普遍抑制着农地流转。

2. 农户禀赋效应的差序格局

尽管农户对于农地存在明显的禀赋效应，但考虑到农地流转的地域限制、对流转对象的选择性特征，其禀赋效应应该存在差异。

农户的土地流转对象一般包括亲友邻居、普通农户、生产大户、龙头企业①。在本项研究的问卷设计中，农户可以进行多个对象的选择。其中，愿意将农地流转给亲友邻居的农户有38个，占意愿转出样本户总数140个的27.14%，在转出对象选择中比例最高；愿意从亲友邻居那里转入农地的农户则高达95个，占意愿转入样本户总数233个的40.77%。表明农户的农地流转更倾向于在亲友邻居之间进行交易。采用与上节同样的测算方法，可以得到农户选择不同交易对象的禀赋效应（见表3）。

表3 农户对不同意愿流转对象的禀赋效应测度

流转对象	意愿转出样本数（个）	WTA均值（元/亩）	意愿转入样本数（个）	WTP均值（元/亩）	禀赋效应
亲友邻居	38	553.42	95	643.53	0.86
普通农户	27	732.59	72	524.79	1.40
生产大户	36	1158.89	30	731.67	1.58
龙头企业	33	3304.55	11	1272.73	2.60

从表3可以进一步发现：

（1）农户的禀赋效应依"亲友邻居—普通农户—生产大户—龙头企业"而逐次增强，从而表明农户的土地流转对于不同的交易对象存在明显的禀赋效应的差序化特征。

（2）与亲友邻居的流转交易，不存在禀赋效应（WTA/WTP的比值

---

① 当然，农户还会选择合作社进行土地流转，但承包经营权的股份合作，并不是一个经营权的"买卖"交易（后文将进一步讨论）。因此这里不考察这类流转的禀赋效应。

小于1)。一方面，亲友邻居之间的农地流转，并不是纯粹意义上的要素市场的交易，而是包含地缘、亲缘、人情关系在内的特殊市场交易，其较低的禀赋效应表明了这类交易存在一种"非市场"的定价机制。另一方面，考虑到农户对"在位处置权"的重视，亲友邻居基于其长期交互所形成的"默契"与声誉机制，一般不会随意处置其所转入的农地，从而能够为转出农户提供稳定预期[1]。

(3) 农户对普通农户、生产大户、龙头企业等流转对象的较高的禀赋效应，意味着：①农户在农地流转对象的选择上，对生产大户与龙头企业具有明显的排斥特征；②局限于与亲友邻居间的流转，排斥其他主体的流转进入，导致土地流转主体的单一与交易范围的窄小；③农地流转的"人情市场"占主导地位，抑制着流转市场的发育与规范。

(四) 小结：农地流转市场的特殊性

熊彼特（1939）曾经指出："农民可能首先把土地的服务设想为土地的产品，把土地本身看作真正的原始生产资料，并且认为土地的产品的价值应该全部归属于土地。"赋予土地一种情感的和神秘的价值是农民所特有的态度，从而在农地流转中存在过高评估其意愿接受价格（WTA）的倾向，使得农户的禀赋效应不仅具有普遍性，而且具有显著性。

(1) 强化农户对土地的产权强度特别是其身份权利与人格化财产特征，会明显增强其禀赋效应。因此，农地的人格化产权市场不同于一般的产权市场。

(2) 农户的禀赋效应对家庭资源禀赋具有明显的状态依赖性。以农为生、以农为业、以地立命的生存状态及其"恋地"与"在位处置"情结所导致的较高禀赋效应，成为抑制农地流转的重要约束。由此，农地流转市场不是单纯的要素流动市场，而是一个具有身份特征的情感市场。

(3) 农户的禀赋效应具有显著的对象依赖性。禀赋效应的差序格局，意味着农地流转并非一个纯粹的要素定价市场，而在相当程度上是一个地缘、亲缘与"人情"的关系市场。

农地流转有着特殊的市场逻辑。因此，推进农地流转市场的发育，既

---

[1] 通常农户的农地抛荒往往会降低其土地质量（变为野地或荒地，严重者将难以复原），而将其流转给值得信任的亲友邻居，则有可能获得良好的"照看"。

要兼顾到乡土社会人地关系的特殊性，又要改善流转交易的规范化与契约化。不考虑到前者，显然会违背农户的心理意愿；忽视后者，则可能将有经营能力的行为主体隔离于农业之外，使得小规模、分散化的农业经营格局难以改变。

四、人格化产权交易与交易装置：对科斯定理的反思

（一）重新思考科斯定理

科斯定理是由三个定理组成的定理组（费德尔，2002）。

科斯第一定理：权利的初始界定是重要的吗？如果交易成本等于零，回答是否定的。权利的任意配置可以无成本地得到直接相关产权主体的纠正。因此，仅仅从经济效率的角度看，权利的一种初始配置与另一种初始配置无异。

科斯第二定理：权利的初始界定重要吗？如果交易成本为正，那么回答是肯定的。当存在交易成本时，可交易权利的初始配置将影响权利的最终配置，也可能影响社会总体福利。由于交易成本为正，交易的代价很高，因此，交易至多只能消除部分而不是全部与权利初始配置相关的社会福利损失。

科斯第三定理：当存在交易成本时，通过重新分配已界定权利所实现的福利改善，可能优于通过交易实现的福利改善。该定理假设政府能够成本比较低地近似估计并比较不同权利界定的福利影响，同时它还假定政府至少能公平、公正地界定权利。

因此，与其说科斯定理强调了在交易费用为零的条件下效率与产权无关的结论，还不如说是道明了存在交易费用时产权制度是如何作用于或影响经济效率的。

但是，科斯定理暗含着几个基本的假定：①产权主体与产权客体具有良好的可分性，该定理没有关注身份性与人格化财产问题。②产权主体对其拥有的产权客体是"冷酷无情"的。一方面，产权主体对物品（或者产权属性）潜在价值的发现仅仅依据其排他能力与处置能力所决定的产权租金；另一方面，产权主体只对物品市场价格做出反应（持有或者买卖）。该定理没有考虑到人与物之间的关系及其禀赋效应问题。③产权是

重要的,并且产权的重新分配能够有效实现潜在利益。该定理没有顾及产权调整面临的约束。

(二)农地的"确权"及其交易含义

正如科斯已经注意到的,产权的模糊,特别是排他权的弱化,必然导致产权主体的预期不足,由此引发的机会主义行为无论是对产权的处置还是对产权的交易,都必然地致使产权租金耗散。由此,农地产权的"确权"即产权的界定就显得格外重要。

就农地的确权来说,至少包括几个方面的含义。一是产权主体的界定。一方面是所有权的界定,即将地权界定给村合作经济组织或村民小组,从而明确所有权主体;另一方面是根据集体成员权将土地承包经营权界定给农户;另外,在承包权与经营权分离的情形下,作为委托人的承包者将经营权界定给作为代理人的经营者。前两者是法律层次的界定,后者则是契约层次的界定。二是产权范围的界定。包括时间上的界定(如第一轮承包是15年,第二轮承包是30年,现行政策强调长久不变)、空间上的界定(如目前正在全国范围内普遍推行的"四至"确权)、份额上的界定(由于产权客体的不可分,而在权利份额上进行的分割,如股份制或土地股份合作制中的股权)。从农地承包经营权确权的操作层面上讲,空间界定就是"确户分地",份额界定就是"确人分股"。三是产权内容的界定,即如前所述的排他权、处置权与交易权的多少以及大小①,其所赋予的财产性权利的强度及其多少甚为关键。

因此,农户土地承包经营权的确权及其政策保障,有助于提升农户的排他能力,强化农户的处置预期。促成交易只是其中的一个方面,即在存在潜在市场机会的情形下,"退出"经营权才有可能成为农民的选择之一。由此可以判断,认为土地确权只是为了促进农地经营权的流转,显然存在片面性。

问题是,农地产权的界定及其强化并不必然地促进承包经营权的流转。第一,农地对于农民是一种不可替代的人格化财产,并由赋权的身份

---

① 在政府征地和垄断土地一级市场的背景下,农民难以获得土地的增值收益。由此,对农民土地确权的一个重要动因是赋权农民,保障农民的土地权益,并借此遏制地方政府随意"圈地"与"造城"的"攫取之手"。

化（成员权）、确权的法律化（承包合同）、持有的长久化（长久承包权）而不断增强土地的"人格化财产"特征。第二，农村土地属于农民集体所有，农户凭借其成员权获得承包经营权。在承包权与经营权分离的情形下，任何进入农地经营的主体，必然且唯一的只有得到农户的同意并实施经营权流转。因此，稳定土地承包关系并保持长久不变，使得农户的土地承包具有"产权身份垄断"的特性。第三，农地承包经营权在空间上的界定与确权，必然地对象化到每块具体的土地，农地经营权的流转也必然地表现为具体地块使用权的让渡。因此，对于任何农业经营的进入主体而言，作为承包主体的农户就天然地具有具体地块的"产权地理垄断"特征。

Rachlinski 等（1998）的研究表明，禀赋效应的大小与产权形式有直接的关系，产权形式可以分为完全占有和部分占有两种方式。完全占有情况下产生的禀赋效应较强；部分占有情况下，由于产权面临他人如何分享的不确定性，导致不产生禀赋效应或产生的禀赋效应较弱。据此可以判定，人格化财产的产权强度的提升，会增强其禀赋效应。可见，农地的确权在提升农户产权强度的同时，无疑会进一步强化其禀赋效应并加剧对经营权流转的约束。

（三）人格化产权及其交易问题

按照科斯定理，不同产权安排隐含了不同交易费用，因此用一种安排替代另一种安排是恰当的。问题是，在产权已经界定的情形下，随着时间的推移、环境条件的变化及其学习机制的作用，人们会发现原有的产权安排可能隐含着非常高的交易成本，或者可能存在尚未实现的潜在利益。这显然会面临"两难"问题——变更产权会引发预期的不稳定性；维护原有安排则牺牲潜在收益。由此，在已经确权即产权已经界定的情形下，如何降低运行成本或减少交易费用，显然是科斯没有完成的工作。产权是重要的，但降低产权交易费用，并不唯一的由产权安排及其调整所决定。

农地流转面临的情形是：①产权的不可分割性，即产权主体与产权客体具有不可分割性，这是由农户对土地的人格化财产特征所决定的；②产权的不可变更性，农地产权通过确权已经明确且固化，不存在承包权重新调整的空间，即不可能像科斯定理所表达的那样通过产权的重新配置来降低交易费用；③产权交易的特殊性，即农地流转存在显著的禀赋效应。

因此,改善农地产权的交易效率,必须突破科斯定理,进一步思考农地流转的特殊性及其制度含义。其中,土地的财产性赋权与土地的资本化运作尤为重要(钟文晶等,2013)。

(1) 如果农民集体所有的成员权与承包权无法通过资本运作获得增值,那么农民在农地经营权流转上就会有夸大其意愿接受价格的可能。这就是说,农地流转租金的定价并不仅仅由农地经营所产生的收入流所决定,而是由土地所提供的全部收入流及其多重权益的保障程度所决定。企图构建独立于农户承包权与人格化产权之外的农地经营权流转市场,显然是不现实的。

(2) 增加农户务农收入与促进农地流转存在政策目标上的冲突。如果农民通过土地承包经营只能获得产品性收入,那么农民的收入来源不仅是有限的,而且会因对土地的生存依赖所导致的禀赋效应使得农地流转越发困难。因此,赋予农民以土地财产权,将有效弱化农户对农业生产经营性收入的依赖,从而才有可能实现增加农民收入、保护农民土地权益;促进农地流转等多重政策性目标的兼容。

(3) 禀赋效应的差序化与经营对象的选择性流转,必然导致小规模、分散化经营格局的复制。如果农地产权流转仅仅局限于将农地作为生产要素,而不是作为财产性资本进行配置,那么农地流转一定会停留于"人情市场"。只有赋予农户以土地的财产性权利,通过土地与资本的结合、土地与企业家能力的结合,有经营能力的行为主体及其现代生产要素才有可能进入农业,农地流转集中与农业的规模经营才会成为可能,农民也才有可能因此而获得财产性收入。

促进财产性赋权、资本化运作以及保护农民土地权益,并改善农地产权配置效率,显然需要特殊的交易装置与之匹配。

(四) 交易装置问题:拓展科斯定理

应该说,赋予农民土地的财产权利并强化农户承包经营的产权强度,是一把双刃剑,一方面保护了农民的土地权益,另一方面也强化了农民对农地的人格化财产特征并加剧了禀赋效应,导致农地流转的抑制与农地产权市场发育的缓慢。

就目前的农地流转来说,由于没有满足农地产权的特殊性要求,从而表现出下列特征:①产权主体与产权客体的不可分性,决定着农地的流转必然表现为财产性资本的配置,如果不能满足这一要求,农地流转必然从契约化交易转变为以地缘、亲缘与人情为依托的关系型契约交易。本课题组于2011—2012年的全国问卷结果表明,在农户的土地转出中,流转给亲友邻居的农地占到了流转总面积的74.77%,签订流转合约的比例仅为47.34%。(罗必良,2013)②农户土地向生产大户和企业出租的土地只占流转总面积的8.49%,但面临着严重的契约不稳定问题。尽管有关农地租约的效率问题一直存在争议①,但家庭承包经营条件下依附于土地承包权的经营权出租,却决定了这样一个基本的事实,即关于土地租赁合约的剩余控制权总是属于农户,而剩余索取权通常属于土地租用者。一方面,土地租用者可能会利用土地质量信息的不可观察性与不可考核性,而采用过度利用的掠夺性经营行为。为了降低这种风险,农户可能倾向于采用短期租赁合约,或者即使签订长期合约亦有可能利用其控制权而随时中断合约的实施。另一方面,由于合约的短期性以及预期的不足,土地租用者为了避免投资锁定与套牢,一般会尽量减少专用性投资、更多种植经营周期较短的农作物,从而加剧短期行为。如果说隐蔽信息与隐蔽行为难以观察,那么以种植方式表达的短期行为则是易于观察的,于是会形成农户土地出租的"柠檬市场"。即租约期限越短租用者的行为将越发短期化,行为越短期化租约期限将越短,由此导致土地租约市场消失。这或许是农地租赁市场难以发育的重要原因。必须注意的是,农户土地的出租主要表现为生产性要素的交易,没有满足农民作为人格化财产主体对土地经营的在位控制。

由此,改善人格化产权的交易效率,需要拓展新的科斯定理即"科斯第四定理":当存在交易成本时,如果不能通过产权调整来改善效率,那么选择恰当的产权交易装置进行匹配或许是恰当的。

庞巴维克(Bohm-Bawerk,1889)最早提出"迂回生产"概念,并由杨格(Young,1928)发展为报酬递增的重要解释机制。迂回生产是相对于直接生产而言的。它是指为了生产某种最终产品,先生产某种中间产品(资本品或生产资料),然后通过使用中间产品再去生产最终产品时,生产效率会得到提高。与之相对应,也可以使用"迂回交易"概念,即为

---

① 土地租约及其效率问题一直是主流经济学家讨论的话题。其中,关于定租制与分成制效率高低的争论尤为激烈(文贯中,1989)。本文不打算在这里参与讨论。

了进行 A 交易先进行 B 交易，然后通过 B 交易来促进 A 交易，交易效率会改善。但是，"交易装置"（transaction configuration）的概念要比"迂回交易"的内容更为广泛。它包含三重含义：①通过 B 交易来改善 A 交易，即迂回交易；②由于 A 交易的交易成本过高，可以选择 B 交易进行替代，即替代交易[①]；③A 交易难以独立运行，通过 B 交易的匹配，能够改善交易效率，即匹配交易。

产权的细分与交易空间的扩展是保障交易装置有效匹配的两个重要方面。

（1）产权的细分及其交易方式的选择尤为重要。严格意义上讲，从农户土地承包权分离出的经营权，还可做进一步的产权细分。一方面，农地经营权并不是一个单一的权利，而是可以表达为对经营权的主体选择、权利范围以及享益权分配等各种权利（权利束）的进一步细化，于是经营权的细分及其交易就可以有不同的类型与形式；另一方面，农业生产环节与农事活动的多样性，同样可以有不同的产权交易及其主体进入，农业的分工活动安排也可以多种多样。最具制度潜力的是，经营权的细分有利于形成多样化的委托代理市场，农事活动的分工有利于发育外包服务市场，由此扩展产权交易装置的选择空间。

（2）交易效率与分工格局紧密相关：①如果土地的交易效率改进得比劳务交易效率快，分工通过土地市场在农场内发展，农场内的专业数增加，农场规模会增加并走向土地规模经营（经营主体转换为家庭农场、生产大户、土地合作社或农业企业）；②如果劳务的交易效率改进得比土地交易效率快，分工通过服务市场在农场之外发展，农场越来越专业化，农场外提供专业服务的种类增加，农场土地规模可以不变，但生产经营的内容减少，效率却上升。常识告知我们，随着农业社会化服务市场的发育，农业中的劳务交易效率无疑会高于土地经营权的交易效率。因此，农户能够以服务规模经营替代土地规模经营，通过分工能够获得外部规模经济性。以土地为中心构建农业生产的制度结构，恰恰是生产力水平低下的农耕社会的表征。

---

① 在科斯（1937）看来，企业与市场就是节省交易费用的相互替代的装置。张五常（1983）进一步指出，企业并不是用非市场方式代替市场方式来组织劳动分工，而是用要素市场代替中间产品市场而节省交易费用的一种装置。

因此，对于人格化农地产权市场而言，新的交易装置必须能够满足下述要求：稳定农村土地承包关系，尊重农民土地的人格化财产特征，在此基础上能够盘活经营权，吸纳有能力的经营主体及其现代市场要素，并改善农业的规模经济性与分工经济性。

五、农地产权的交易装置及其匹配：一个案例

推进农地流转的首要政策目标是要改善农业经营的规模经济性。但必须特别强调，促进农业的规模经营有多种方式，土地规模经营只是其中的选择路径之一。从理论上来讲，农业的规模经营可以通过不同的要素采用不同的匹配来实现，而企图通过农地的流转来解决规模问题或许是一个约束相对较多并且缓慢的过程。更重要的是，已有文献忽视了农地资源特性所包含的产权含义及其特殊的市场逻辑，同时也夸大了农地规模扩大所隐含的经济性。

应该说，中国农业经营方式创新的实践探索从未停滞，成功的案例亦多种多样。但必须意识到，普遍的制度需求既不是特殊背景下的典型经验，也不是具有成功偶然性的特例。基于这样的判断，我们认为符合上述人格化产权交易的内在逻辑，并具有普适性和可复制性特征的成功范例，才可能具有重要的示范意义与推广价值。从这样的角度来说，崇州的创新性试验尤为值得关注。

（一）"崇州试验"：新型农业经营体系的探索

崇州市是隶属于四川省成都市的县级市，是农业大县，也是粮食主产区，同时更是农村劳动力的输出大县。2012年，全市常住人口67万人，其中农村劳动力36.95万人，但外出劳动力高达73.40%。随着农村劳动力外出流动，"农业边缘化"愈加严重。农业发展不仅要面对"谁来种田"的现实问题，更要面对"种怎样的田"和"怎样种田"的深层难题。

为此，崇州市做出了多方面的探索。从鼓励生产大户的农地流转，到引进农业龙头企业租赁农地进行规模经营，均未取得预期效果。特别是2009年成都鹰马龙食品有限公司租赁桤泉镇3000余亩农地出现毁约退租之后，农户不愿收回被退的承包地，转而要求当地政府承担责任。为了突破困局，维护农业生产和农村发展的稳定，2010年起，崇州"被逼着"

进行新的探索,将企业退租的3000余亩农地划为300～500亩不等的连片地块,动员和引进种田能手进行水稻生产经营,由此形成的"职业经理人"模式及其试验的成功,极大地鼓励了新的实践。

"崇州试验"的核心内容是:以土地集体所有为前提,以家庭承包为基础,以农户为核心主体,农业职业经理人、土地股份合作社、社会化服务组织等多元主体共同经营。其重点是:①聘请懂技术、会经营的种田能手担任职业经理人,负责农户土地的生产经营管理;②引导农户以土地承包经营权入股,成立"土地股份合作社";③引导适应规模化种植的专业化服务体系的建立,并打造"一站式"的农业服务超市平台。随着职业经理人、合作社以及专业化服务体系等专业化、规模化与组织化运行机制的逐步完善,最终形成了"职业经理人+合作社+服务超市"的"农业共营制"模式。

(二)"农业共营制"模式的主要内容

1. 创新培育机制,建立农业职业经理人队伍

农业普遍面临的情景是,一方面,留守农村的多为老人和妇女,难以保障生产所需的劳动强度与经营能力;另一方面,农户对农业技术、农业机械、农产品销售等社会化服务的需求日益增加。由于农户与服务主体对接的交易成本较高,需要一个能够代表双方利益并能够协调双方行为的代表,于是崇州市首先诱导了农业职业经理人这一中介群体的产生。显然,引入企业家能力,在承担经营风险的同时,就能够做出协调与"判断性决策",从而形成经营活动的知识与劳动分工。

为了建立和规范农业职业经理人队伍,崇州市探索制定了一系列的培育与管理机制。一是开展培训。采取自愿报名与乡镇推荐相结合的方式,对符合选拔条件、有意愿从事农业经营的人员进行职业经理人培训。依托培训中心和实训基地,以交流学习、现场指导等方式,进行理论知识与实践操作等专业技能培训。二是加强规范。制定标准与规制,对符合农业职业经理评定标准的全市统一颁发"农业职业经理人资格证书"。持证经理人可在土地股份合作社、专业合作组织、农业企业、村级农技推广站等竞聘上岗,并享有相关扶持政策。三是强化管理。建立农业职业经理人才库、农业职业经理人考核机制,采取动态管理,实行准入及退出机制。四是扶持激励。制定对农业职业经理人在产业、科技、社保、金融等方面的

扶持政策与激励机制，如享有水稻规模种植补贴、城镇职工养老保险补贴、持证信用贷款与贴息扶持等。

职业经理人的产生，有效解决了"谁来种田"和"科学种田"的问题，大大促进了良种选用、测土配方施肥、绿色防控、病虫害统防统治、农业机械与装备技术以及科技成果的推广和应用。与农户家庭经营相比，由职业经理人经营的大春水稻种植平均每亩增产10%约110斤，生产资料投入与机耕机收成本下降15%约90元（如果考虑到农户生产的劳动力机会成本，下降幅度将达到40%以上）。目前，崇州市已培养农业职业经理人1410人，通过竞争上岗的有767人，初步建立起一支"有知识、懂技术、善经营、会管理"的竞争性的职业经理人队伍。

2. 尊重农民意愿，建立土地股份合作社

作为职业化的农业经营代理者，经理人的进入激励源于获取"企业家能力"回报。问题是，在崇州竞聘上岗的经理人对农户的保底承诺是不低于农户自主经营的收入水平（每亩500元左右）。因此，职业经理人要获得"合作剩余"，就必须实施规模经营以实现规模经济，由此组建土地股份合作社势在必行。

崇州市运用农村产权制度改革成果，按照农户入社自愿、退社自由、利益共享、风险共担原则，引导农户以土地承包经营权折资折股，组建土地股份合作社。作为合作社社员，农户直接参与理事会及监事会选举、农业生产计划安排、成本预算以及利益分配方案等决策过程，成为经营管理的实际决策者和控制者，并承担生产成本出资；理事会代表全体社员公开招聘农业职业经理人，同农业职业经理人签订经营合同，对产量指标、生产费用、奖赔规定等进行约定；农业职业经理人负责"怎样种田"，提出具体生产计划执行与预算方案、产量指标等，交由理事会组织的村民代表会议讨论，通过后按照方案执行。生产支出由农业职业经理人提出申请，理事长和监事长按照预算方案共同审签列支入账，农资和农机具的放置、申领、使用和处理实行专人负责，及时公示，接受社员和监事会监督。

按照"大春抓粮、小春抓菜"的种植计划，合作社与职业经理人之间的委托代理关系主要采取除本分红的分配方式，即除去生产成本之后，剩余纯收入按1:2:7比例分配。即10%作为合作社的公积金、风险金和工作经费，20%作为农业职业经理人的佣金，70%用于农户的土地入股分红，形成了紧密型利益联结机制。截至目前，崇州市共组建土地股份合作社361个，入社土地面积21.33万亩，入社农户9.46万户，农业组织化程度达56.48%。

必须强调的是，崇州构建的合作社并不同于通常所说的作为独立经营主体的合作社，而是作为一种交易装置出现的。其本质特征在于：①形成农地经营权的集中机制；②形成农户经营控制权由分散表达转换为集中表达；③降低农户与经理人的缔约成本；④监督和保障交易合约的有效实施。

3. 强化社会化服务，建立"一站式"服务超市

农业职业经理人执行合作社的经营计划，必然要采购众多的社会化服务。为降低服务外包成本，同时也有利于农业职业经理人专职于合作社的经营管理，由此又催生形成了"一站式"的农业社会化服务超市。

崇州坚持主体多元化、服务专业化、运行市场化的原则，按照"政府引导、公司主体，整合资源、市场运作、技物配套、一站服务"的发展思路，引导社会资金参与组建了综合性农业社会化服务公司，整合公益性农业服务资源和社会化农业服务资源，完善公益性服务与经营性服务相结合、专项服务与综合服务相协调的新型农业社会化服务体系。分片区建立农业服务超市，搭建农业技术咨询、农业劳务、全程机械化、农资配送、专业育秧（苗）、病虫统治、田间运输、粮食代烘代储、粮食银行等"一站式"全程农业生产服务平台，所有服务项目、内容、标准、价格均实现公开公示、明码标价，实现了适度规模经营对耕、种、管、收、卖等环节多样化服务需求与供给的对接。

显然，多个合作社"生产权"的细分与农事活动的外包，扩展了农业生产性专业服务的规模经济空间与分工经济范围。可见，"服务超市"与"土地股份合作社"一样，也是一种交易装置，能够有效提升服务交易的效率，具有异曲同工之妙。

目前，崇州市已分片建立农业服务超市6个，分别联结22个农机专业合作社或大户［共拥有大中型农机具320台（套），从业人员662人］、16个植保专业服务组织［拥有植保机械700余台（套）］、6个劳务合作社（从业人员1000多人），以及工厂化育秧中心2个、集中育秧基地10个，服务面积达14.63万余亩。

(三)"农业共营制":"崇州试验"的有效性

崇州试验的"农业共营制",就目前的运行效果来说应该是成功的。以培育农业职业经理人队伍推进农业的专业化经营,以农户为主体自愿自主组建土地股份合作社推进农业的规模化经营,以强化社会化服务推进农业的组织化经营,实现了多元主体的"共建、共营、共享、多赢"。

1. 经营主体的"共建共营"

"农业共营制"的根本特点在于,坚持了农村土地集体所有权,坚持了农户的主体地位,稳定了家庭承包权,盘活了土地经营权,通过经营权的进一步细分与重新配置,形成了土地股份合作社、职业经理人、社会化服务组织等多元主体共同构建和共同经营的新型农业经营组织体系。

从逻辑上来说,农业的家庭经营按照产权分离的程度可以做进一步的分类:①家庭承包与家庭经营;②家庭承包与部分经营权分离;③家庭承包与全部经营权分离。显然,第三种类型退化为家庭的土地财产权经营(类似于农户的土地出租),尽管依然具备广义的家庭经营的性质,但农户已经不再具备农业生产经营的功能。因此,崇州的"共建共营"显然是一种巧妙的组织制度安排:①破解了当前土地细碎、经营分散的难题,实现了土地的集中连片和规模化,有效解决了"种怎样的田"的问题。②土地经营的决策控制权依然掌握在农户手中,满足了农民的在位控制偏好,并且农户共同进行生产经营决策与监督执行,确保了耕地不撂荒,防范了土地流转过程中存在的非农化和非粮化问题。③通过经营权中营运与操作的进一步产权细分和业务外包,一方面俘获和生成了农业企业家能力,培育了职业经理人队伍;另一方面吸引了一大批外出青壮年返乡创业,培育了新型职业农民队伍,从而促进了农业的分工与专业化,有效解决了"谁来种田""如何种田"以及科学种田的问题。

2. 合作收益的"共营共享"

土地的集中、现代生产力要素的聚集及其能者的共同经营,大大改善了农业的规模经济、分工经济与合作剩余,形成了"共营共享"的利益共同体与分享机制。①农户在承担生产成本之后能够获得占剩余纯收入70%的分红。②农业职业经理人享有超产部分20%的佣金、规模经营的政策性奖励以及城市社保。③土地股份合作社提取超产部分10%的公积金,享受相应的专项政策扶持,由此壮大集体经济。④农业社会化服务组织则通过承接农业生产性服务的外包来获得业务收入与服务规模经济。据统计，2012年，职业经理人每亩收益150元（不含政府补贴），平均年收入4.5万元；合作社公积金平均每亩提取75元左右；入社农户在收回生产成本后，每亩直接增收约525元（不含政府补贴）。

特别是广大农民，能够从对小规模分散经营的依附中解脱出来，务工劳动力由"短工"转变为"长工"，2012年和2013年全市新增外出农民工分别达到11.78%和12.98%。其意义在于：①除了外出务工、分享农业共营成果外，农户还可以获得从事家庭农场、参加专业服务或劳务组织等多种机会，实现多渠道的增收；②化解了农户的兼业化问题，促进了农民向职业农民与产业工人的专业化转变；③土地流转机制与农业分工机制的形成，有可能加快农业人口的流动，从而成为农村新型城镇化的积极支持力量。

3. 经营目标的"共营多赢"

从微观主体层面来说，"农业共营制"保证了参与主体相应的权益，调动了各方面的积极性。其中，农民走出小农经济并参与社会化分工，且仍然是农业经营决策的真正主体；合作社通过经营计划与社员监督，规避了合作风险，提高了共同经营的稳定性与可持续性；职业经理人通过企业家经营与规模经营，实现了创业增收；社会化服务组织通过专业化与生产性服务外包，实现了农业从"土地规模经营"转型为"服务规模经营"。

从宏观政策方面来说，"农业共营制"使耕地资源得到了有效保护和合理利用，粮食生产和粮食安全得到有效保障，农民权益得到有效保障，农业生产力水平及可持续发展能力显著增强。因此，"农业共营制"兼顾了农户、专业组织、集体与国家等各方面的利益，实现了微观主体经营目标与国家宏观政策目标的"激励相容"与"多赢"局面。

（四）"崇州试验"的创新价值：三大交易装置

我国农村基本经营制度的核心目标是：①必须保障农产品有效供给，提高农业生产效率，确保粮食安全和食品安全；②必须保障农民的土地权益，促进农民增收，并调动农业经营者的生产积极性。为了保障制度目标，无论推进怎样的制度变革，无论社会实践涌现出怎样的创新与试验，均不能削弱甚至突破农村基本经营制度的底线：一是必须始终坚持农村土地农民集体所有制；二是必须始终稳定土地承包关系确保农户的土地承包权;三是必须始终坚持家庭经营的基础性地位;四是必须始终严格保护耕地、强化农地用途管制与保障粮食安全。

"崇州试验"及其所探索的"农业共营制",切实维护了制度目标,保住了制度底线,并在此基础上坚持和落实了集体所有权、稳定和强化了农户承包权、放开和盘活了土地经营权、改善和贯彻了用途管制权,从而形成了"集体所有、家庭承包、多元经营、管住用途"的新型农业经营体系,具有广泛的普适性与可复制性。其创新价值与启迪意义在于其交易装置的形成及其匹配。

1. 产权交易装置:农民土地股份合作社

如前所述,崇州的合作社并不是独立的经营主体,而是形成土地的适度集中并达成土地经营与企业家经营合作的交易装置。其价值在于:①这一装置规避了农地流转交易中的禀赋效应,一方面通过股份合作的方式保留了产权主体与产权客体的紧密联系,从而尊重了农民的人格化财产特性;另一方面通过保留农户的对职业经理人的甄别以及生产经营的最终决策权,从而满足了农户的在位控制诉求。②这一装置既不是出于生产合作也不是出于产品销售的目的,而主要表达为一种形成农地经营权的集中机制;它既不涉及集体资产及其权益的分享也不谋求与社区经济组织的重叠,而仅仅是一种使相邻农户的土地形成一定的连片规模。关键在于,农户土地经营权的集中与规模化,主要是吸引农业职业经理人的竞争性进入,合作社由此成为农户经营权细分与企业家人力资本的交易平台,并进一步达成"企业家能力"与其经营服务规模的匹配。

2. 企业家能力交易装置:农业职业经理人市场

农户经营权的细分,形成了以提供"管理知识"为中间性产品(服务)的企业家主体,即农业职业经理人。农业企业家或职业经理人群体的产生与"代营"(经营外包),改善了农业的知识分工与决策经营效率,拓展了农户的经营决策能力。

(1) 这一装置通过农业职业经理人市场的发育,能够有效降低合作社寻找和甄别有经营能力的搜寻成本。

(2) 这一装置所形成的集体谈判机制,能够大大降低经理人进入的谈判与缔约成本。

(3) 土地规模所激励的职业经理人竞争性进入,能够有效降低农户及合作社对经理人的监督与考核成本。

（4）这一装置能够有效降低农户、合作社、经理人之间关于合作剩余享益分配的谈判成本，并促进各参与主体的激励相容。

3. 服务交易装置：农业生产性"服务超市"

农户生产权的细分，形成了以提供"专业生产"为中间性产品（服务）的生产性主体，即农业社会化专业服务组织。农业生产专业化组织的产生与"代耕"（生产外包），促成了农业的技术分工，提高了生产操作效率，拓展了农户的生产操作能力。

（1）通过"服务超市"交易装置，集合农业合作社及其经理人的服务需求与专业服务组织的服务供给，能够有效降低服务交易双方的搜寻成本。

（2）交易装置所形成的多个供需主体的聚合，能够有效改善服务价格的生成效率，降低谈判成本。

（3）稳定交易预期。一方面通过需求的集合，不仅化解了专业服务组织因"专用性投资"而被"要挟"的风险，并且能够提升扩大服务交易范围的规模经济性；另一方面通过供给的聚合，农户与合作社能够通过服务超市所形成的声誉机制获得优质服务，并分享服务主体的规模经济与分工经济所决定的低成本服务。

（4）改善迂回投资。由于专业服务组织能够获得机械装备等方面的融资与专项补贴，化解了农户的投资约束，并由此改善农业的迂回经济效果。

三大交易装置有效化解了人格化财产的交易约束，并且通过土地流转交易转换为农户土地经营权交易、企业家能力交易与农业生产性服务交易的匹配，大大拓展了农户获取"服务规模经济性"与分工经济性的空间，在一定程度上回答了"地怎么种"的现实难题。

不仅如此，三大交易装置所支撑的"农业共营制"还具有经营空间不断扩展与提升的可能性。①农民土地股份合作社，能够通过土地经营权的抵押与担保获得信贷资本，有效获得各自政策性的财政与金融支持[①]，提升"共营制"组织的投资能力；②农业职业经理人通过其企业家能力能够改善农业的标准化与品牌化经营水平，提升农业合作社的市场竞争能

---

① 2014年中央一号文件进一步强调：允许财政项目资金直接投向符合条件的合作社，允许财政补助形成的资产转交合作社持有和管护。

力；③农业生产性社会化服务组织通过迂回投资，提升农业的物资装备水平与科技应用能力，既有利于改善迂回经济效率、降低生产成本，又有利于提高农产品产量、改善农产品质量安全。

因此，崇州的"农业共营制"作为新形势下农业经营体系的重要创新，有效破解了家庭经营应用先进科技和生产手段的瓶颈，以及统一经营层次被弱化的问题，优化了农业资源配置，实现了现代物质技术装备、企业家能力等先进生产要素与经营方式的高效对接，提高了土地产出率、资源利用率、劳动生产率，促进了现代农业经营的集约化、专业化、组织化和社会化，增强了农业可持续发展能力。崇州所探索和实践的"农业共营制"，有可能是破解我国农业经营方式转型的重要突破口，昭示着中国农业经营体制机制创新的重要方向。

六、结论与讨论

（一）主要的结论

（1）产权强度决定着产权实施，是政府代理下的国家法律赋权、社会认同（或者社会规范）与产权主体行为能力的函数。三者分别表达了产权的合法性（法律赋权）、合理性（社会认同）与合意性（行为能力）。产权强度的提升对产权交易的意义并非是明确的。

（2）农户普遍存在的禀赋效应，是抑制农地流转的重要根源。不仅如此，农户禀赋效应还具有人格依赖性、生存依赖性、情感依赖性以及流转对象的依赖性。土地对于农民是一种不可替代的人格化财产，并由赋权的身份化（成员权）、确权的法律化（承包合同）、持有的长久化（长久承包权）而不断增强，农户在农地流转中所表现的"产权身份垄断"与"产权地理垄断"，进一步加剧了普遍存在的禀赋效应及其对农地流转的抑制。因此，农地流转并不是纯粹意义上的要素市场的交易，而是包含了地缘、亲缘、人情关系在内的特殊市场。

（3）科斯定理既没有关注到人格化财产的产权安排问题，也没有考虑到存在禀赋效应的产权交易问题。产权交易费用的高低，并不唯一由产权安排决定。因此，保障农民对土地权益的诉求并获取交易收益，表达着特殊的市场逻辑，需要匹配特殊的交易装置。

（4）以土地为中心构建农业生产的制度结构，是生产力水平低下的农耕社会的表征。农地的流转，应该诱导农业生产性服务市场的发育，从而促进农业的规模经营从土地的规模经营转向服务的规模经营。其中，农地承包权与经营权的分离，特别是经营权的细分及其多样化，有利于扩展产权交易装置的选择空间。

（5）"崇州试验"及其所探索的"农业共营制"所具有的普适性与可复制性，表明以土地"集体所有、家庭承包、多元经营、管住用途"为主线的制度内核，将成为我国新型农业经营体系的基本架构。

（二）进一步的讨论

产权经济学认为，经济学应该关注的问题是由于使用稀缺资源而发生的利益冲突，必须用这样或那样的规则即产权来解决。交易的实质不是物品或服务的交换，而是一组权利的交易。市场分析的起点，不在于回答人和物的关系是什么，而是要回答隐含于其背后的行为规则即产权安排是什么。因此，市场交易是交易主体的产权交易，其前提是交易主体必须对所交易的物品拥有明确的产权。

产权经济学区分了两个重要的概念，一是产权赋权，二是产权实施。明晰的赋权是重要的，但产权主体是否具有行使其产权的行为能力同样是重要的。产权的实施包括两个方面：一方面是产权主体对产权的实际处置，另一方面是对产权的转让与交易。由于产权在实施中的强度问题，使得同一产权在不同的实践环境、对于不同的行为主体，都可能存在实施上的差异。由此，市场运行依赖于两个关键因素：①明确而分立的产权。市场可以被认为是普遍化了的商品交换关系，而这种交换关系的维系必须要有相应的产权安排来保证交易的顺利进行。在市场交换的过程中，产权主体只有预期没有被抢劫而无处申诉的危险时，他才会积累财富并努力将财富最大化；当产权主体在把手中的货币或货物交给其他主体而不必担心对方不按合约办事时，或者在对方不履行合约而能够保证以一种低成本的方式挽回或减少损失的情况下，交易才会顺利进行。因此，只有在有明确的产权保护的情况下，交换才能顺利进行，价格（市场）机制才能发挥作用。由此，明晰的赋权意味着产权的保护、排他、尊重与契约精神。正因为如此，农村土地制度的底线是必须维护农民的人格化财产，提升农民对土地的产权强度并保护农民的土地权益，在此前提下构建公开而有秩序的农地产权流转市场，并尊重农民自主参与流转的权利。②合乎要求的经济组织。"合乎要求"一方面是指改善产权的处置效率，另一方面是指降低产权的交易成本。本文对科斯定理的分析表明，对于已经确权颁证的农户承包经营权来说，重新调整产权来改善处置效率与交易效率的空间并不存在，因此，从产权调整转向经济组织构造是必然的选择。科斯（1937）指出，市场运行是要花费成本的，而市场与企业是两种可以相互替代的资源配置的手段。因此，降低产权的实施成本，依赖于有效的关于生产组织和交易组织的选择与匹配。可见，市场机制不仅包括价格机制、产权分立机制，还要有合乎要求的组织机制及其交易装置。

就农业经营体系来说，一方面，既要坚持家庭经营的基础性地位，又要化解农户经营的行为能力不足与规模不经济问题，因而农业生产经营方式的创新尤为重要；另一方面，既要赋予农民更多的财产权利，又要规避农户土地的禀赋效应，因而农地产权交易方式的创新同样关键。正是基于这样的角度，"崇州试验"所包含的创新逻辑及其交易装置的匹配，就具有更为重要的理论内涵与现实价值。

参考文献

[1] Alchian A. Some economics of property rights [J]. Politico, 1965 (30).

[2] Barzel Y. Economic analysis of property rights [M]. Cambridge: Cambridge University Press, 1989.

[3] Baumol W. Applied fairness theory and rationing Policy [J]. American Economic Review, 1982 (72).

[4] Cheung S. The contractual nature of the firm [J]. Journal of Law and Economics, 1983, 26 (1).

[5] Coase R. The nature of the firm [J]. Economica, 1937, 4 (4).

[6] Daniel K, Jack L K, Thaler R H. Experimental tests of the endow-ment effect and the coase theorem [J]. Journal of Political Economy, 1990 (98).

[7] North D. Structure and change in economic history [M]. Nwe York: W W Norton & Company, Inc, 1981.

[8] Rachlinski J J, Jourden F. Remedies and the psychology of wwnership

[J]. Vanderbilt law review, 1998 (51).

[9] Radin, M J. Property and personhood [J]. Stanford Law Review, 1982 (34).

[10] Scott J. The moral economy of the peasant [M]. New Haven: Yale University Press, 1976.

[11] Thaler R H. Toward a positive theory of consumer choice [J]. Journal of Economic Behavior and Organization, 1980 (1).

[12] Williamson O E. The economic institutions of capitalism [M]. New York: The Free Press, 1985.

[13] Young A. Increasing returns and economic progress [J]. The Economic Journal, 1928 (38).

[14] （美）约瑟夫·费尔德. 科斯定理 1-2-3 [J]. 经济社会体制比较, 2002 (5).

[15] 国务院发展研究中心农村部. 稳定和完善农村基本经营制度研究 [M]. 北京：中国发展出版社, 2013.

[16] 黄少安. 产权经济学导论 [M]. 济南：山东人民出版社, 1995.

[17] 罗必良. 新制度经济学 [M]. 太原：山西经济出版社, 2005.

[18] 罗必良, 何应龙, 汪沙, 等. 土地承包经营权：农户退出意愿及其影响因素分析 [J]. 中国农村经济, 2012 (6).

[19] 罗必良. 产权强度、土地流转与农民权益保护 [M]. 刘晓根, 译. 北京：经济科学出版社, 2013.

[20] （英）约翰·洛克. 政府论 [M]. 刘晓根, 译. 北京：北京出版社, 2007.

[21] （奥）庞巴维克. 资本实证论 [M]. 陈端, 译. 北京：商务印书馆, 1964.

[22] （英）斯密. 道德情操论 [M]. 谢守林, 译. 北京：中央编译出版社, 2008.

[23] 文贯中. 发展经济学的新动向——农业租约与农户行为的研究 [M] //现代经济学前沿专题（一）. 北京：商务印书馆, 1989.

[24] 谢琳, 罗必良. 中国村落组织演进轨迹：由国家与社会视角 [J]. 改革, 2010 (10).

[25] 熊彼特. 经济周期循环理论：对利润、资本、信贷、利息以及经济

周期的探究［M］. 北京：中国长安出版社，2009.
［26］姚洋. 农地制度与农业绩效的实证研究［J］. 中国农村观察，1998（6）.
［27］张军. 现代产权经济学［M］. 上海：上海三联书店，1991.
［28］钟文晶，罗必良. 禀赋效应、产权强度与农地流转抑制［J］. 农业经济问题，2013（3）.
［29］周其仁. 中国农村改革：国家与土地所有权关系的变化——一个经济体制变迁史的回顾［J］. 中国社会科学季刊，1995（6）.

第二部分 农业合作与合约选择

罗必良自选集

农业合作机理：
组织特性、声誉机制与关联博弈[①]

一、问题的提出：一个简单的理论回顾

在现代经济学文献中，有关合作经济组织及其效率的研究一直是主流经济学家关注的主题之一。早期的文献主要研究一个合作组织的资源配置效率和激励问题，所使用的方法多为新古典主义的边际分析。随后 Alchain 和 Demsets（1972）发展了关于经济组织变迁的理论。进入 20 世纪 80 年代以来，随着博弈理论特别是重复博弈理论在经济学领域的广泛运用，合作经济理论出现了新的发展趋势。（Telser, 1980；Kreps et al., 1982；Macleod, 1984, 1988；Guttman, 1992；Bergin et al., 1993；张军, 1999）。

大量研究成果已经证明，团队生产完全可以实现与私人生产一样的资源配置效率。（Ward, 1958；Sen, 1966；Bonin, 1977；Chinn, 1979；Putterman, 1980；Estrin, 1987；Blinder, 1990）这些文献指出，从理论上讲，只要满足某些条件，合作组织中成员的生产积极性可以高于私人生产中雇员的。但是，更多研究表明，由于团队组织内部的劳动与报酬之间微弱的关系以及这一关系的"搭便车"性质，或者说，由于监督的不完备性与考核成本的高昂所导致的激励不足，使得团队生产往往难以产生较高的生产效率。（Alchain and Demsets, 1972；Meade, 1972；Holmstrom, 1982；Binswanger and Rosenzweig, 1986；Hayami and Ruttan, 1985）

对于激励不足的原因则存在激烈的争论。最有代表性的争论来自于林毅夫（1990, 1993）和 Dong 与 Dow（1993）。

林毅夫（1990）最初是想解释中国 1959—1961 年农业危机爆发的原

[①] 本文为国家社会科学基金项目"合作机理、交易对象与制度绩效"（07BJY100）的阶段性成果。本文曾以"村庄环境条件下的组织特性、声誉机制与关联博弈"为题，发表于《改革》2009 年第 2 期。

因，并由此对合作组织失败的原因提出了一个新的解释。他提出，在合作化的自愿阶段（1952—1957），由于存在参加者的退出权（exit right），合作组织中农民的自我监督可以形成自我执行协议（self-enforcing agreement），这弥补了合作组织内生的监督不足的缺陷。而在1958年之后，国家剥夺了农民的自由退出权，从而导致合作组织中成员之间的博弈由无限重复的博弈变成了一次性博弈，相应地自我执行的契约也不复存在。监督既然不可能，而组织中成员又无法退出，因此合作组织走向了低努力均衡，这就是危机的最主要原因。林毅夫的解释所暗含的命题是：保留社员的自由退出权，是保证公社制度成功的"必要条件"。

林的研究成果引起了学术界的广泛关注和争论。*Journal of Comparative Economics* 于1992—1993年组织了6篇论文围绕林的假说进行了一次专题讨论，极大地推动了合作理论的发展。

然而，林的这一条件与麦克洛伊德（Macleod，1988）的理论观点明显不一致。因此，Dong 和 Dow（1993）对其提出了挑战。他们以麦克洛伊德的合作理论为基础，主张合作社必须给每个社员制造一些退出上的成本来减少个别社员偷懒之后便逃出的机会。在他们看来，与林的条件正好相反，公社制度的成功恰恰要求取消社员退社的权利。对于没有退出威胁的合作组织，如何解决偷懒问题呢？Dong 和 Dow 认为，"以牙还牙"比退社更有效。也就是说，在限制退出的条件下，相互偷懒（进入威胁）就可能成为一个可信的报复策略。

因此，对于如何形成农业合作中的可自我执行协议①，事实上存在两类不同的基本主张。应该说，进入威胁与退出威胁是促进合作的两类重要机制。前者施加退出成本，通过偷懒的进入威胁来保障合作；后者则是保留退出权，通过退出威胁来促进合作。然而，正如已有的评论所指出的，"退出威胁"与"进入威胁"作为一种对立或"悖论"，不过是一个更广泛的结论的两个极端。（Putterman and Skillman，1993）

本文的目的在于说明：第一，"进入威胁"与"退出威胁"这两类机制有各自发挥作用的前提。第二，由于合作团队中成员之间的信息不对称，特别是当农业的产出在受到自然因素的影响而不完全依赖于劳动质量

---

① 如果一项协议并不需求助第三方的干预或其他自愿的手段就能被协议双方加以执行，那么这个协议就被定义为可自我执行协议（self-enforcing agreement）。

时，成员在合作过程中很难识别偷懒行为，并且，伴随着团队规模的扩大，这一情形有加剧的趋势。第三，考虑到农业合作是村庄多重合作中的一部分，成员在农业合作中的"声誉"人力资本将构成其村庄环境条件下关联博弈的重要投资，从而会影响社员在单一博弈中的策略选择。

本文分为六个部分。除第一部分的文献简述外，第二部分是转述威胁机制的规范表达，第三部分揭示农业特性对威胁机制的约束，第四部分分析团队规模对激励不足的影响，第五部分说明村庄环境条件下存在的声誉机制及其关联博弈所发挥的行为规范作用，第六部分是结论与讨论。

二、进入威胁与退出威胁：从一次博弈到重复博弈

显然，合作团队依赖于外部监督解决社员的偷懒问题，的确是一项高成本的活动。如果能设计某些机制，使得每个社员能够有效地监督其他社员，从而集体行动中的监督就会成为"可自我执行的协议"。

现在的任务是分析合作组织中的社员，在什么条件下有积极合作的自我努力。重点是，在何种条件下，通过报复性偷懒的进入威胁能改善合作的努力；在何种条件下，通过退社的退出威胁能约束偷懒问题。

假设有 n 个社员的一个合作社，其社员的效用函数为：

$$U_i = y_i - v_i(e_i), \quad i = 1,\cdots,n \tag{1}$$

这里的 y_i 和 e_i 分别为收入和劳动努力。令 $v'_i > 0, v''_i > 0, v'_i(0) = 0$。不同社员的 v_i 是不一样的，因此，社员对收入和闲暇的边际替代率是不同的。再令 E 为合作社的劳动供给，其生产函数为：

$$\begin{cases} q = 0 & \text{如果 } 0 \leq E \leq F/Q \\ q = QE - F & \text{在其他情况下} \end{cases} \tag{2}$$

这里 F 相当于固定成本（设置成本），要获取正产量 q，就必须存在 F。Q 为单位劳动的报酬。社员要取得收入，就必须付出 F/Q 单位的劳动努力。边际成本为常数，平均成本为 F/q 并随产量增加而下降。由于合作社能够用大量的劳动力分散设置成本，所以较之单干有规模经济。这里使用线性生产函数可以保证一个有效的合作社的劳动供给与个体单干的努力水平相当。（林毅夫，1990）

在上述条件下，Dong 和 Dow（1993）将一个单干的个体者的最优化问题表达为：

$$\max_{e_i}\{Qe_i - F - v_i(e_i)\} \tag{3}$$

最优努力水平 e_i^* 满足：

$$Q = v'_i(e_i^*), \quad i = 1,\cdots,n \tag{4}$$

假定个体单干是可以成立的［即 $Qe_i^* - v_i(e_i^*) \geq 0$］。在单干条件下因为没有收益的外部性，所以不存在激励问题。不利的是牺牲了规模经济，因为他必须单独承担设置成本 F。

假定合作社中每个社员获得相同的收入（平均主义分配）：

$$y = \frac{1}{n}\left[Q\sum_{j=1}^{n} e_j - F\right] \tag{5}$$

于是，合作社的总效用最大化为：

$$\max_{(e_1,\cdots,e_n)} \sum_{j=1}^{n}[Qe_j - v_j(e_j)] - F \tag{6}$$

其一阶条件仍为式（4），合作的最优努力向量为 $e^* = (e_1^*,\cdots,e_n^*)$。

最后考虑合作社中的非合作者选择他们努力的水平。给定其他社员的努力水平 $\bar{e}_j$，社员 i 的最优努力水平可以由下面的最大化问题来解出：

$$\max_{e_i}\left\{\frac{1}{n}\left[Qe_i + Q\sum_{j\neq i}\bar{e}_j - F\right] - v_i(e_i)\right\} \tag{7}$$

社员个人努力的纳什均衡水平 e_i^N 满足一阶条件：

$$Q/n = v'_i(e_i^N), \quad i = 1,\cdots,n \tag{8}$$

由于 v_i 的凸性，对比方程（4）和方程（8）可知，当 $n \geq 2$ 时，$e_i^N < e_i^*$。

式（8）表明，e_i^N 独立于其他社员的努力水平，因此选择 e_i^N 是一次博弈中的占优策略，$e^N = (e_1^N,\cdots,e_n^N)$ 就是一个占优策略均衡。合作社面临的"囚犯困境"是：选择高努力向量 e^* 是符合集体利益的，但每个社员都有强烈的激励选择偷懒策略 e_i^N。

现在可以概括单个社员在四种不同情形下的收益（张军，1999）：

情形一：当合作社的社员采取合作策略时，

$$U_i^c = \frac{1}{n}\left[Q\sum_{j=1}^{n} e_j^* - F\right] - v_i(e_i^*) \tag{9-1}$$

情形二：当合作社的社员采取不合作策略时，

$$U_i^N = \frac{1}{n}\left[Q\sum_{j=1}^{n} e_j^N - F\right] - v_i(e_i^N) \tag{9-2}$$

情形三：当其他社员合作而单方面偷懒时，

$$U_i^s = \frac{1}{n}[Qe_i^N + Q\sum_{j \neq i} e_j^* - F] - v_i(e_i^N) \qquad (9-3)$$

情形四：自己单干时，

$$U_i^p = Qe_i^* - F - v_i(e_i^*) \qquad (9-4)$$

假定合作社社员的努力博弈是可以无限重复的，且社员 i 使用贴现因子 $\delta_i \in (0,1)$ 来评价未来收益。假定社员可以选择以下惩罚性策略：在博弈的第一轮选择 e^* 而努力工作，然后，只要其他社员没有偏离 e^*，就继续努力工作；但是，一旦有人偷懒（偏离 e^*），则选择惩罚性策略。

惩罚性策略可以分为两类：一是继续留在合作社，但也选择偷懒，即选择 e_i^N，这可称为报复性策略（亦可称为"以牙还牙"的进入威胁）。二是退出合作社，成为个体单干者，我们称之为退出策略。假定这两种策略都满足"子博弈完美均衡"，因而都是可信的。

要想成功地阻止社员 i 偷懒，充要条件是：

$$\frac{U_i^c}{1-\delta_i} \geq U_i^s + \frac{\delta_i \overline{U}_i}{1-\delta_i}, \qquad i = 1,\cdots,n \qquad (10)$$

其中，U_i^c 和 U_i^s 是式（9-1）与（9-3）所定义的合作和偷懒的单期收益。$\overline{U}_i$ 是惩罚时的单期收益。左端是永久合作时的收益贴现值，右端是一次性偷懒的收益加上以后阶段遭受报复时所得收益的贴现值。从式（9-2）与式（9-4）可知，当惩罚方式是报复偷懒时，$\overline{U}_i = U_i^N$；当惩罚方式是退出策略时，$\overline{U}_i = U_i^p$。

显然，当 $U_i^p > U_i^N$ 时，"以牙还牙"共同偷懒（进入威胁）就是一种比开除或退出更严厉的惩罚。

可是，如果存在自由退出权，那共同偷懒的进入威胁就会不可信，因为偷懒的社员总能退出合作社并获得 U_i^p 的收益。

假定社员之间没有差别（可省掉下标 i），在没有退出权时，如果 $\delta \geq \underline{\delta} \equiv \frac{U^s - U^c}{U^s - U^N}$ [由式（10）引申而得]，合作就可以由报复性的偷懒这种进入威胁的方式来自动支持。

然而在有退出权时，对偷懒者最严厉的惩罚方式也只是回复到个体单干。Dong 和 Dow（1993）批评林毅夫（1990）的关键就在于社员的退出权甚至会导致合作博弈的崩溃和瓦解。因此，在存在退出权的情况下，只

有当 $\delta \geqslant \underline{\delta} \equiv \dfrac{U^s - U^c}{U^s - U^p}$ 时，合作才能达成。

上述分析隐含的假定是：合作组织中的社员能够识别合作与不合作的收益差异，可以便利地观察到其他合作参与者的努力程度，进而能够进行有效的行为策略选择。但是，多数情况下并非如此。

三、农业特性、可监督性与激励约束

（一）偷懒与农业合作组织中的"柠檬市场"

纳尔逊（Nelson，1970）在一篇开创性的文献中，首次区分了搜寻型商品和经验型商品。按照纳尔逊的定义，可以将合作组织中社员付出的劳动看作商品，那么这一劳动商品也可做同样的区分。雇员的劳动努力可以分为两个方面，一是从事集体劳动的时间（劳动数量），二是从事劳动的用心程度或勤勉程度（劳动质量）。于是，雇员提供的劳动商品中，前者（劳动数量）可称为搜寻型商品，后者（劳动质量）可称为经验性商品。

假设农民向合作组织提供的劳动商品 x 的品质有一个范围：最低品质 $q_{\min}$ 和最高品质 q_{high}。提供高质量劳动商品的成本较高，从图 1 中相对的边际成本线和平均成本线的位置可以观察到这一点。如果忽略掉度量成本，很容易找到高质量 q_{high} 和低质量 $q_{\min}$ 的均衡价格（单位劳动报酬）和产出（劳动提供量或努力程度）。

在一个合作组织中，一个提供低质量劳动商品 x_i 的农民（偷懒者），其长期均衡的劳动供给量定在提供平均单位劳动成本最小的地方，即图 1 中的 Q_0 水平。x_i 的相应均衡工资报酬（劳动价格）是 P_0。相似地，提供高质量劳动商品 x_j 的农民（勤勉者），其均衡劳动供给量是 Q_1，面临的外生市场价格（单位劳动工资报酬）是 P_1。

一旦引入度量品质的成本，上述均衡结果就不复存在。当一个成员为其团队工作，而工作的成果同时取决于投入的努力和不由主观意志决定的各种客观因素，且两种因素对雇主来说又无法对此完全区分时，就会产生参与成员的败德行为（moral hazard）。考虑这样一种情况：团队在给每个合作成员支付报酬，要费很多成本去弄清每个农民提供的劳动的质量状况，而这些劳动的品质属性又是必须通过仔细观察后才能获得，或者说要

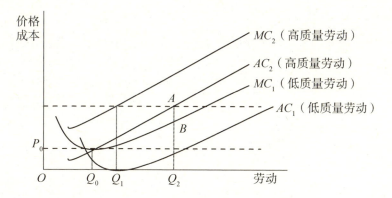

图1 经验型商品：农业组织中的"柠檬市场"

了解这些信息所需付出的成本（监督或计量成本）变得惊人以至于极不经济。又假设每个参与者可以不计成本来控制自己所提供劳动的质量，这表明，合作组织社员之间的信息分布是不对称的。这必然会引起道德风险。

考虑到农业的产业特性，上述情形将更为严重。由于农业活动是通过利用有构造的生命自然力进而利用其他自然力的活动（中国农村发展问题研究组，1984），意味着农业活动是一种以生命适应生命的复杂过程，并且这一不容间断的生命连续过程所发出的信息不但流量极大，而且极不规则，从而导致对农业的人工调节活动无法程序化。与之不同，工业生产的可控程度极高，其生产过程中的信息相对比较规则，且信息的发生、传递、接收和处理通常是程序化的。因此，工业活动可在严密分工的基础上实行大规模的机械性协作，可以通过集中化、标准化、专业化、规格化等方式进行组织，并在此基础上比较准确地进行劳动计量，相应地监督成本较低。但农业活动的主体必须根据生物需要的指令来做出有效的"现场"反应，其复杂性与不确定性使得它难以与生产的标准化、规格化、定量化相适应，由此引致劳动考核和报酬的计量难以做到精确。可以认为，农业活动的可监督性是极其不足的。[①]

---

① 由于这些特性，使得农业并不具有显著的规模经济性，这无疑会弱化第二部分中威胁机制分析所依赖的条件，即"合作社较之单干有规模经济"的假设强度。

（二）可监督性与激励不足：不同情形的分析

农业生产的场景大体可分为三类情形：一是假定生产环境与生产对象具有同质性（即在同一个地块生产同一类产品），且社员均具有良好的人力资本积累（经验与知识）；二是假定合作生产的农产品具有多样性，而社员的生产经验积累在分工的条件下具有专用性；三是假定合作进行的农业生产具有地域的分散性，且地域之间具有立地条件的差异性。下面依次进行讨论。

1. 情形之一

基于长期从事某一农事活动所积累的职业经验与知识，农民能够根据一个生产周期中所遭遇的气候条件、地块的土肥状况以及种子种苗特性，对其可能的产量水平做出大体的预期。这样，天气问题将不再特别重要。当实际产量水平与其预期存在一定的差异时，他们完全可以对生产过程中是否存在偷懒问题做出判断。因此，在此情形下对于偷懒行为显然具有良好的可监督性。事实上，一个有经验的在场农民对具体农艺活动中任何人所实施的任何行为，都能够给出是否合理恰当的正确评价。

2. 情形之二

一旦假定合作团队进行多样化产品生产，社员通过分工从事专业化生产，那么内生相互监督的可能性就会大打折扣。第一，农民所积累的专业化人力资本具有专用性特征，从而难以对他未参与的专业化农事活动的有效性进行评价；第二，在相同的生态环境条件下，不同的产品生产存在与环境相宜性的差别，或者说，同样的气候状态对不同的农作物所产生的影响是不同的，因此已经分工的社员难以对全部产品生产的绩效进行预期，于是当一个合作成员事后发现合作社产量下降，却无法识别是因为天气原因所致还是因为有人偷懒，该成员显然将面临行为选择的困惑；第三，由于上述两个方面的原因，进行某一专业化生产的"小团体"可能萌发在合作团队中"搭便车"而实施偷懒行为的合谋。

3. 情形之三

农学常识告诉我们，不同作物的生长要求有不同的立地条件。如果合作团队进行的多样化农业生产安排在不同的地域，且地域之间具有立地条件的差异性，那么，多样化的分工与分散化的劳动将使得社员难以判断不同产量结果的成因，更是无法识别是否有人偷懒，相互监督几乎成为不可能。因此，单纯的"进入威胁"或"退出威胁"策略已经完全不能自动解决问题。

4. 一个附加的情形

随着农业机械化程度的提高，农业活动的工艺被更多的可行的机械操作之后，机械的标准化与规格化作业会使得合作团队中的计量与监督成本降低（交易成本），并有利于团队合作规模的扩大。

阿尔斯顿（Alston）曾写道："因为不存在随意性，所以同一类机器的运作实绩是完全一样的。"（埃格特森，1990）一旦采用拖拉机的机器力，生产的标准化就产生了。因为劳动成果的变化性很小，所以雇佣拖拉机就容易度量劳动力投入量。丈量被耕作的土地或度量拖拉机耗油量，地主可轻而易举地监督拖拉机和投入劳动力之间的组合，而监督畜力和投入劳动力之间的组合就困难得多。图2表达了上述思想。

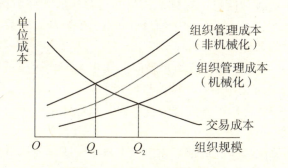

图2　农业组织规模的变化

在手工劳动下，农业活动更适合于小规模合作（图2中的Q_1）。而在农业机械化条件下，监督成本会下降，合作规模则会扩展为Q_2。

但必须注意的是，农业中的人力劳动由机械替代的空间毕竟有限，因此Q_2扩展的余地也是有限的，从而，通过机械化程度的提高来改善农业活动的可监督性是极其困难的。事实上，合作团队规模本身也存在相应的问题。

四、团队合作规模：信息、监督与合作行为选择

一个社员不管是选择"进入威胁"策略还是实施"退出威胁"策略，

他一定是观察到了其他社员的行为努力。可观察意味着可监督，而这必然涉及合作团队的规模问题。已有的文献已经注意到了合作团队的规模问题。奥尔森（1965，1982）曾经详细地阐述了他关于"大集团比小集团更难于为集体利益采取行动"的"奥尔森困境"，不过他的分析是静态或瞬时的。加特曼（Guttman，1992）则证明了合作的规模过大或者过小都将难以维持合作。但是，这些研究依然忽视了团队规模的其他属性，而这些属性将使威胁策略变得不可信，难以形成可自我执行的协议。

（一）团队规模与信息问题

当规模过大时，社员之间的信息不对称程度会加剧。为便于讨论，本文用信息成本来刻画信息不对称的程度。

在合作团队中，每个成员的努力都投入生产之中，在生产产品和服务的同时还会生成各种信息。这样，社员参与合作的时间可以分为两部分：一部分用于生产，另一部分用于信息处理。（王智慧、蒋馥，2002）为便于分析，做如下假定：

假定1 一个合作团队投入单位时间用于生产将生成单位产出，而生产单位产出的同时又伴随着单位信息的产生。

假定2 一个合作团队处理来自于团队其他成员的单位信息所需时间少于单位时间。

假定3 每位合作成员都必须处理来自于团队其他成员的全部信息。

以 M 表示合作团队的规模，也即社员数量，$\alpha(0<\alpha<1)$ 表示社员用以处理来自团队同事的单位信息的时间，θ 表示每位成员的单位时间中处理完信息后可以用来全部投入生产的时间比例，则每位成员单位时间中用以处理信息的时间为 $\alpha(M-1)\theta$，因而有等式 $\theta=1-\alpha(M-1)\theta$，进而得到：

$$\theta = \frac{1}{1+\alpha(M-1)} \tag{11}$$

式（11）中描述了团队成员投入生产（同时生成信息）和信息处理的时间分配均衡结果。随着团队规模的增大，每个社员将会花费更大的时间比例用以处理来自于其他成员的信息，因而其投入生产的时间比率 θ 将相对减少，单个社员生成的信息也将减少，但总信息量还是随之增大。

以 Y 表示单位时间内合作团队的总产出，则有：

$$Y = M\theta = \frac{M}{1 + \alpha(M-1)} \quad (12)$$

由式（12）对团队规模 M 求偏导及求极限得到：

$$\frac{\partial Y}{\partial M} = \frac{1-\alpha}{[1+\alpha(M-1)]^2} > 0, \quad \forall 0 < \alpha < 1 \quad (13)$$

$$\frac{\partial^2 Y}{\partial M^2} = \frac{-2\alpha(1-\alpha)}{[1+\alpha(M-1)]^3} < 0, \quad \forall 0 < \alpha < 1 \quad (14)$$

$$\lim_{M \Rightarrow \infty} Y = \lim_{M \Rightarrow \infty} \frac{M}{1+\alpha(M-1)} = \frac{1}{\alpha} \quad (15)$$

可见，尽管增加社员数量可以提高团队产出，然而增加社员的边际产出是递减的。由于团队中每增加一位成员，虽然多一个人从事生产，但原有的各个成员用于协调的时间都相应增加，用于生产的时间减少，从而产生递减的边际收益。因此，随着团队规模的扩大，社员之间的信息不对称程度会加剧，处理信息的成本将增加，特别是当团队的规模扩张到一定程度，团队的产出将趋近极限值 $1/\alpha$。

（二）团队规模与监督努力

那么，在大规模的合作组织中，会不会生成相互间监督的约束呢？回答是否定的。奥尔森（1982）认为，当一个集团组织内的成员为数很少时，成员之间有可能进行谈判并一致同意开展集体行动。但是，在其他条件完全相同的情况下，凡由集体利益中获利的个人或成员数目愈多，则参加集体行动的每一参与者分得的利益份额愈小。于是，集团的规模愈大，则对于集体利益采取行动的动力愈小。奥尔森还进一步强调指出：第一，集团成员越多，从而以相同的比例正确地分摊关于集体物品的收益与成本的可能性越小，"搭便车"的可能性越大，因而离上述最优化水平就越远。第二，集团规模越大，参与关于开展集体行动进行讨价还价的人数越多，从而讨价还价的成本会随集团规模的扩大而增加。Chinn（1979）关于中国农业生产基层单位由大队变成小队时效率的提高就反过来证明了这一点。

一个广为人们承认的事实是，人民公社集体生产组织下的劳动质量与收入之间几乎没有多少关联性；或者说在大规模组织的生产中，一个人所挣得的工分数与其付出的劳动时间有直接关系，但与其努力程度（劳动质量）关联则很小。在这一知识背景下（农民从高级社就开始了对这一知识的学习），一个农民会预期：一方面，一个人的工分数不仅与自己的努力程度无关，也与他人的努力程度无关。进一步来讲，即使他的工分值与4000～5000个家庭组成的生产单位有关（Perkins and Yusuf, 1984），且即便一个人的努力完全是非生产性的，他的工分值也只下降0.0100‰～0.0125‰，按每个劳动工日0.47元计，他的损失微不足道①，由此他不会对别人的偷懒进行监督：因为监督成本是私人承担，而由监督带来的收益具有公共性②。

进一步地，随着合作团队规模的扩大，一个人的偷懒行为对总产量的影响程度会趋于下降，甚至会下降到即使是事后也难以被其他社员观察到。这显然难以生成威胁机制的激励努力。

（三）团队规模与威胁效应

更重要的是，当合作团队达到一定规模时，即使某个"敏锐"的社员发现了存在偷懒行为时，无论采用"进入威胁"策略或者是"退出威胁"策略，这一激励努力所带来的公共利益被大规模团队的成员分摊后几乎难以产生边际改善，从而不会对已有的结果以及下一步的合作行为选择产生多少影响，使得在小规模条件下能够发挥作用的威胁效应在大规模状况下失效。如果假定存在其他的附加条件，如团队中的规模经济性、团队的政治博弈收益、作为早期合作剩余带来的投资锁定、单干条件的恶劣性等等，将更加使威胁策略变得不可信。

尤其是，当个人的威胁净收益 $A(M) = v_i - c_i < 0$ 时，不管因威胁策略带来的公共利益有多大，个人都不会采取任何威胁策略。这里，v_i 和 c_i 分别是社员 i 实施威胁的个人收益和成本，而且假设后者也是团队实施威胁策略的成本，即 $c_i = c_g = c$。此外，团体的集体收益 V_g 是团队规模 M 的增函数，那么，个人在团体中的收益份额 $F_i(M) = v_i/V_g$ 则是团队规模 M 的减函数。那么，个人净收益 $A(M) = F_i(M)V_g - c$。

那么，当 $(dF_i/dM)/(dV_g/dM) < 1$ 时，则 $dA/dM < 0$。此时，若不

---

① 即使按照 Dong 和 Dow（1993）文中的资料，1962—1978年，一个典型的生产队大约有60个成年队员。这表明一个偷懒者带来的损失也不足0.8分钱。

② 所以，在公社化的早期，社员还根据自己的观察评选"劳动标兵"，并依此确定作为各自贡献大小的"工分"。到后来，每个社员的工分值实际上已经固定化了。

断扩大团队的规模，则个人不会采取任何威胁策略，因为 $\lim_{M\to\infty}A(M) = -c$。换言之，必然存在一个团队规模 $M' \in (0,\infty)$，使 $A(M') < 0$。进一步，当 $M \in (M',\infty)$ 时，威胁失灵。

五、声誉机制、村庄环境与关联博弈：促进合作的补充机制

（一）关于声誉机制

正如诺斯（1981）所说，大团队在没有明显收益补偿个人参与付出的大笔费用时确实在行动。其中的激励来自哪里？这就是经济学家所谓的"隐性激励机制"（implicit incentive mechanism）中的声誉机制。

法玛（Fama, 1980）认为，代理人即使没有显性激励约束，也有积极性努力工作，因为这样做可以改进自己在竞争市场上的声誉，从而提高未来收益。康德尔和拉泽尔（Kandel and Lazaer, 1992）分析了参与人偏好内生对组织形式选择的影响。他们的结论是：在合作关系中，参与人之间相互作用引起参与人的心理成本发生变化，这些心理（主要包括羞愧、内疚、道德规范）造成的压力有助于减轻"搭便车"行为。组织内部的行为不仅是受经济利益驱动的，还可能受到社会规范的影响。

一般来说，无限重复博弈的条件比较严格，为了克服这一点，克瑞普斯、米尔格罗姆、罗伯茨和威尔逊（1982）证明在不完全信息条件下，只要博弈的次数足够多（不一定要求无限），"囚徒博弈"中的合作行为也会出现，从而实现博弈的帕累托改进，这就是"KMRW 声誉机制"。（张维迎，1998）所以，可以概括地说，在重复博弈下，声誉机制将促进合作行为的出现。

声誉机制的直观解释是，尽管一个社员选择合作行为有冒着被其他社员偷懒"搭便车"的风险，但如果他选择偷懒，就暴露了自己是非合作型的，他将得到的惩罚是再没有人愿意与他合作，从而就失去了获得长期合作收益的可能。只有在博弈快结束的时候，参与人才会一次性地将自己所积累的声誉资本利用尽，合作才会停止。（张维迎，1996）

令社员选择偷懒的时间为 T，即博弈的最后一轮。（张军，1999）在每个时期，每个社员面临对手先行偷懒的概率为 $1/T$。令偷懒策略出现在

$t \leq T$ 的时间上,那么在 t 之前的 $t-1$ 时间上,一个人被对方先发制人的概率为 $1/T$、收益为 $b<0$,而不被欺骗的概率为 $(T-1)/T$、收益为 1。在 t 上,他遇到一个该用欺骗策略的对手的概率为 $1/T$,收益为零;遇到一个采用合作策略的对手的概率为 $(T-1)/T$,收益为 a。在所有以后的阶段,没有人与他合作,他的收益为零。因此,他在 t 欺骗的收益期望值为:

$$EU_t = [(t-1)/T]b + [(t-1)(T-1)/T] + [(T-1)/T]a \quad (16)$$

式(16)对 t 的一阶导数为:

$$\frac{dEU_t}{dt} = (1/T)/(b+T-1) \quad (17)$$

显然,T 越大,可期望的收益越大。因此,所有社员都希望尽可能晚的时候采用偷懒策略。

所以,声誉机制可以约束偷懒行为,或者说能够诱导社员尽可能少或尽可能晚地采用偷懒策略。信誉与信任降低了"交易成本"。它表现在两个方面:第一,信誉是个人与其环境达到一致的一种节约交易费用的工具,它以"说真话"的形式出现,从而减少了信息搜集、信号显示、信息甄别、合约签订从而达成"合作"的信息费用与谈判费用。第二,信誉是保证合约实施的一种节约交易费用的工具,它以"做实事"的形式出现,从而减少了合约实施和行为监督从而完成合作的履约成本及考核成本。信誉能够修正个人行为,是因为现期的努力通过对产出的影响能够改进市场对能力的判断,因此任何弱化这个声誉效应的做法都会弱化事后的合作选择空间,从而修正、减少或克服合作行动中的机会主义行为。

(二)青木昌彦的关联博弈

上述博弈毕竟依赖于时间。而关联博弈(Kreps et al.,1987;Bernheim et al.,1990;Spagnolo,1999;青木昌彦,2001)更能够说明声誉机制所产生的激励约束效应。

所谓关联博弈,是指两个或多个博弈具有相关性。但是关联博弈并不等于两个博弈的简单相加。一般来说,每个博弈均衡要求不同的激励约束条件,当两个或多个博弈组成关联博弈时,会使得在独立条件下所要求的苛刻激励约束条件变得较为宽松。青木昌彦(2001)对此给予了证明。

假想一个村庄共有 N 个均质农户,每期他们同时参加灌溉博弈和社区博弈，其博弈是跨代际连续进行。

1. 灌溉博弈

在灌溉博弈中，对于灌溉系统的建设、维修、保护以及使用，村民可以从策略集（合作，偷懒）中进行选择。设每家农户合作努力的成本每期为 C_i；如果大家都合作，各农户从灌溉系统所获的每期收益为 B_i；如果 n 家农户都偷懒，每期收益则为 $B_i - nd_i$。假定：$C_i > d_i$ 且 $C_i < Nd_i$。前者意味着每个人都有偷懒的动机，后者则说明偷懒将给整个村庄带来外在不经济效应。

同时假定，每个农户使用灌溉系统有一种技术上的非排他性，因此通过禁止未来使用灌溉系统来惩罚偷懒者是困难的。这一情形表明，无论是威胁机制，还是时间机制，都难以使合作自动维持。

2. 社区博弈

设参与者参加社会活动需花费成本 C_s，从中得到的收益是其他参与成员数目的非递减函数 $B_s(n)$，其中 n 代表参加社区活动的其他农户的数目。假定存在 $ň \leq N$，使得对于所有满足 $ň \leq n < N$ 的 n 有 $B'_s(n) = 0$，即社会活动生产率存在一个饱和点。社区博弈是重复进行的。单期博弈开始时，任何农户都可以被其他农户驱逐出社会产品的生产与消费。

现在，分析社区博弈中 N 个农户齐心合作没有驱逐事件发生的充分合作路径。目的在于说明，假定非合作的社会行为要受到永久驱逐的惩罚，农户是否有偏离该路径的动机。假设该博弈与灌溉博弈分开进行，那么村民认真进行社区合作的激励相容条件就是：

$$C_s < \frac{\delta[B_s(N) - C_s]}{1 - \delta} \text{ 或等价地 } C_s < \delta B_s(N) \quad (18)$$

其中，δ 是农户的时间贴现率。表明努力成本的节省应该小于因被驱逐而牺牲的未来收益之和的贴现值。并且参与社区合作的努力可以被视为农户因遭受社会驱逐而损失的社会资本。假定当 δ 充分大，也就是说，当农户有足够耐心时，上述条件成立且有一定的松弛量。令 z 代表松弛量，且 $z < \delta B_s(N) - C_s$，它可看作社会资本的收益流量。

3. 关联博弈

为便于分析，假定灌溉博弈由同一村庄农户在每个春季重复进行，社会博弈则在每个秋季进行，如此无穷循环下去。各农户根据前一个博弈结果协调每个博弈的策略。假定每个农户相机采取下列策略组合：

（1）如果前一个博弈选择了偷懒，那么在灌溉博弈就选择偷懒，在社区的社会活动博弈中选择不合作；否则在两类博弈中均选择合作。

（2）对于任何在灌溉博弈中曾经偷过懒的农户，其他农户一律将他驱逐所有未来的社会活动，而且只驱逐有过偷懒记录的农户。

进一步假定：每个农户的信念是，其他农户已经并且将来还要选择上述策略组合，除非事实上出现了偏离上述策略组合的情况。现在，分析该策略组合连同上述信念是否构成一种均衡。

首先，要注意到，如果某农户以前在灌溉系统中曾经有偷懒行为，那么他以后在两个博弈中选择合作将不会提高他的未来收益；如果某农户在以前两个博弈中都合作的话，在灌溉博弈中再偷懒就不值得了。

显然，偷懒的收益是使本期和未来所有时期的劳动成本节省了（$C_i + C_s$），而成本则是牺牲了合作可能带来的本期和未来所有时期的收益（$\delta B_s N + d_i$）。因此，每个家庭不偷懒的激励约束由 $C_i + C_s < \delta B_s N + d_i$ 给出；或者 $C_i < z + d_i$。

很清楚，即使灌溉博弈的激励约束（$C_i < d_i$）不满足，但如果满足社区博弈的激励约束且有足够大的松弛量（$z > C_i - d_i$），上述不等式仍可成立。因此，连接两个博弈放松了激励约束。

其次，在社区博弈中，只要偷懒者数目小于 $N - \check{n}$，其他农户与灌溉博弈中的偷懒者合作就根本没有好处；同样，驱逐任何从未偷懒的农户也没有好处。所以，尽管在非联结状态下的灌溉博弈中农户"搭便车"的动机非常强烈，但因为社会活动中驱逐的可信性，所以至少 $\check{n}$ 个农户的合作可以构成一种均衡结果。这样，在灌溉博弈中，合作至少能在 $\check{n}$ 个农户中形成一种行为规范。

（三）村庄环境与合作行为规范

尽管农业合作领域天然地存在可监督程度小、极易内生偷懒行为的问题，但农村社区广泛存在的关联博弈，能够发挥重要的作用。

应该承认，在开放条件下，尤其是在交易对象和交易边界不确定的情况下，合作团队通过博弈形成信任机制将是非常漫长的过程，而要形成可自我执行的契约几乎是不可能的。由此，它将为败德行为的实施提供足够的空间。

罗兹·墨菲在描述亚洲农村时写道，个人隐私几乎不存在，这是由于人口密度高、家庭结构复杂，以及其他一些共同特点，使得即使在乡村，房屋也是拥挤成村，而不像西方世界那样分散在各个农场中。亚洲农场都很小，多数地方的农场土地平均面积小于 5 英亩（1 英亩 ≈ 0.4047 公顷），人口稠密地区的农场则更小。集约种植模式形成的高生产率，意味着一个家庭能够用一块或几块小田地达到自给自足。小块田地一般就在 20～50 户的村庄周围，除幼儿老者外，全体村民每天早出晚归，到离村不远的田地上干活。人们几乎永远不会走出他人视听范围之外，因而很早就学会了适应环境，服从长辈和上级，为共同的利益一起劳动，习惯了实际上是在别人眼皮子底下与他人亲密生活在一起，当然他们也知道遵守明确的公认行为规则的重要性。（罗兹·墨菲，2004）

事实上，在农村社区，村民之间的交往与博弈并不仅限于农事活动，而是存在更广泛的关联博弈。可以认为，在活动范围小、封闭性强、流动性差的村庄环境条件下，交易对象相对明确，交易的频率又很高，信息因此也就很容易对称。因此，在村庄环境条件下，一类合作中的偷懒行为，会招致其他合作利益的损失。由此，关联博弈中均衡策略组合的第二个方面，实际上为合作提供了一种自我维系的信念，它使得村民对偷懒的结果有了共同认识，从而使自己的行为选择合乎准则。这样一种由共同知识与共同信念支持的行为规范，在一定条件下可以使村民在农业合作领域形成可自我执行的协议①，而且会促进其他方面合作契约的签约及其执行成本。可以说，村庄环境下的声誉机制，是与威胁机制相匹配以促进合作的一类重要补充机制。

六、结论与讨论

（1）如果一项协议并不需要求助第三方的干预或其他自愿的手段就能被协议双方加以执行，那么这个协议就被定义为可自我执行的协议。如何解决合作团队中的激励不足，是形成可自我执行协议的关键。

（2）对于如何解决激励不足的问题，事实上存在两类最具代表性的

---

① 但是，如果存在通过暴力单方面惩罚不合作行为、村民因血缘或亲缘等形成不同的势力阶层并发展各自特殊的社会资本以至于对驱逐某一农户达不成一致意见等，则可能使"可自我执行的协议"遭到破坏。

基本主张。应该说，进入威胁与退出威胁是促进合作的两类重要机制。前者施加退出成本，通过偷懒的进入威胁来保障合作；后者则是保留退出权，通过退出威胁来促进合作。然而，正如已有的评论所支持的，"退出威胁"与"进入威胁"作为一种对立或"悖论"，不过是一个更广泛的结论的两个极端。威胁机制发挥激励作用有一个重要的前提，那就是威胁实施者一定是能够观察到其他社员的行为努力并能够识别偷懒行为。

（3）农业特性所决定的生命特征以及与之相关的自然依赖性、产品多样性（非同质性）、区域分散性、现场农艺处理的特殊性和广泛存在的不确定性，使得农业合作中行为努力的可监督性极其不足，一方面因信息不对称容易引发道德风险，另一方面因信息不充分难以识别偷懒行为从而无法实施威胁策略并使得威胁机制不能保证合作协议的自我执行。

（4）可观察意味着可监督，而这必然涉及合作团队的规模问题。①随着团队规模的扩大，社员之间的信息不对称程度会加剧，处理信息的成本将增加。②随着合作团队规模的扩大，一个人的偷懒行为对总产量的影响程度会趋于下降，甚至会下降到即使是事后也难以被其他社员观察到，而监督成本的私人性与监督收益的公共性，会降低合作团队中的自发监督的努力。③当合作团队达到一定规模时，威胁机制所产生的威胁效应会出现弱化的趋势。因此，大规模团队中威胁机制所诱发的激励努力同样不能保证合作协议的自我执行。

（5）尽管农业合作领域天然地存在可监督程度小、极易内生偷懒行为的问题，但声誉机制特别是村庄环境条件下村民之间广泛存在的关联博弈及其共同知识与行为规范能够发挥重要的补充作用，在一定的程度上有利于农业合作中的"可自我执行协议"的形成。

（6）因此，农业合作团队中"可自我执行协议"形成的基本条件是：相对较小的团队合作规模、适当程度的农事活动的专业化与集中化、合作收益明显高于非合作收益条件下的威胁机制，以及成员开放程度相对较低的村庄环境下的关联博弈、声誉机制及其行为规范。

参考文献

[1] Alchian A, Demsetz H. Production, information costs, and economic organization [J]. American Economic Review, 1972 (12).

[2] Sen A. Labor allocation in a cooperative enterprise [J]. Review of Economic Studies, 1966 (33).

[3] Holmstrom B. Moral hazard in teams [J]. Bell Journal of Economics, 1982 (13).

[4] Ward B. The firn in illyria: market syndicalism [J]. American Economic Review, 1958 (48).

[5] Kreps D, Milgrom P, Wilson. Rational cooperation in the finitely repeated prisoner's dilemma [J]. Journal of Economic Theory, 1982 (27).

[6] Kreps D. Corporate culture and economic theory [M]// Alt J and shepsle K, eds. Perspectives on positive political economy. Cambridge: Cambridge University Press, 1990.

[7] Chinn D L. Team cohesion and collective—labor supply in chinese agriculture [J]. Journal of Comparative Economics, 1979 (13).

[8] Fama E. Agency problems and the theory of the firm [J]. Journal of Law and Economics, 1980 (26).

[9] Kandel E, Lazear E P. Peer pressure and partnerships [J]. Journal of Political Economy, 1992 (100).

[10] Binswanger H, Rosenzweig M. Behavioural and material determinants of production relations in agriculture [J]. Devel Stuud, 1986 (2).

[11] Bonin J. Work incentives and uncertainty on a collective farm [J]. Journal of Comparative Economics, 1977 (1).

[12] Guttman J. Rational actors, tit-for tat types and the evolution of cooperation [J]. Working Paper Bar-Ilan University, 1991.

[13] Guttman J. The credibility game: reputation and rational cooperation in a changing population [J]. Journal of Comparative Economics, 1992 (16).

[14] Meade J. The theory of labour managed firms and of profit sharing [J]. Economic Journal, 1972 (3).

[15] Putterman L, Skillman G. Collectivization and china's agricultural crisis [J]. Journal of Comparative Economics, 1993 (17).

[16] Putterman L. Voluntary collectivization: a model of producers' institution choice [J]. Journal of Comparative Economics, 1980 (4).

[17] Telser L. A theory of self-enforcing agreement [J]. Journal of Business, 1980 (1).

[18] Jensen M C, Meckling W H. Rights and production functions: an application to labor-managed firms and codetermination [J]. Journal of Business, 1979 (4).

[19] Williamson O E. The economic institutions of capitalism [M]. New York: Frees Press, 1985.

[20] Nelson P. Information and consumer behavior [J]. Journal of Political Economy, 1970, 78 (2).

[21] Schultz T W. Transforming traditional agriculture (chapter 9) [M]. New Haven: Yale University Press, 1964.

[22] Macleod W. Equity, efficiency, and incentives in cooperative teams [J]. Advances in the Economic Analysis of Participatory and Labor Managed Firms, 1988 (3).

[23] Dong X, Dow G. Does free exit reduce shirking in production team? [J]. Journal of Comparative Economics, 1993 (17).

[24] Hayami Y, Ruttan W. Agricultural development: an international perspective [M]// Revised and expanded. baltimore. MD: The Jones Hopkins Press, 1985.

[25] (冰岛) 思拉恩·埃格特森. 新制度经济学 [M]. 北京: 商务印出馆, 1996.

[26] (美) 曼瑟尔·奥尔森. 集体行动的逻辑 [M]. 陈郁, 郭宇峰, 李崇新, 译. 上海: 上海三联书店, 1995.

[27] 林毅夫. 集体化与中国1959—1961年的农业危机 [M]// 制度、技术与中国农业发展. 上海: 上海三联书店, 1994.

[28] 林毅夫 (1993). 农业生产合作社中的退出权、退出成本和偷懒: 一个答复 [M]// 再论制度、技术与中国农业发展. 北京: 北京大学出版社, 2000.

[29] 罗必良. 新制度经济学 [M]. 太原: 山西经济出版社, 2005.

[30] (美) 罗杰·B. 迈尔森: 博弈论——矛盾冲突分析 [M]. 于寅, 费剑平, 译. 北京: 中国经济出版社, 2001.

[31] (日) 青木昌彦. 比较制度分析 [M]. 周黎安, 译. 上海: 上海远

东出版社，2001.

[32] 王智慧，蒋馥. 信息技术、团队生产及底层员工生产组织设计 [J]. 管理科学学报，2002（4）.

[33] 张军. 合作团队的经济学：一个文献综述 [M]. 上海：上海财经大学出版社，1999.

[34] 周杰，周红，陈刚. 作弊与反作弊的博弈分析 [J]. 山东师范大学学报：自然科学版，2002（2）.

[35] 中国农村发展问题研究组. 农村经济变革的系统考察 [M]. 北京：中国社会科学出版社，1984.

[36] （美）道格拉斯·诺思. 经济史中的结构与变迁 [M]. 陈郁，罗华平，译. 上海：上海三联书店，1991.

[37] 张维迎. 博弈论与信息经济学 [M]. 上海：上海三联书店，1996.

[38] （美）罗兹·墨菲. 亚洲史 [M]. 黄磷，译. 海口：海南出版社，2004.

要素品质与契约选择：
对佃农理论的进一步思考[①]

一、引言

关于契约效率和制度选择的研究一直受到广泛关注，佃农理论更是开创了该领域的先河。该理论探讨的是分成租佃制度的资源配置和契约选择问题。长期以来，古典和新古典的经济学家，包括亚当·斯密和马歇尔，大多认为这种制度的效率低于工资契约和定额租约，甚至当代的主流经济学家把第三世界国家的经济停滞与在其农业中盛行的分成契约联系起来。(Rey，1998)

古典经济学创始人 Smith（1776）认为，分成契约下土地得不到改良。因为该制度安排类似于佃农上交什一税，即产出的 1/10 被抽掉，从而成为土地改良的极大障碍。更有甚者，地主甚至可以分享土地产出的一半，而留给佃农自己分享的自然更是有限，后者便绝不会用有限的剩余来改良土地。Jones（1831）进一步指出，分成契约使得佃农承担较大的公共负担同时分配的佃田面积较小，得到的产出份额因而较少。沿袭古典的"税收—对等"思路，以 Marshall（1920）为首的新古典经济学家借助边际分析方法，揭示分成契约缺乏效率的根源在于佃农必须将投资于土地的资本和劳动收益的半数交给地主，如果投资的总收益少于佃农所获报酬的两倍，则他不会从事土地投资。及后，Schickele（1941）、Heady（1947）和 Johnson（1950）把 Marshall 的分析进行了更加仔细的公式化处理。

[①] 本文为教育部创新团队发展计划"中国农村基本经营制度"（IRT1062、IRT-14R17）、教育部哲学社会科学研究重大课题攻关项目（09JZD0022）、国家自然科学基金重点项目"农村土地与相关要素市场培育与改革研究"（71333004）的阶段性成果。本文初稿收录于天则经济研究所《罗纳德·科斯思想学术研讨会论文集》（2013年12月9日），并以"博弈均衡、要素品质与契约选择"为题发表于《经济研究》2015年第8期，作者为罗必良、何一鸣。

尽管其间 Sismondi（1815）赞扬过分成租佃制度，Mill（1926）企图以"习惯"来解释分成契约条件下土地改良不足的根源，但由于分成租佃契约规定了每一时期佃农按其产出的多少缴纳一定比例的地租，这种租金支付看上去与从价税相似，因而分成契约一直被认为是低效率的。（Chen Cheng，1961）

值得注意的是，在 Cheung（1969）对分成租佃理论的开拓性的研究中，他提出了两个与传统观点相反的理论假说：第一，与 Coase（1960）定理相一致，认为在交易费用为零时，分成契约与其他契约形式一样，会产生有效的资源配置结果（佃农理论Ⅰ）；第二，中国的经验证据表明分成契约已经存在有相当长的历史，因而即使放松零交易费用的假设，分成契约下的资源配置也并不必然无效率，这可能是交易费用约束条件下分散了风险而实现了收益最大化（佃农理论Ⅱ）。对此 Barzel（1989）提出了自己的看法。他认为，任何契约安排都存在非最优利用问题，因此没有一个单独的契约在所有的情况下都是最优的，随着情况的变化契约形式也会发生改变。换言之，在某种制度环境下，分成契约也可能是有效率的，这和佃农理论Ⅰ并无二致。同时，他认为佃农理论Ⅱ中关于风险规避的解释难以令人满意，他给出另一个解释：由于监督土地肥力的变化非常困难，地主和佃农才倾向于接受分成契约；从而，对资源的可变性特征的考核成本才是选择分成契约的关键性解释变量。（Barzel and Suen，1992）

然而，信息激励学派则通过"道德风险"模型（Stiglitz，1974）和"逆向选择"模型（Hallagan，1978）证明定额租约和分成契约的选择取决于不同信息结构下的自我甄别机制。对于 Cheung 佃农理论Ⅱ的解释，Newbery（1977）提出过反对意见。后来，学者们从投入成本的共同分担（Newbery and Stiglitz，1979）、地主和佃农之间的双重激励（Eswaran and Kotwal，1985）以及有限责任（Shetty，1988；Basu，1992；Sengupta，1997）等多个角度，对分成契约的效率问题做出了进一步的讨论。

除了上述的规范分析外，近年也有不少关于分成契约的实证研究。例如，Ackerberg 和 Botticini（2000）的经验证据就推翻了"在黑死病缺乏劳动力时期地主采用分成契约吸引风险规避佃农"的"风险分成假说"，同时也证实了分成契约能够保证地主发现佃农偷懒和监督他们对农场有价值资产的保护。在此基础上，Ackerberg 和 Botticini（2002）又进一步对佃农和地主的特性与契约选择做回归分析发现，如果某些特性无法观察或只能部分观察，那么，能够被估算出来的那些可观察的特性的回归系数可能存在偏差，从而产生内生性伪回归问题。当内生性匹配问题得到控制后，他们发现，佃农的风险规避态度对契约选择有显著性影响。此外，Bellemare（2009）研究了一个穷地主与富佃农之间的"反佃农理论"。他通过马达加斯加的数据发现，当地主和佃农都是风险规避者或者存在高昂的交易费用时，分成契约要优于定额租约和工资契约。在传统的佃农理论假设下，地主是风险中性而佃农是风险规避，分成契约则是约束条件下的帕累托效率安排。不过，Bellemare（2012）基于马达加斯加的普通法和习惯法的约定，通过经验数据验证了"不安全产权是影响契约选择的主要因素"的理论假说，从而推翻了"分成契约会增加地主风险承担"的传统观点。

此外，经济史学家也从实证的角度对分成契约下的佃农收入和工资契约下的雇农收入进行比较，发现18世纪中叶和20世纪初长江中下游佃农的收入是雇农工资的2～3倍。（Pomeranz，2008）因为近代中国佃农已经具备较大的独立生产性质，他们支配剩余索取权，通过人格化与市场化的渠道将家庭的、地主的和市场的不同生产要素组合起来创造财富，在不确定性中获取企业家才能报酬和土地投资风险收益；相反，雇农则没有独立经营的权利，所以既不能创造属于自己的剩余财产也难以获得在市场上的套利机会。（龙登高、彭波，2010）换言之，在中国历史上，就制度安排对农户行为主体产生的收益而言，分成契约要优于工资契约。

基于现有文献的梳理，本文提出的问题是：第一，Cheung（1969）佃农理论Ⅰ的分成契约等效性数学证明是在交易费用为零的条件下成立的，若该前提不成立，则其最优化模型推导出来的结论是否发生改变？尽管他的佃农理论Ⅱ在逻辑推论上已经考虑了交易费用；第二，佃农理论Ⅰ是在要素同质的前提下成立的，若假定要素异质性，那么分成契约是否依然有效率？第三，进一步地，把真实世界中的交易费用和要素品质考虑进来，佃农理论还会成立吗？

本文分为六个部分：除本节外，第二节把风险费用引入传统的"税收—对"等图解法中重新证明分成契约的有效性；第三节放松模型中的要素同质性假设，基于土地和劳动力质量的非均匀特性，提出制度选择的博弈模型；第四节将风险因素与要素品质考虑进不同的信息结构中，解释分成契约与定额租约的效率差异；第五节基于Buck（1937）收集的数据，运用现代统计学的自举法对模型假说做分位数回归计量检验；最后是一个简短的结论。

二、基准模型：风险费用和契约效率

（一）基本假设

我们不改变 Cheung（1969）佃农理论中的变量约定：假设有两种同质的生产要素 h 和 t。每户佃农的生产函数均是 $q(h,t)$，$\frac{\partial q}{\partial h} > 0$，$\frac{\partial q}{\partial t} > 0$ 且 $\frac{\partial^2 q}{\partial h^2} < 0$，$\frac{\partial^2 q}{\partial t^2} < 0$。其中，$h$ 代表每户佃农所承租的土地，t 代表每户佃农所投入的劳动。为方便讨论，不妨设生产函数为一次齐次，于是有：$y = \frac{q}{h} = q(1, \frac{t}{h}) = f(1, k)$，这里 $k = \frac{t}{h}$。

从上节的文献简述可知，Cheung（1969）批评传统分成租佃观点所使用的"税收—对等"方法并没有明确解释为什么在分成均衡点上仍会存在佃农的剩余收入，因为"佃农的这种剩余收入的存在，是与均衡状态不相一致的"。按此逻辑，他认为传统分析方法所推导出来的分成均衡点并不是最终的均衡点，因此认为分成契约无效率的观点存在逻辑上的矛盾。于是，他把私产和竞争两个约束条件引入地租最大化问题中，发现只要把分成比例和要素比率加进分成契约的规定中则能满足均衡解的要求，从而推翻分成契约无效率的传统观点。但是，本文的模型认为，传统观点的不严谨之处主要是未能考虑真实世界中的交易费用。尽管 Cheung（1969）的佃农理论Ⅱ已考虑了风险规避和交易费用，但他未能把这两个约束条件同时放进佃农理论Ⅰ的最优化数学方程组中。所以，本文将沿用传统的"税收—对等"图解法重新证明只要佃农工资契约的工资率 w 满足一定条件，则分成契约与定额租约具有相同的效率。不过，与 Cheung（1969）的佃农理论不同，本文尝试把风险因素统一到交易费用范畴当中，且无须借助私产竞争的前提仅加入唯一的交易费用约束条件就可证明分成契约的有效性。

在图1中，本文在传统的图解法基础上仅修改了横轴的变量，即把传统做法中的佃农劳动 L 改为单位土地的劳动投入比例 k,其余变量和符号含义均不改变。

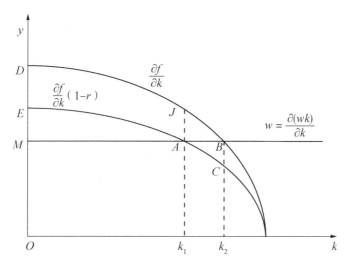

图 1 修正的"税收—对等"方法的图解

(二) 传统佃农理论的谬误:忽略风险因素的理想世界

首先,若按传统的"税收—对等"方法,在不考虑交易费用的前提下,均衡点为 B,即当地主雇佣工人来耕作土地时,所雇佣农业工人的单位土地劳动比例将是 k_2。此时,若地主自己耕种土地也能获得同样的结果,而不管地主是工作到 k_2 并在其他方面工作,还是工作少于 k_2 而按 w 雇佣他人来耕作。作为土地的回报,地主所获得的地租用面积 S_{MDB} 来表示,这一地租额等于定额租约安排下的租金。如果用 Y_F 表示由地主和佃农构成两人社会的总产出水平,那么,它应该是地主净收益 $\pi_F^l = \int_0^{k_2}(\frac{\partial f}{\partial k} - w)\mathrm{d}k$ 和佃农净收益 $\pi_F^p = wk_2$ 之和,即面积 S_{ODBk_2}:$Y_F = \int_0^{k_2}(\frac{\partial f}{\partial k} - w)\mathrm{d}k + wk_2 = \int_0^{k_2}\frac{\partial f}{\partial k}\mathrm{d}k$。

但是,在分成契约安排下,扣除分成租金后佃农的边际收益曲线 $\frac{\partial f}{\partial k}$

根据分成率 r 的大小向下移动到 $\frac{\partial f}{\partial k}(1-r)$ 上。此时，均衡点变为点 A，相应的单位劳动投入为 k_1。在这种条件下，总产出 Y_S 用面积 S_{ODJk_1} 来表示，地主获得的净租金收益 π_s^l 等于面积 S_{EDJA}：$\int_0^{k_1} \frac{\partial f}{\partial k} dk - \int_0^{k_1} \frac{\partial f}{\partial k}(1-r) dk = r\int_0^{k_1} \frac{\partial f}{\partial k} dk$，佃农分得的净收益自然是面积 S_{OEAk_1}：$\int_0^{k_1} \frac{\partial f}{\partial k}(1-r) dk = \int_0^{k_1} [\frac{\partial f}{\partial k}(1-r) dk - w] + wk_1$。其中，面积 S_{MEA} 即 $\int_0^{k_1} [\frac{\partial f}{\partial k}(1-r) - w] dk$ 表示佃农得到的收益（S_{OEAk_1}）超过他从事其他经济活动可能得到的收益（面积 $S_{OMAk_1} = wk_1$）。

Cheung（1969）的佃农理论 I 对传统观点的反驳就在于，均衡点 A 上不可能存在这笔超额收益，因此 A 点不是分成的最终均衡点。事实上，分成契约除了规定了每一时期关于总产出在佃农和地主之间的分配比例外，还划分了协约双方实际分担的风险大小。若把面积 S_{OMAk_1} 理解为佃农在既定工资率为 w 下愿意付出 k_1 的单位土地劳动投入而获得的固定收益为 wk_1，则超额收益 $\int_0^{k_1} [\frac{\partial f}{\partial k}(1-r) - w] dk$ 应该被视为佃农因承担农业生产风险而获得的报酬。诚然，Cheung（1969）的佃农理论 II 也提及"人们选择分成契约是为了从分散风险中获得最大收益"，但他全盘抛弃传统观点，彻底否定 A 点不是均衡点。我们的分析表明，只要把面积 S_{MEA} 视为风险回报，则 A 点仍是分成的最终均衡点，从而可以继续沿用传统的分析方法。

具体地，人们会搜集、汇总和整理关于农业生产的历史数据和信息而预测未来以减少和控制风险，但这些行为是需要耗费大量资源的，那些用于防范风险所耗费的资源的价值就是风险费用，它是交易费用的一部分。进一步，我们可以知道，在风险决策的均衡点上，佃农的风险报酬在边际上一定等于因此而付出的风险费用。所以，在均衡点 A 上，佃农的风险收益最终会被交易费用所抵消。此时，佃农的超额收益便会消失，则真实世界中（考虑了风险因素的状态）分成契约下的佃农净收益 $\pi_s^p = \int_0^{k_1} \frac{\partial f}{\partial k}(1-r) dk - \int_0^{k_1} [\frac{\partial f}{\partial k}(1-r) - w] dk = wk_1$。此时的总产出为：$Y_S' = Y_S - \int_0^{k_1} [\frac{\partial f}{\partial k}$

$(1-r) - w] dk = \int_0^{k_1} \frac{\partial f}{\partial k} dk - \int_0^{k_1} [\frac{\partial f}{\partial k}(1-r) - w] dk = r\int_0^{k_1} \frac{\partial f}{\partial k} dk + wk_1$。

此外，传统观点之所以认为分成契约效率低下，是因为该制度安排下会产生经济上的浪费［面积 $S_{AJB} = \int_{k_1}^{k_2}(\frac{\partial f}{\partial k} - w) dk$］和佃农劳动投入积极性减弱造成的产出下降［面积 $S_{k_1ABk_2} = (k_2 - k_1)w$］。换言之，由于 $Y_S = \int_0^{k_1} \frac{\partial f}{\partial k} dk$、$Y_F = \int_0^{k_2} \frac{\partial f}{\partial k} dk = \int_0^{k_1} \frac{\partial f}{\partial k} dk + \int_{k_1}^{k_2} \frac{\partial f}{\partial k} dk$ 且 $\int_{k_1}^{k_2} \frac{\partial f}{\partial k} dk = \int_{k_1}^{k_2}(\frac{\partial f}{\partial k} - w) dk + (k_2 - k_1)w > 0$，所以分成契约下的总产出 Y_S 小于定额租约下的总产出 Y_F。

值得注意的是，该结论明显忽略了佃农在定额租约下需要承担所有农业生产风险这一事实。因此，若在扣减因规避风险而额外支付的风险费用之后，原定额租约下的总产出有可能恰好下降到分成契约下的总产出水平。按此逻辑，传统观点的错误在于没有考虑真实世界的风险费用，如果将风险费用视为交易费用，则可得到与 Cheung（1969）相一致的结论。与 Cheung 不同的是，依然可以保留"税收—对等"方法。

（三）包含交易费用的真实世界——对分成契约等效性命题的重新证明

现在，本文要证明以下结论：

命题1 当工资率 $w^* = \dfrac{\int_{k_1}^{k_2} \frac{\partial f}{\partial k} dk}{k_2 - k_1}$，则分成契约下的总产出 Y'_S 等于定额租约的总产出 Y'_F。

我们知道，在定额租约安排下，地主定期获得佃农上交的固定租金 $\int_0^{k_2}(\frac{\partial f}{\partial k} - w) dk$，但与分成契约相比，他不再承担风险，这相当于佃农为地主购买了一份保险契约。另一方面，佃农此时承担了全部风险且假设两类契约下的农业生产风险总水平不变，则佃农的风险费用则是自身在原分成契约下的抗风险支出（$S_{MEA} = \int_0^{k_1}[\frac{\partial f}{\partial k}(1-r) dk - w] dk$）加上为地主支付的保险费用（$\Delta RC = S_{AJB} = \int_{k_1}^{k_2} \frac{\partial f}{\partial k} dk$），即 $TRC = \int_0^{k_1}[\frac{\partial f}{\partial k}(1-r) dk - w] dk + \int_{k_1}^{k_2} \frac{\partial f}{\partial k} dk$。

因此，佃农此时的净收益为 $wk_2 - \{\int_0^{k_1}[\frac{\partial f}{\partial k}(1-r) - w]\mathrm{d}k + \int_{k_1}^{k_2}\frac{\partial f}{\partial k}\mathrm{d}k\}$。

又由于：$Y'_F = \int_0^{k_2}(\frac{\partial f}{\partial k} - w)\mathrm{d}k + wk_2 - \int_0^{k_1}[\frac{\partial f}{\partial k}(1-r) - w]\mathrm{d}k - \int_{k_1}^{k_2}\frac{\partial f}{\partial k}\mathrm{d}k = \int_{k_1}^{k_2}\frac{\partial f}{\partial k}\mathrm{d}k + r\int_0^{k_1}\frac{\partial f}{\partial k}\mathrm{d}k - (k_2 - k_1)w + k_1 w$，所以当 $w^* = \frac{\int_{k_1}^{k_2}\frac{\partial f}{\partial k}\mathrm{d}k}{k_2 - k_1}$ 时，有：$Y'_F = \int_{k_1}^{k_2}\frac{\partial f}{\partial k}\mathrm{d}k + r\int_0^{k_1}\frac{\partial f}{\partial k}\mathrm{d}k - (k_2 - k_1)\frac{\int_{k_1}^{k_2}\frac{\partial f}{\partial k}\mathrm{d}k}{k_2 - k_1} + k_1 \frac{\int_{k_1}^{k_2}\frac{\partial f}{\partial k}\mathrm{d}k}{k_2 - k_1} = r\int_0^{k_1}\frac{\partial f}{\partial k}\mathrm{d}k + \frac{k_1}{k_2 - k_1}\int_{k_1}^{k_2}\frac{\partial f}{\partial k}\mathrm{d}k = Y'_S$。

可见，若工资率满足上述特定条件，则分成契约与定额租约具有相同效率。传统观点认为，分成契约无效率是因为忽视了真实世界中的风险费用或交易费用的影响（此处是以工资率作为风险费用的基准刻画单位），只要把交易费用作为约束条件而引入模型中，那些原来看似"无效率"或"非均衡"的状态就有可能变得有效率且实现均衡状态。

三、模型扩展：要素异质性条件下的佃农理论博弈均衡解

在上述模型的基础上，我们放松要素同质的假设条件，进一步考察要素品质差异对契约选择的影响。特别地，以定额租约为备选契约安排，通过分成契约与定额租约的效率比较，提出一个基于要素品质的契约选择理论。

（一）土地异质性与契约选择

我们知道，尽管一个佃农可以控制其自身的劳动投入 t，但最终产出水平仍然在相当程度上取决于农业生产风险的干扰频率和强度。为便于讨论，我们将这些影响均表达为土地的质量维度。于是，本文分别用 h_H 表示高质量土地和 h_L 表示低质量土地（$h_L < h_H$），且 $h = h_H$ 的概率是 p，$h = h_L$ 的概率为 $(1 - p)$。本文此处借助离散型概率分布函数 $F(p)$ 反映农业生产风险。

首先，考虑土地所有者的契约选择策略。在定额租约安排下，不管自然灾害如何，地主都获得大小为 $\bar{\pi}_F^l$ 的总地租数额。但在分成契约下，其租金收益便跟自然风险的变动有关，此时的期望租金为 $E\pi_F^l = prq(h_H,t) + (1-p)rq(h_L,t)$。那么，当 $E\pi_F^l = \bar{\pi}_F^l$ 时，便可得到地主的分成比例：$r = \dfrac{\bar{\pi}_F^l}{pq(h_H,t) + (1-p)q(h_L,t)}$。

据此，我们得到佃农在不同契约安排下的净收益函数：分成契约下的是 $EN\pi_S^p = p(1-p)q(h_H,t) + (1-r)q(h_L,t)$；而定额租约下的收益则以分段函数形式出现：$\pi_S^p = \begin{cases} q(h_H,t) - \bar{\pi}_F^l, & p \\ q(h_L,t) - \bar{\pi}_F^l, & 1-p \end{cases}$。那么，我们比较在土地质量较高（$h = h_H, p \to 1$）时佃农的协约行为：$E\pi_S^p - \pi_S^p = (1-r)q(h_H,t) - [q(h_H,t) - \bar{\pi}_F^l] = \bar{\pi}_F^l - rq(h_H,t) = \bar{\pi}_F^l - \dfrac{\bar{\pi}_F^l q(h_H,t)}{pq(h_H,t) + (1-p)q(h_L,t)} = \dfrac{(1-p)\bar{\pi}_F^l[q(h_L,t) - q(h_H,t)]}{pq(h_H,t) + (1-p)q(h_L,t)} < 0$。

同理，当 $h = h_L, p \to 0$ 时，有 $E\pi_S^p - \pi_S^p > 0$。从而得到以下命题：

命题2 在低质量土地上，佃农选择分成契约；在高质量土地上，佃农选择定额租约。

该命题的直观解释是：在低质量土地上，由于土壤肥力较差，从而产出水平较低，佃农需要与地主一起分担效率损失的风险，从而选择分成契约。但在定额租约下，佃农拥有剩余收益的全部索取权，所以他会在高质量土地上与地主签订定额租约以获得更高的剩余产出。

由于这里假设地主对分成契约和定额租约是无差异的，所以［（分成契约，分成契约）；$p \to 0$］和［（定额租约，定额租约）；$p \to 1$］均是该博弈的两个贝叶斯纯策略纳什均衡解且达到帕累托最优。

（二）地主与异质性佃农的契约匹配博弈

在讨论完土地异质性的契约选择后，本文进一步分析行为能力存在差异的佃农与地主之间的协约行为。现在有两类佃农向地主承租土地，他们分别是耕种能手 t_H 和耕种弱者 t_L。其中，$t = t_H$ 的概率为 x 且对应的收益为 π^p，反之为 $(1-x)$ 且相应的收益为 0。假设 x 在 $[0,1]$ 上密度函数

为 $g(x)$、分布函数为 $G(x)$，此时本文是以连续型变量 x 来刻画风险。当佃农需要向地主上交的租金为 π^l 且地租率为 R 时，则佃农在"承租"与"不承租"两种策略的期望收益分别为：$x[\pi^p - (1+R)\pi^l] + (1-x)[0 - (1+R)\pi^l]$ 和 0，因此，存在一个临界点 $(\pi^p)^* = \dfrac{(1+R)\pi^l}{x}$。当且仅当 $\pi^p \geq (\pi^p)^*$ 时，佃农才会承租土地。同时，该结论也意味着，存在一个关于耕种能手型佃农出现的临界概率值 $x^* = \dfrac{(1+R)\pi^l}{(\pi^p)^*}$。那么，所有愿意承租土地的佃农的平均能力概率为：$\bar{x} = \dfrac{\int_0^{x^*} xg(x)\,dk}{\int_0^{x^*} g(x)\,dk} =$

$\dfrac{\int_0^{x^*} xg(x)\,dk}{G(x^*)}$。所以有：$\dfrac{\partial \bar{x}}{\partial R} = \dfrac{\dfrac{\pi^l}{R}x^* g(x^*) \int_0^{x^*} g(x)\,dk - g(x^*)\dfrac{\pi^l}{R}\int_0^{x^*} xg(x)\,dk}{[\int_0^{x^*} g(x)\,dk]^2}$

$= \dfrac{\pi^l g(x^*)}{R[G(x^*)]^2}\int_0^{x^*} G(x)\,dk > 0$。

从该不等式可以得到：

命题3 当佃农对于分成契约和定额租约无差异时：如果地租率较低，弱能力佃农才有可能承租土地，那么，地主将会倾向于选择定额租约；反过来，如果地租率较高，高能力佃农才会可能承租土地，那么，地主将会倾向于选择分成租约。由此，[（定额租约，定额租约）；$x \to x_L$] 和 [（分成契约，分成契约）；$x \to x_H$] 均是该博弈的两个贝叶斯混合策略纳什均衡解且实现帕累托效率。

四、模型综合：要素品质、信息结构与契约比较

本节进一步将风险费用与要素品质问题结合起来，将两者放在不同的信息结构中比较分成契约与定额租约之间的制度效率。

（一）信息对称下的最优安排：定额租约

由 $y = f(1, k)$ 的经济学性质 $\dfrac{\partial y}{\partial k} > 0$ 且 $\dfrac{\partial y^2}{\partial^2 k} < 0$，可令 $y = \ln k + \varepsilon = K +$

ε。这里，$K = \ln k$，ε 为均值等于 0 的外生扰动参数。因此，$E(y) = E(K+\varepsilon) = E(K) + E(\varepsilon) = E(K) = K$。

用分段函数表示分成契约和定额租约两种制度安排：$s(y) = (1-r)y - \overline{\pi}^p$。即：

$$s(y) = \begin{cases} y - \overline{\pi}^p, & \overline{\pi}^p > 0, r = 0; \text{定额租约} \\ (1-r)y, & \overline{\pi}^p = 0, r > 0; \text{分成契约} \end{cases}$$

此外，进一步假设佃农的生产费用函数为 $C(K) = \dfrac{1}{2}\beta K^2$ 且生产费用系数 $\beta > 0$。这样，佃农此时的期望净收益为：$E(\pi^p) = E[s(y) - C(K) - RC] = (1-r)K - \overline{\pi}^p - \dfrac{1}{2}\beta K^2 - \int_0^{k_1}\left[\dfrac{\partial f}{\partial k}(1-r) - w\right]dk$。

那么，地主的期望净收益最大化问题为：

$$\max_{K,k_1} E(\pi^l) = E[y - s(y)] = \overline{\pi}^p + rK$$

$$s.t.\ (1-r)K - \overline{\pi}^p - \dfrac{1}{2}\beta K^2 - \int_0^{k_1}\left[\dfrac{\partial f}{\partial k}(1-r) - w\right]dk \geq w$$

即，佃农的期望净收益函数成为地主争取自身期望净收益最大化的约束条件。因为在最优条件下，地主无须支付佃农更多，约束条件的等号成立。

于是，将 $\overline{\pi}^p = (1-r)K - \overline{\pi}^p - \dfrac{1}{2}\beta K^2 - \int_0^{k_1}\left[\dfrac{\partial f}{\partial k}(1-r) - w\right]dk - w$ 代入地主的目标函数 $E(\pi^l) = \overline{\pi}^p + rK$，有：$E(\overline{\pi}^p) = K - \overline{\pi}^p - \dfrac{1}{2}\beta K^2 - \int_0^{k_1}\left[\dfrac{\partial f}{\partial k}(1-r) - w\right]dk - w$。

因为 $\dfrac{\partial E(\pi^l)}{\partial K} = 1 - \dfrac{1}{2}\beta 2K = 0$，解得 $K^* = \dfrac{1}{\beta}$；$\dfrac{\partial E(\pi^l)}{\partial k_1} = w - \dfrac{1}{2}\dfrac{\partial f}{\partial k}(1-r) = 0$，又根据生产函数的性质得 $\dfrac{\partial q}{\partial t} = \dfrac{\partial f}{\partial k}$ 和均衡工资率 $w^{**} = \dfrac{\partial q}{\partial t}$。所以，$r^* = 1 - \dfrac{w^{**}}{\dfrac{\partial f}{\partial k}} = 0$。这表明，当佃农劳动力市场为完全竞争状态时，佃农与地主之间的信息对称博弈结果是双方选择定额租约作为最优制度安排。

（二）信息不对称结构的最优制度选择：分成契约

当地主对佃农的单位土地劳动投入比例或劳动质量进行考核的费用过高时，假定佃农选择 t，地主通过 k 来最大化其自身期望净收益，其一阶条件意味着 $\frac{\partial E(\pi^p)}{\partial K} = 1 - r - \frac{1}{2}\beta 2K = 0$，即：$K^{**} = \frac{1-r}{\beta}$。这是信息不对称结构下地主面临的额外约束条件。这是因为，若给定 $r = 1$，佃农收入与产出无关，他将选择 $t = 0$ 从而 $k = 0$，即该等式是地主激励佃农投入劳动力的约束条件。那么，地主的最优化问题变为：

$$\max_r E(\pi^l) = \overline{\pi}^p + rK$$

$$s.t.\ (1-r)K - \overline{\pi}^p - \frac{1}{2}\beta K^2 - \int_0^{k_1}\left[\frac{\partial f}{\partial k}(1-r) - w\right]dk \geq w$$

$$K = \frac{1-r}{\beta}$$

这里，构建拉格朗日函数：$L(r,\gamma,\eta) = (\overline{\pi}^p + rK) + \gamma\{(1-r)K - \overline{\pi}^p - \frac{1}{2}\beta K^2 - \int_0^{k_1}\left[\frac{\partial f}{\partial k}(1-r) - w\right]dk - w\} + \eta(K - \frac{1-r}{\beta})$。

由 Kuhn-Tucker 定理得：$\frac{\partial L}{\partial r} = K + \gamma(\int_0^{k_1}\frac{\partial f}{\partial k}dk - K) = 0$，$\frac{\partial L}{\partial \gamma} = (1-r)K - \overline{\pi}^p - \frac{1}{2}\beta K^2 - \int_0^{k_1}\left[\frac{\partial f}{\partial k}(1-r) - w\right]dk - w = 0$，$\frac{\partial L}{\partial \eta} = K - \frac{1-r}{\beta} = 0$，合并整理得：$r^{**} = \beta\int_0^{k_1}\frac{\partial f}{\partial k}dk > 0$。换言之，分成契约是地主与佃农在信息不对称结构下博弈的最优选择。

（三）不同信息结构的契约效率比较

首先，在信息对称结构下，$r^* = 0$ 且 $\overline{\pi}^p > 0$，则定额租约为最优选择，即它要优于分成契约。此时，不存在由信息问题引起的资源配置扭曲，因而无损害经济效率的内生性交易费用（$RD_F = 0$），即信息对称下定额租约的总交易费用仅包含外生性的风险（交易）费用：$TCC_F^c = RD_F + RC_F = \int_0^{k_1}(\frac{\partial f}{\partial k} - w)dk$。

但是，当信息不对称时，$r^{**} > 0$ 且 $\overline{\pi}^p = 0$，则分成契约取代定额租约，此时的外生性交易费用为：$RC_S = \int_0^{k_1} [\frac{\partial f}{\partial k}(1-\beta\int_0^{k_1}\frac{\partial f}{\partial k}dk)]dk$。而内生性交易费用则是期望产出的净损失与生产费用的节约之差：$RD_S = \Delta E(y) - \Delta C = \Delta E(K) - \Delta C = (K^* - K^{**}) - [C(K^*) - C(K^{**})] = \frac{\beta}{2}(\int_0^{k_1}\frac{\partial f}{\partial k}dk)^2$。信息不对称下分成契约的总交易费用：$TCC_S^n = RD_S + RC_S = \int_0^{k_1}[\frac{\partial f}{\partial k}(1-\beta\int_0^{k_1}\frac{\partial f}{\partial k}dk)]dk + \frac{\beta}{2}(\int_0^{k_1}\frac{\partial f}{\partial k}dk)^2$。

最后，对上述两种总交易费用进行比较，得到由要素品质差异性所引起的额外制度费用：$\Delta TCC = TTC_S^n - TTC_F^c = \frac{1}{2}\int_0^{k_1}[\beta\frac{\partial f}{\partial k}(1-\int_0^{k_1}\frac{\partial f}{\partial k}dk)]dk + wk_1$。

由此，可以得到：

命题4 （1）若 $\int_0^{k_1}\frac{\partial f}{\partial k}dk = \int_0^{k_1}\frac{\partial f}{\partial k}(\int_0^{k_1}\frac{\partial f}{\partial k}dk) - 2\beta wk_1$，则信息不对称下分成契约无差异于信息对称下定额租约，但优于信息不对称下定额租约；

（2）若 $\int_0^{k_1}\frac{\partial f}{\partial k}dk > \int_0^{k_1}\frac{\partial f}{\partial k}(\int_0^{k_1}\frac{\partial f}{\partial k}dk) - 2\beta wk_1$，则信息对称下定额租约优于信息不对称下分成契约，且后者又优于信息不对称下定额租约；

（3）若 $\int_0^{k_1}\frac{\partial f}{\partial k}dk < \int_0^{k_1}\frac{\partial f}{\partial k}(\int_0^{k_1}\frac{\partial f}{\partial k}dk) - 2\beta wk_1$，则信息不对称下分成契约优于信息对称下定额租约，且后者又优于信息不对称下定额租约。

五、假说检验：来自20世纪初贝克（Buck）资料的经验证据

（一）假说、变量选取与数据来源

根据前面的讨论，分成契约下佃农的单位土地劳动投入均衡值 k_1 小于定额租约或工资契约下的均衡值 k_2。于是，本文提出以下假说：

假说1 随着 k 值的减少，人们会更多地偏向于选择分成契约；反

之，则选择定额租约。

假说 2 随着要素异质性引起的风险增加，人们也较多地选择分成契约。

本文选取的变量如表 1 所示。其中，我们用务农劳动力标准差 Workerstd 与作物公顷面积标准差 Landstd 分别表示劳动与土地要素的异质性引起的风险大小。因为标准差反映每个观察值偏离均值的程度，若标准差越大，则说明该要素的差异程度从而风险越大。它们越大，越需要采用分成契约分担风险，因而分成契约所占比重 Tenancy 越大。同时，我们使用务农劳动力人数与作物面积之商表示要素的禀赋比例，即为 k 值。因此，该值越大，选择分成契约的比例就越高。

表 1 变量的指标设计

变量	代码	定义	预期符号
分成契约比重	Tenancy	分成契约农家数/总农家数	—
要素禀赋比例	k	务农劳动力人数/作物面积	负号
区位虚拟变量	Region	中国北部取 1，其他地区取 0	不确定
劳动力差异性	Workerstd	务农劳动力标准差	正号
土地差异性	Landstd	作物面积标准差	正号

实证的检验数据来源于贝克（Buck，1937）对 20 世纪初中国 7 省 17 处 2866 家农户的调查资料。其统计描述见表 2。

表 2 主要变量的描述统计

变量名称	自举后的样本值	平均值	方差	最小值	最大值
非分成制比重	100	62.66	1907.69	0.00	100.00
要素禀赋比例	100	0.72	2.98	0.07	2.04
区位虚拟变量	100	0.53	0.27	0.00	1.00
劳动力差异性	100	1.12	0.19	0.59	2.08
土地差异性	100	2.67	2.51	0.89	6.66

（二）基于 Bootstrap 技术的分位数回归实证检验

分位数回归是对以古典条件均值模型为基础的最小二乘法的延伸，用多个分位函数来估计整体模型，不同的分位数回归采用各种相应的非对称权重进行残差最小化处理。（Koenker and Bassett，1978）基于该方法，本文将 Tenancy 作为被解释变量，将影响它的因素作为解释变量，建立如下分位数回归模型：

$$Q_\tau[Tenancy|X] = A_\tau + B_\tau^1 k + B_\tau^2 Region + B_\tau^3 Region \times k + B_\tau^4 Workerstd + B_\tau^5 Landstd$$

对 Tenancy 在分位数 20%～80% 上采用自举法（Bootstrap Rethod）做分位数回归，结果见表 3。

从表 3 可以观察分成契约比重分位数回归的结果：

（1）在分位数 20% 上，k、Region、Region×k 和 Workerstd 这四个因素的参数估计结果都在 95% 置信区间以内，说明农地耕作的劳动密集程度、南北地区差异以及劳动力的异质性是影响分成契约比重的主要因素。

（2）在分位数 25%～75% 之间，k、Region 和 Workerstd 这三个参数的估计结果都在 10% 显著性水平下，说明大部分分成契约选择受农地耕作的劳动密集程度、南北地区差异以及劳动力风险性的影响。

（3）在高分位数 80% 上，各参数均不显著，这是其他契约安排与分成契约的效率边界与临界值。

综上所述，我们发现 k 和 Workerstd 这两个指标在大部分分位数水平段都是影响分成契约比重的重要因素，说明劳动与土地要素品质及其差异在决定制度选择中起了至关重要的作用：一方面，k 反映的是劳动力和土地两种要素的比例大小，它与 Tenancy 成负相关关系，即 k 越小，人们越普遍采用分成契约。这与本文的假说 1 相一致。另一方面，Workerstd 与 Tenancy 成正方向运动关系，它代表了务农劳动力供给的可变化性，该值越大，一个风险规避的地主越愿意选择分成契约，同时，拥有部分土地剩余索取权和剩余控制权的佃农会选择分成契约以分散风险获得企业家报酬，从而验证了假说 2。

表3 Bootstrap技术下的分位数回归分析结果

分位数	常数项	k	Region	Region×k	Workerstd	Landstd
0.20	104.6373*** (1.343762)	−2824.662*** (38.18115)	−45.17577*** (3.315425)	−9047.911*** (610.7788)	0.039418*** (0.005444)	−0.152060 (0.384408)
0.25	86.65776*** (18.64957)	−2777.741*** (18.64957)	−61.31325*** (20.11104)	−5076.901 (3444.075)	0.149508* (0.114438)	0.189789 (5.274671)
0.30	86.65776*** (12.09560)	−2777.741*** (520.100)	−61.31325** (24.45114)	−5076.901 (4193.972)	0.149508** (0.054353)	0.189789 (4.022901)
0.35	56.70581** (18.4229)	−1902.297* (865.346)	−101.6893** (40.45760)	4394.123 (5603.182)	0.187976** (0.061229)	7.239477 (6.711867)
0.40	56.70581*** (15.90300)	−1902.297** (663.539)	−101.6893** (42.45543)	4394.123 (6084.988)	0.187976** (0.07151)	7.239477 (8.290043)
0.45	56.70581*** (16.27960)	−1902.297*** (511.883)	−101.6893*** (26.07948)	4394.123 (3993.113)	0.187976* (0.097758)	7.239477 (5.023786)
0.50	56.70581** (18.58144)	−1902.297*** (511.883)	−101.6893*** (28.29134)	4394.123 (4360.16)	0.187976* (0.134457)	7.239477 (6.010033)

(续表3)

分位数	常数项	k	Region	Region×k	Workerstd	Landstd
0.55	41.27153** (21.50357)	−2054.626** (864.308)	−102.6156** (48.39267)	5490.049 (8248.770)	0.324035** (0.080737)	4.851269 (8.623308)
0.60	41.27153** (13.76919)	−2054.626** (764.341)	−74.78543 (42.96885)	2483.386** (7991.656)	0.324035** (0.119828)	4.851269 (7.918483)
0.65	41.27153* (17.58818)	−2054.626* (938.747)	−74.78543 (41.12975)	2483.386 (7505.947)	0.324035* (0.119555)	4.851269 (9.910369)
0.70	42.80051* (19.46870)	−2370.586* (1417.75)	−70.83301 (54.50352)	2157.427 (8970.642)	0.374323* (0.119162)	1.784775 (7.892411)
0.75	75.21794*** (16.27016)	−3796.199* (1226.35)	−92.30595 (66.86460)	2676.961 (11023.12)	0.360271** (0.118299)	0.392577 (9.546881)
0.80	78.41087** (29.78611)	−2637.224 (35.70923)	−72.79746 (62.33719)	−579.4712 (16410.08)	0.092723 (0.177692)	15.93266 (12.65364)

注：① "***" 表示该变量在1%的水平上显著，"**" 表示该变量在5%的水平上显著，"*" 表示该变量在10%的水平上显著。
②表中的括号内数值为回归系数的标准差。

六、结语

本文的研究表明，Cheung（1969）基于批评传统分成租佃观点所推导出来的分成均衡点并不是最终的均衡点，因为在该分成均衡点上仍存在佃农的剩余收入，这显然与均衡的定义相矛盾。另外，他发现只要把私产和竞争两个约束条件引入地租最大化问题就能证明分成契约是有效率的。但本文认为，传统观点的不严谨之处主要是未能考虑真实世界中的交易费用，若将因规避风险而额外支付的风险费用转换为交易费用作为契约选择的约束条件，则无须借助私产竞争的前提就可以沿用"税收—对等"方法得到与佃农理论 I 相一致的结论。

佃农理论 I 是在要素同质的前提下得到的，若把它变为异质性要素假设，我们能够发现：在低质量土地上，佃农选择分成契约；在高质量土地上，佃农选择定额租约。相反，佃农耕作能力低，地主选择定额租约；佃农耕作能力高，分成契约则被地主采用。此外，当佃农劳动力市场为完全竞争状态时，佃农与地主之间的信息对称博弈结果是双方选择定额租约作为最优制度安排，而分成契约是地主与佃农在信息不对称结构博弈中的最优选择。

运用卜凯（1936）的数据得到的计量结果进一步表明，随着佃农的单位土地劳动投入比例的减少，土地租约会更多地偏向于分成契约；而且，随着要素异质性引起的风险增加，土地租约将较多地表现为分成契约。

最后，需要强调的是，要素品质与比例结构的差异会引起不同的风险或交易费用，相同的行为动机在不同的交易费用约束条件下将产生不同的制度绩效。农业生产具有季节性、空间分散性以及活动的连续性和长周期性等特殊属性，这些属性会在不同的制度环境中产生不同的交易费用。尽管本文利用民国时期卜凯教授的调研数据进行了实证，但并不意味着分成租约在任何时期总是有效率的。中国历史上曾出现过不同的人地关系变化，且在不同的时期有不同的自然风险态势，因此，农地契约选择会表现出不同的"情景依赖性"及趋势。

参考文献

[1] 卜凯. 中国农家经济 [M]. 北京：商务印书馆，1936.

[2] 龙登高，彭波. 近世佃农的经营性质与收益比较 [J]. 经济研究，2010（1）.

[3] Ackerberg A, Botticini M. The choice of agrarian contracts in early renaissance tuscany: risk sharing, moral hazard, or capital market imperfections？[J]. Explorations in Economic History, 2000, 37（3）.

[4] Ackerberg A, Botticini M. Endogenous matching and the empirical determinants of contract form [J]. Journal of Political Economy, 2002, 110（3）.

[5] Barzel Y. Economic analysis of property rights [M]. Cambridge: Cambridge University Press, 1989.

[6] Barzel Y, Wing S. Moral hazard, monitoring cost, and the choice of contract [J]. Working Papers, 1992.

[7] Basu K. Limited liability and the existence of share tenancy [J]. Journal of Development Economics, 1992, 38（2）.

[8] Bellemare F. Sharecropping, insecure land rights and land titling policies: a case study of lac alaotra madagascar [J]. Development Policy Review, 2009, 27（1）.

[9] Bellemare F. Insecure land rights and share tenancy: evidence from madagascar [J]. Land Economics, 2012, 88（1）.

[10] Chen Cheng. Land reform in taiwan [J]. China Publishing Co, 1961.

[11] Cheung S. The theory of share tenancy [M]. Chicago: University of Chicago Press, 1969.

[12] Coase R. The problem of social cost [J]. Journal of Law and Economics, 1960, 3（1）.

[13] Eswaran M, Kotwal A. A theory of contractual structure in agriculture [J]. American Economic Review, 1985b, 75（3）.

[14] Hallagan W. Self-selection by contractual choice and theory of sharecropping [J]. Bell Journal of Economics, 1978, 9（8）.

[15] Heady E. Economics of farm leasing systems [J]. Journal of Farm

Economics, 1947, 29 (8).

[16] Johnson G. Resource allocation under share contracts [J]. Journal of Political Economy, 1950, 58 (4).

[17] Jones R. An Essay on the distribution of wealth and on the sources of taxation [J]. John Murray, 1831.

[18] Koenker R, Bassett G W. Regression quantiles [J]. Econometrica, 1978.

[19] Marshall A. Principles of economics [J]. Macmillan and Co, 1920.

[20] Mill J S. Principles of political economy [M]. London: Lonmgnas, 1926.

[21] Newbery G. Risk-sharing, sharecropping and uncertain labor markets [J]. Review of Economic Studies, 1977, 44 (5).

[22] Newbery G, Stiglitz J. Sharecropping, risk-sharing, and the importance of imperfect information [J] // Roumasset J A, Boussard J M, and Singh I, eds. Risk, uncertainty and agricultural development. Agricultural Development Council, 1979.

[23] Pomeranz K. Chinese development in long-run perspective [J]. Proceedings of the American Philosophical Society, 2008.

[24] Rey D. Development economics [M]. Princeton: Princeton University, 1998.

[25] Redding, S. Dynamic comparative advantage and welfare effects of trade [J]. Oxford Economic Papers, 1999, 51 (1).

[26] Roumasset J. Rice and risk [J]. Amsterdam: North–Holland, 1976.

[27] Schickele R. Effect of tenure systems on agricultural efficiency [J]. Journal of Farm Economics, 1941, 23 (3).

[28] Sengupta K. Limited liability, moral hazard and share tenancy [J]. Journal of Development Economics, 1997, 52 (10).

[29] Shetty S. Limited liability, wealth differences, and the tenancy ladder in agrarian economies [J]. Journal of Development Economics, 1988, 29 (9).

[30] Sismondi S. Political economy [M]. New York: Augustus M. Kelley, 1814.

[31] Smith A. Wealth of nations [J]. Modern Library edition, 1776.
[32] Stiglitz J. Incentive and risk sharing in sharecropping [J]. Review of Economic Studies, 1974, 41 (9).

契约期限如何确定:
资产专用性维度的考察[①]

一、问题的提出

自20世纪70年代以来,契约理论一直是经济学界非常活跃的前沿研究领域。其研究的核心问题在于:一是不对称信息下的收入转移;二是不同风险态度的当事人之间的风险分担。(Hart and Holmstrom, 1987)契约理论大体可分为完全契约理论和不完全契约理论两大流派(杨其静, 2003;杨瑞龙、聂辉华, 2006)。然而,无论是哪个流派的研究,契约期限问题始终是受到关注的焦点(Coase, 1937; Williamson, 1979; Klein, 1980; Grossman and Hart, 1986; Hart and Moore, 1990)。契约期限的长短及其所决定的行为预期,将对契约的实施及其稳定性产生重要影响。大量的文献证明了土地长期契约的重要性。不论经营主体是自己耕种土地还是雇佣他人耕种抑或租赁经营,长期契约都是地权稳定性在时间维度上的反映。(Place et al., 1994)流转期限过短或经营期限的不确定性均会诱导受让方在生产上的短期行为,容易形成掠夺式经营,不利于保持地力。(姚洋, 1998)

但事实并非完全如此。中国农地流转市场普遍存在的要么是没有缔约,要么是口头契约或者契约期限过短的现象。对我国17省农村土地承包经营权流转市场的调查表明,在转出土地经营权的农户中,高达46%的农户没有约定期限,其余54%有约定期限的农户中又有一半农户的流转期限在1年以内。(叶剑平等, 2006)对湖北与浙江两省的典型调查表

[①] 本文是教育部创新团队发展计划"中国农村基本经营制度"(IRT1062)、国家自然科学基金重点项目"农村土地与相关要素市场培育与改革研究"(71333004)和国家社会科学基金项目"产权垄断、禀赋效应与农地流转抑制"(13CJL048)的阶段性成果。本文发表于《中国农村观察》2014年第3期,作者为钟文晶、罗必良。

明，农户的农地流转中大多没有约定转让年限，比例分别高达 86.2% 和 68.5%。（钟涨宝、汪萍，2003）

在解释农地流转契约短期化问题时，钟涨宝、汪萍（2003）认为，对于农地转出户来说，出让农地使用权的首要目的并不是为了获得更高的经济收入，而是为了在家庭农业劳动力不足的状况下，通过农地使用权的出让继续保留对其承包的权利。这一解释显然说服力不足。因为农户的承包权是由土地集体所有的天赋身份与成员权所决定并具有不可替代的垄断性。徐珍源、孔祥智（2010）强调了土地价值的作用，认为高价值土地的流转收益更多体现为保障收益，这类土地流转期限较短；低价值土地的流转收益主要体现为经济收益，这类土地流转期限较长；非农就业能力较强的农民更有可能长期流转土地。刘文勇、张悦（2013）发现，当地权不稳定时，租出者倾向于长期契约，租入者倾向于短期契约；交易费用较高时，两者都倾向于长期契约；当种地预期收益与种地机会成本的差值较大时，二者都倾向于长期契约。

可见，已有文献主要是通过实证来识别各类因素对农户农地流转契约的影响，但对其影响机理并没有做出解释。Hart 和 Moore（2008）指出，精细的契约是刚性的，有利于遏制双方的投机行为，但是会导致事后灵活性的丧失；相反，粗糙的契约会带来投机行为，从而损失当事人的利益。因此，最佳的契约形式是在保护权利感受的刚性与促进事后效率的灵活性之间进行权衡取舍。因为在租佃契约的形成过程中，缔约主体可以接受也可以不接受正在商议的契约条款，契约期限的选择也不例外。所以，更重要的问题并不是长期或者短期契约是否有效率，而是为什么缔约当事人会选择不同租期。（张五常，2000）

分析不同农户土地流转的缔约行为，有助于强化对农地流转契约特征的认识。但是，过于强调农户的异质性，有可能忽略对农地功能特性及其决定机制的理解。因此，将两者结合显然是必要的。必须重视乡土中国土地的福利保障及经济价值功能，农民对土地的依附性集中表达了土地资产属性在契约选择中的重要作用。Crawford（1988）曾经证明，除非引入"资产专用性"，否则难以解释长期契约与短期契约的替代问题。如果长期契约在鼓励专用性投资方面优于短期契约，为什么长期契约没有完全取代短期契约？Klein 等（1978）、Grout（1984）、Williamson（1985）、Tirole（1986）等从不同方面指出了不完全契约会导致无效投资的观点，从而说明了短期契约存在的原因。Grossman 和 Hart（1986）、Hart 和 Moore（1988）则分别从合作博弈和非合作博弈的角度首次给出了严格形式化的证明。这些文献的基本逻辑是，由于契约是不完全的，所以事前的专用性投资无法写入契约。可见，众多文献围绕资产专用性，从司法干预、赔偿、治理结构、产权控制以及履约等多个视角，对契约期限问题进行了广泛的研究。（杨瑞龙、聂辉华，2006）

根据上述，本文基于资产专用性的理论维度，结合农地流转的环境特征与交易特性，从理论和实证结合的层面分析契约期限的决定机理，以期揭示不同类型农户对不同期限契约的选择与匹配。

二、资产专用性与契约期限

（一）资产专用性与契约期限选择

每一次交易都涉及一份契约。所以，契约方法成为分析交易最基本的方法。不同的契约关系便利不同的交易，不同的交易需要不同的契约关系。（张五常，2000；Williamson，1985；费方域，1998）同时，为了实证"对各种组织安排的选择始于对每笔交易的成本的比较"，理论家们将交易成本的大小与交易的可观测属性联系在一起（Williamson，1979；Klein 等 1978），交易契约的期限就是其属性之一。期限反映的是一个持续的时间概念，而时间是分析人类行为的一个基本维度（Mises，1949），是缔约的关键内容之一（Guriev and Kvasov，2005）。

张五常（2000）认为，选择较长的租期是为了降低依附土地的资产的机会成本；选择短期租约更多是为了便利重新谈判，而不是为了降低实施条款的成本。为了进一步解释和说明契约期限安排的问题，Williamson（1996）曾给出一个非正式模型的判断：交易的专用性越高、不确定性越大与交易频率越高，契约期限就越长，长期契约比短期契约的治理效应要大。大量经验研究也表明，关系专用性投资越大，契约期限越长。（Masten and Crocker，1985）一般来说，与交易相关的投资资产专用性越强，则对土地流转交易关系的持续性要求就越强，从而设立交易契约的保障机制就越重要。（罗必良、李尚蒲，2010）因此，对于农地流转交易的契约期限安排，资产专用性具有重要的行为发生学意义。

资产专用性具有预测的作用，以固定资产投资即具有交易专用性的资产投资为依托，各种交易就产生了"锁定"效应。（Williamson，1979）Klein 等．（1978）曾指出，作为高度专用性资产的农业用地往往不是自己拥有而是租赁。以耕种为目的的土地租赁主要用于一年收获的庄稼，如蔬菜、甜菜、棉花或麦子。而那些用于种植果树的土地，如种植各类坚果、海枣、橘子、生梨、杏树以及葡萄藤这类对土地是非常专用性的植物，往往是种植人自己拥有土地。高资产专用性使农业资产与其他行业相比，一个显著的特点就是更易于"沉淀"，即缺乏流动性。在农业结构的调整中，这种"沉淀成本"表现得尤为显著：一方面构成结构调整的退出障碍，形成产业壁垒；另一方面农户在面对交易机会时，由于投入了专用性资产而常被"敲竹杠"。（项桂娥、陈阿兴，2005）一般来说，承包期越长，农地专用性程度可能越高；反之，则相反。由此，专用性投资及其面临的风险将一些潜在的土地租佃需求者挡在了门外。（肖文韬，2004）因此，农业的土地经营所形成的资产专用性特征，对农地流转的契约期限安排具有内生决定的特征。

（二）基本假设

按照 Williamson（1996）的定义，资产专用性是指资产能够被重新配置于其他备择用途并由其他使用者重新配置而不牺牲其生产性价值的程度。Williamson（1996）将资产专用性划分为六类，即场地专用性、物质专用性、人力资本专用性、专项资产、品牌资本、临时专用性。本文关注与农地流转相关的资产专用性，主要包括场地专用性、物质专用性、人力资本专用性、社会资本专用性。

1. 场地专用性

在农业领域，场地专用性可以表达为地形、肥力、适于不同方式种植的地块类型等多个方面。在农地流转中，承包农户对转出农地的地形与种植类型是否发生改变是易于识别的。不同的是土壤肥力。一方面，作物生长对肥力具有较强的依赖性；但另一方面，同一种作物采用不同的种植方式又可以反过来影响土壤肥力。后者相对难以被观察。考虑到土地经营权对承包权的依附特征，无论选择怎样的租约期限，土地总是要返回到承包农户。因此，可以推断，对于具有良好肥力的土地，农户转出的可能性相对较小，选择长期租约的可能性较低。

研究假说1　农地质量越好，农业生产的资产专用性越强，农地流转契约越倾向于短期。

2. 物质专用性

农户进行的农业生产性投资表现为两个方面，一是直接投资于土地所形成的资产（如灌溉渠道、多年生的果树等），二是根据其土地规模、地块特征所进行的工具性与装备性投资（农业机械及其装备等）。前者与农地流转具有不可分性，能够在流转契约中得到体现；后者则具有可分性，一般不会体现在契约条款中。因此，对于那些与土地资源特性相匹配的专用性投资来说，一旦改变土地的用途，或者流转其土地的经营权，原有投资的资产价值就会大大降低。

研究假说2-1　农户农业生产的专用性投资越多，"锁定"效应越强，其农地转出契约可能不约定期限，即使选择期限亦会倾向于短期。

研究假说2-2　通过借贷融资进行生产投资也会带来资产专用性。这类资产专用性对农地流转契约的影响可能是不同的。如果贷款用于农业生产，农户则可能选择短期契约；如果贷款用于非农生产性投资，则表明农户的非农化倾向，农地转出可能选择长期契约。

3. 人力资本专用性

农户的人力资本主要在于两个方面。一是通用性人力资本（可用受教育程度表达）。农户受教育程度越高，对土地的依赖性越低，其选择长期租约的可能性越大。二是经验性人力资本（可用务农年限表达）。一般而言，农民务农经验和年龄成正比。随着农民年龄的增大，其劳动供给强度会减少，显然会倾向于转出农地并选择长期租约。此外，农户的人力资本可进一步表达为农业生产经营的行为能力，如农业的单产水平与来自于农业的收入份额，均会影响农户的租约选择。

研究假说3-1　受教育程度越高，农户越倾向于选择长期契约。

研究假说3-2　务农年限越长，农户越倾向于选择长期契约。

研究假说3-3　农业收入比重高、单产水平高的农户，其农业生产经营的人力资本专用性越强，在农地转出时要么不设定契约期限，要么选择短期契约。

4. 社会资本专用性

由于农户的社区性与土地的不可移动性，农地流转大多具有典型的乡土村庄特性。一方面，政治权利对农村的渗透，难免会打破原有农户间缔约谈判的均衡，具有比较谈判优势的农户无疑会选择短期租约以便于利用政治资源进行重新谈判；另一方面，乡土社会内含的声誉、人情与信任机制，有助于农户形成流转交易的稳定预期，会使得农户要么选择非正式契约（口头的或者无期限约定的契约），要么选择长期契约。

研究假说4-1 具有政治资本的农户，会选择短期契约。

研究假说4-2 拥有地缘资本的农户可能倾向于选择隐性契约或者长期契约。

三、数据、模型与描述

（一）数据来源

本文数据来源于课题组于2011年7月至2012年2月进行的全国抽样问卷调查。共发放问卷1000份，回收问卷1000份。剔除数据缺失过多的问卷，最终得到有效问卷890份，有效率为89.00%。在890个有效样本中，东部地区（包括河北、辽宁、江苏、浙江、福建、山东、广东、海南等8个省份）298个，占样本总数的比重为33.48%；中部地区（包括山西、吉林、安徽、江西、河南、湖北、湖南等7个省份）215个，占样本总数的比重为24.16%；西部地区（包括四川、贵州、云南、陕西、甘肃、宁夏、青海、新疆、重庆、广西、内蒙古等11个省、自治区、直辖市）377个，占样本总数的比重为42.36%。

1. 样本户基本特征描述

从表1可看出，样本农户呈现明显的特点：第一，小规模与分散化经营。户均农地（本文中包括水田、旱地和菜地三种类型）仅为4.78亩，且分散为5.00块。第二，家庭经营非农化。一是纯农业劳动力占家庭劳动力的比例只有36.48%；二是农业经营收入占农户家庭收入的比例不足一半，仅占46.06%。

表1 全国样本农户的基本特征

指标名称	描述值	指标名称	描述值
户均家庭人数（人/户）	3.40	户均农地的总面积（亩）	4.78
户均劳动力人数（人/户）	2.58	户均农地地块数（块/户）	5.00
纯农业劳动力所占比重（%）	36.48	转出农地的农户数（户）	195
户均农业经营收入所占比重（%）	46.06	农地流出总面积（亩）	707.16

值得注意的是，小规模经营与农业经营收入的下降，大大推动了农业劳动力的非农流动，但劳动力的流转却并未有效推动农地的流转。表1表明，参与农地转出的农户共195户，占样本农户的21.91%，流转出的农地仅占农地总面积的16.62%，"地动"明显滞后于"人动"。

2. 转出样本户契约期限描述

农地经营权的流转依附于农户的承包权，如果说农地的转入主体可以多样化，但农地转出主体必然唯一的是农户。因此，本文重点考察195个样本农户农地转出的缔约与期限选择特征。

表2 转出农地的样本农户的契约基本特征

分类		总计	书面契约		口头契约		没有契约	
		样本数(个)	样本数(个)	比例(%)	样本数(个)	比例(%)	样本数(个)	比例(%)
契约类型		195	61	31.28	75	38.46	59	30.26
有契约期限	>1年	59	35	76.09	24	77.42	—	—
	≤1年	18	11	23.91	7	22.58		

从表2可以看出，农地流转的契约化程度明显不足：一是高达68.72%的样本农户没有签订流转契约或者仅仅是达成口头缔约；二是高达60.51%的样本农户没有明确流转期限，在所有77个明确契约期限的样本农户中，以书面形式签约1年以上的农户仅占45.45%。

（二）模型选择

农户农地转出契约期限的选择，可以从两个方面进行分类。一是分为有期限契约和无期限契约，二是分为长期契约和短期契约。因此，这两个层面均是典型的二元选择问题，适合采用 Logistic 模型进行计量分析。其基本形式为：

$$\ln(\frac{p_i}{1-p_i}) = \partial + \sum \beta_k x_{ki} + \varepsilon$$

式中，p 表示事件发生的概率。由于 Logistic 模型中的变量关系服从 Logistic 函数分布，而 Logistic 能将回归变量的值域有效地限制在 [0, 1]，因此，模型的因变量值域分布被限制在 [0, 1]。

本文分别设立两个计量模型。在第一个模型中，将农户选择有期限约定和无期限约定的行为定义为 [1, 0]；在第二个模型中，将农户选择长期契约（期限1年以上）和短期契约（期限1年）的行为亦赋值为 [1, 0]。设 $y=1$ 的概率为 p，则 p 的分布函数为：

$$p_i = F(z_i) = F(\alpha + \sum_{j=1}^{m} \beta_j x_{ij})$$

上式分别表达农民选择有无契约期限或者契约期限长短的概率，x_{ij} 是影响农户契约选择行为的因素。

（三）变量选择及其统计描述

依据前述，本文采用的测度指标及其定义见表3。

资产专用性体现在场地专用性、物资专用性、人力资本专用性和社会资本专用性四个方面。

（1）场地专用性用"土地肥沃程度"来测度。整体样本户的农地肥沃程度均值为2.33，略高于有期限契约的转出户的2.19，说明土地质量较好的农户不太倾向签订有期限约定的契约。

（2）物资专用性用"农业生产性固定资产"和"获得生产性贷款"来测度。约定契约期限的农户的物资专用性程度相对较高，初步验证本文的假说。

（3）人力资本专用性通过农户"平均受教育年限""平均务农年限""生产能力（单产）"和"农业经营能力"四个变量来测度。可以发现，生产能力和经营能力相对较高的农户，更倾向于选择有期限约定的契约。

（4）社会资本专用性用"家庭村干部数"和"三代人生活在本村"来测度。可以观察到，有期限约定的农户拥有相对较高的社会资本。

表3 变量的定义及统计描述

变量	变量名称	变量定义	是否有期限约定		契约期限长短	
			均值	标准差	均值	标准差
场地专用性	土地肥沃程度	贫瘠=1,比较贫瘠=2,一般=3,比较肥沃=4,肥沃=5	2.33	1.04	2.19	1.11
物资专用性	农业生产性固定资产	耕牛、拖拉机、水泵、插秧机、收割机、脱粒机拥有的种类计数（件）	0.88	1.25	1.26	1.50
	获得生产性贷款	否=0,是=1	0.18	0.39	0.25	0.43
	平均受教育年限	家庭劳动力平均受教育年限（年）	8.62	2.43	8.31	2.69
人力资本专用性	平均务农年限	超过20年为1,否则为0	0.21	0.41	0.17	0.38
	生产能力（单产）	高于本村其他农户为1,否则为0	0.46	0.50	0.53	0.94
	农业经营能力	农业收入占家庭总收入的比重（%）	21.25	32.97	28.14	35.15
社会资本专用性	家庭村干部数	家庭中任村干部的数量（人）	0.09	0.35	0.13	0.47
	三代人生活在本村	否=0,是=1	0.43	0.50	0.57	0.50
	转出面积	土地转出面积（亩）	3.49	2.73	2.78	2.68
其他变量	转出对象	非亲友=0,是亲友=1	0.61	0.49	0.55	0.50
	转出价格（租金）	转出土地收取租金为1,否则为0	0.58	0.50	0.79	0.41

从表3还可以发现，与没有约定期限的农户相比，约定期限的农户所流转面积相对较少、流转给亲友的相对较少、获得的流转价格相对较高。因此，约定期限的农地流转契约具有明显的市场化特征。

四、计量模型的估计结果

采用计量模型，通过SPSS 20.0软件进行回归分析，得到的结果见表4。两个模型均具有较好的拟合度，有进一步讨论的价值。

由表4可以发现，基于福利赋权的"均包制"所形成的不同方面的资产专用性对农户在农地流转中契约期限的选择行为具有重要的影响。

总体来说，农户在农地流转的缔约中，是否约定期限以及选择期限的长短，大体具有较为一致的行为特征。具体表现在四个方面。

（1）"土地肥沃程度"代表的场地资产专用性对契约是否约定期限的影响不明显，但对契约期限长期化选择起反向作用，即土地越肥沃，契约期限倾向短期。这表明，农户承包经营的土地的质量越高，在流转中产生"惜地"的可能性越大。

（2）"农业生产性固定资产"的投资价值往往对农户的农地经营状况具有依附性，或者说，这类投资所形成的资产专用性对农户的土地经营能够产生"锁定效应"。由此使得农户在农地转出时倾向于不约定契约期限以保持灵活性。即使约定期限，也倾向于选择短期契约来保留对生产的最终控制权。"生产性贷款"对转出农户的契约期限长期化选择起正向作用。由于贷款投资是一种形成未来专用性资产的行为，因此，可以判断转出农户的贷款投资主要将用于非农经营。其契约期限的选择特征，一方面表达了生产性投资农户的"离农"倾向，另一方面也表达了农户对土地财产性收益稳定预期的重视。

（3）"平均务农年限"越长，农户越倾向于约定契约期限，并且在约定期限时会倾向于选择长期契约。务农年限越长，其年龄也越大，农户会因自身劳动强度下降而选择长期契约以获取稳定的流转收益。

（4）样本户的"转出面积"越大，越倾向于约定契约期限，并且在期限选择时倾向于长期化。显然，农户流转的土地规模越大，通过契约保护权益的意识越强。

表4 农地转出契约期限选择影响的 Logistic 模型估计

变量		变量名	模型1：契约是否有期限		模型2：有期限契约的长短	
			估计系数	S.E	估计系数	S.E
资产专用性	场地专用性	土地肥沃程度	0.14	0.17	-1.23*	0.63
	物资专用性	农业生产性固定资产	-0.38***	0.15	-0.70**	0.19
		获得生产性贷款	-0.66	0.45	1.99*	0.01
	人力资本专用性	平均受教育年限	0.04	0.07	0.14	0.14
		平均务农年限	0.88**	0.45	2.22*	1.30
		生产能力（单产）	-0.31	0.36	-0.57	0.43
		农业经营能力	-0.00	0.01	-0.00	0.29
	社会资本专用性	家庭村干部数	-0.03	0.57	-1.20	1.10
		三代人生活在本村	-0.93**	0.36	1.85*	1.27
其他变量		转出面积	0.15**	0.07	0.36*	0.98
		转出对象	0.41	0.37	-0.58	0.89
		转出价格（租金）	-1.28***	0.38	-0.30	0.93
		常量	0.69	0.87	2.50	2.04
模型检验		样本数（n）	195		77	
		-2 Log Likelihood	206.07		54.47	
		Cox & Snell R^2	0.25		0.32	
		调整后的拟合优度(Nagelkerke R^2)	0.34		0.47	
		模型预测精确度（%）	73.30		84.20	
		模型系数的综合检验	$\chi^2=55.57$, $df=12$		$\chi^2=28.73$, $df=12$	
		Hosmer-Lemeshow 检验	$\chi^2=12.91$, $df=8$, Sig=0.12		$\chi^2=2.92$, $df=8$, Sig=0.94	

注："*"表示在0.1水平上显著，"**"表示在0.05水平上显著，"***"表示在0.01水平上显著。

因此，计量分析结果基本验证了前文的研究假说。但是，几个方面的问题值得注意：①尽管流转对象的选择并未对契约期限产生显著影响，但发生于亲友之间的流转并不倾向于约定契约期限；而一旦流转发生于非亲友之间，选择较长期限契约的可能性越大。这表明，乡土中国的契约化行为具有双重性。一方面在亲友之间往往选择隐性契约，另一方面在非亲友之间选择正式契约。但期限长短选择的行为特征，已经初步显示了农地流转走向契约化的趋向。②作为地缘资本的"三代人生活在本村"，对农户的缔约行为同样具有双重性，即要么不设定契约期限，而一旦设定期限就倾向于选择长期契约。这种双重性表达了农户的分化特征。对于一些农户来说，如果农外的生存能力有限，随时保证退回土地经营是明智的选择，反映了农户对土地福利功能的依存性；对于另外一些农户来说，如果具有较强的农外生存能力，那么一个具有相对稳定预期的流转契约显然是合适的。③"转出价格"并未激励农地流转契约的期限约定。或许存在三个方面的可能：一是土地流转大多发生于邻里之间，流转价格具有"隐性"特征，这在"契约是否有期限"的模型中尤为显著，农户不追求租金收益最大化，可能是为了换取保障随时收回土地的灵活性；二是农地流转市场尚未得到良好的发育，缺乏恰当的流转价格的生成机制；三是农户对未来的流转价格有较高的预期，通过保持灵活性以利于未来重新缔约时获得谈判优势。④表达农户农业经营真实能力的指标如"单产水平"和"农业经营能力"，对农户的契约期限选择均不产生明显的影响。这意味着农户对流转契约的选择与农户对土地的实际经营状态无关，从而表明农户对土地的经营及其收益并未成为农户土地流转及其缔约期限抉择的重要变量。

五、进一步的讨论

重新审视本文的计量分析结果，可以得到一个惊人的发现：农户土地流转的契约及其期限的选择，主要与农户的资源禀赋条件相关，与土地本身有价值的产权维度（如由单产水平表达的经营权、由农业收入表达的收益权、由流转租金表达的排他性交易权）的关系甚微。

如果将表4中的变量重新分类，那些对农户土地流转缔约行为具有一致性影响的变量如农业固定资产、农民务农年限、农户转出面积均属于农户的禀赋性因素，而那些表达农户生产经营及其收益状况的能力性因素如受教育程度、单产水平、农业收入比重均没有产生明显的作用。尤其值得重视的是，作为表达农户土地权益的"流转价格"变量，并未成为农户契约选择的积极因素。这就是说，土地的有价值的资产属性并未在流转契约中得到有效表达。人地关系的严酷性，决定了土地对于农民兼具生产资料及社会保障双重功能。正因为如此，家庭承包制所施行的"土地均分"成为农民克服生存压力的一个集体回应。（Scott，1976）因此，不能否定农民的理性选择。我们更关心的问题是，为什么表达土地资产的有价值的产权属性，没有成为农户缔约及其期限选择的促进因素？

土地功能的双重性，表达的不仅是一个资源配置层面的资产专用性特性，更重要的是表现为显著的身份化专用性特征。第一，农地对于农民是一种不可替代的人格化财产，并由赋权的身份化（成员权）、确权的法律化（承包经营权证）、持有的长久化（长久承包权）而使财产的人格化程度不断增强，其中，农民对于土地的承包权而言具有排他性的"资格垄断权"（任何农村集体成员以外的主体，只能以获得依附于承包权的经营权才能进入农业经营）；第二，由于农户的承包经营权必然地要对象化到具体的地块，因此，对于任何通过流转市场来获得一个具体地块的经营权的主体而言，具有该地块承包权的农户，天然地具有"产权地理垄断"的特性；第三，农户参与土地流转交易，具有明显人格依赖性、生存依赖性、情感依赖性以及流转对象的依赖性。

农地流转市场并不是一个纯粹的要素市场，而是包含了地缘、亲缘、人情关系在内的特殊市场。（钟文晶等，2013）农户的土地流转契约亦并非一个单纯的经济性契约。如果一个人对所拥有的物品具有生存依赖性，并且具有在位控制权，特别是在当其控制权的交易具有不均质性、不可逆的前提下，农户的预期不足会大大约束其流转交易行为。在承包权与经营权分离的情形下，农地流转意味着对农地实际使用的控制权掌握在他人手中，并有可能导致土地质量、用途等发生改变。如果存在事前的预期不确定性，并且这种改变及其风险又是承包农户难以接受的，无疑会提升农户对土地"持有"价值的评价。于是，要么交易受到抑制，要么缔约是可以随时变更的，从而选择口头契约、非期限契约或者短期契约。

农村土地的承包经营权应该从福利性赋权转向财产性赋权。赋予农户充分而有保障的土地权利，发育和完善土地承包经营权流转市场，鼓励有经营能力行为主体参与农地流转并改善价格（租金）的生成效率，提升农民获得相应财产性收益的预期稳定性，土地流转的契约化与规范化才有可能成为常态。

参考文献

［1］Coase R. The nature of the firm［J］. Economica, 1937, 4 (4).

［2］Crawford V. Long-term relationships governed by short-term contracts［J］. American Economic Review, 1988, 78 (3).

［3］Grossman S Hart O. The costs and benefits of ownership: a theory of vertical and lateral integration［J］. Journal of Political Economy, 1986 (94).

［4］Grout P. Investment and wages in the absence of binding contracts: a nash bargaining approach［J］. Econometrica, 1984 (52).

［5］Guriev S, Kvasov D. Contracting on time［J］. American Economic Review, 2005, 95 (5).

［6］Hart O, Holmstrom B. The theory of contracts［M］// Bewley T, ed. Advanced in economic theory. Cambridge: Cambridge University Press, 1987.

［7］Hart O, Moore J. Incomplete contracts and renegotiation［J］. Econometrica, 1988 (56).

［8］Hart O, Moore J. Property rights and nature of the firm［J］. Journal of Political Economy, 1990, 98 (6).

［9］Hart O, Moore J. Contracts as reference points［J］. Quarterly Journal of Economics, 2008, 123 (1).

［10］Klein B. Transaction cost determinants of "unfair" contractual arrangements［J］. American Economic Review, Papers and Proceedings, 1980, 70 (2).

［11］Klein B, Crawford R, Alchian A. Vertical integration, appropriable rents and the competitive contracting process［J］. Journal of Law and Economics, 1978 (21).

［12］Masten S E, Crocker K J. Efficient adaptation in long-term contracts:

take-or-pay provisions for natural gas [J]. American Economic Review, 1985, 75 (5).

[13] Mises L V. Human action: a treatise on economics [M]. New Haven: Yale University Press, 1949.

[14] Place F, Roth M, Hazell P. Land tenure security and agricultural performance in africa: over view of research methodology in searching for land tenure security in africa [J] // Bruce J W, Migot-Adholla S E, eds. Dubuque, Iowa. U. S. A.: Kendall/Hunt, 1994.

[15] Scott J. The moral economy of the peasant [M]. New Haven: Yale University Press, 1976.

[16] Tirole, Jean. Procurement and renegotiation [J]. Journal of Political Economy, 1986, 94 (2).

[17] Williamson O E. The Economic institutions of capitalism: firms, markets and relational contracting [M]. New York: The Free Press, 1985.

[18] Williamson O E. Transaction-Cost economics: the governance of gontractual relations [J]. Journal of Law and Economics, 1979 (22).

[19] Williamson O E. The mechanism of governance [M]. New York: Oxford University Press, 1996.

[20] 费方域. 企业的产权分析 [M]. 上海: 上海三联书店, 2006.

[21] 刘文勇, 张悦. 农地流转中农户租约期限短期倾向的研究: 悖论与解释 [J]. 农村经济, 2013 (1).

[22] 罗必良, 李尚蒲. 农地流转的交易费用: 威廉姆森分析范式及广东的证据 [J]. 农业经济问题, 2010 (12).

[23] 项桂娥, 陈阿兴. 资产专用性与农业结构调整风险规避 [J]. 农业经济问题, 2005 (3).

[24] 肖文韬. 交易封闭性、资产专用性与农村土地流转 [J]. 学术月刊, 2004 (4).

[25] 徐珍源, 孔祥智. 转出土地流转期限影响因素实证分析 [J]. 农业技术经济, 2010 (7).

[26] 杨其静. 从完全合同理论到不完全合同理论 [J]. 教学与研究, 2003 (7).

[27] 杨瑞龙, 聂辉华. 不完全契约理论: 一个综述 [J]. 经济研究,

2006（2）.
- [28] 姚洋. 农地制度与农业绩效的实证研究［J］. 中国农村观察，1998（6）.
- [29] 叶剑平，蒋妍，丰雷. 中国农村土地流转市场的调查研究［J］. 中国农村观察，2006（4）.
- [30] 张五常. 佃农理论［M］. 北京：商务印书馆，2000.
- [31] 钟文晶，罗必良. 禀赋效应、产权强度与农地流转抑制［J］. 农业经济问题，2013（3）.
- [32] 钟涨宝，汪萍. 农地流转过程中的农户行为分析——湖北、浙江等地的农户问卷调查［J］. 中国农村观察，2003（6）.

以合约治理合约：
思想模型及案例阐释①

一、问题的提出

香港恒兴食品有限公司是香港一家以养猪业为主业的企业。伴随着香港产业的升级与用地及环保压力的剧增，企业需要寻找新的发展空间。广东省惠州市惠东县是一个经济发展相对缓慢的农业县。1997年，广东省惠东县到香港招商引资。由于香港恒兴食品有限公司的董事长何新良（1974年到香港谋生，从事生猪屠宰）是惠东县白花镇莆田村人，同时因为惠东存在充足而廉价的土地与劳动力资源，且交通条件尚为便利，于是积极响应，在莆田村百岭村民小组（自然村）筹建成立了广东东进农牧股份有限公司（简称"东进公司"或者"公司"）。

东进公司承租了百岭村全部2729亩土地。主营原香港恒兴食品有限公司的优势产业——养猪业。随着时间的推移，东进公司的产业覆盖了良种种猪繁育、瘦肉型生猪饲养、屠宰、肉制品深加工、优质饲料加工、果蔬种植、淡水养殖、"菜篮子"便利店等。形成了产、供、销一条龙（饲料加工—种猪繁育—生猪饲养—环保养殖—绿色果蔬—生猪屠宰—冷链加工运输—肉制品深加工—自营连锁菜篮子便利店）的农牧产业链。

土地租用合约是以自然村为单位，由公司与村委会签订，租期为30年，租金按每年每亩1000斤稻谷的市价折算现金，并直接支付给农户（当时大约是400元，以后根据谷价调整）②。公司将分散于农户的土地集中起来，经营活动由家庭经营全部转化为企业化经营。公司承诺安排全村

---

① 本文初稿发表于北京天则经济研究所主编《中国制度变迁的案例研究（第八集）》（执行主编张曙光、刘守英），中国财政经济出版社2011年版；修改稿以"合约理论的多重境界及其现实演绎：粤省个案"为题，发表于《改革》2012年第5期。

② 当初的协议是每3年调整一次租金，且以3年内最高谷价来调整。但调查中农户反映实则是多年未曾调整。

劳动力就业，但村民可自由选择是否进入公司工作。工人的基本月薪为800元，超额完成任务有奖。

公司始终坚持对村民的土地只租赁不征用亦不入股的方式进行企业化经营。即使在随后将养猪场或者种猪场扩展到周边多个自然村，其每年每亩的土地租金都控制在1000斤稻谷的市价水平。

东进公司的土地租赁在本质上即为学界所说的"反包倒租"。"反包倒租"的基本做法是由集体经济组织出面，将农民的承包地租过来，然后再出租给外来公司、大户，或是在进行一定投资后再将其"倒包"给本村的部分农户或其他的农业经营者。

"反包倒租"自其产生开始就一直受到人们的质疑（陈锡文，2002；段应碧，2002；张红宇等，2002）。主要的批评包括两个方面：一是大企业、大资本替代小农户后，农民失去赖以生存的土地又缺少就业机会的问题；二是集体的代理人利用权力强制反租，通过合谋倒包，压低农户的土地租金，从而引发寻租以及诸多矛盾和冲突。（李彦敏，2005）据报道，2008年我国农地流转总面积超过1亿亩，占全国承包耕地总面积的8.6%。农地流转主要以转包出租为主，占总流转面积的78%以上。在农户之间进行的农地流转占64%，受让方为企业等其他主体的已占到36%。然而，调查表明有80%的农地流转发生过利益纠纷。（农博网，2009-04-01）2008年全国农村基层土地承包管理部门受理的土地承包经营权纠纷有15万件。（人民网，2009-06-29）有人特别强调，签署长期土地租约的"反租倒包"需要慎之又慎，否则变数无穷。（张红宇等，2002；周立群、曹利群，2002）[①]

事实上，在"反租倒包"的制度背景下，绝大部分企业承租土地，投资农业，是追求获利机会和开辟新的利润空间所致，倘若在农业形势好转，尤其是在可以预期的期限内，这种增长和发展的机会与空间是存在的，企业、社区和农户的利益都容易得到妥善处理。然而，生产和经营的不确定性，尤其是产品需求与市场的不确定性，使农业经营充满了变数和风险。事实上，在土地承租的过程中，事后的机会主义经常成为纠纷的根源。

---

① 所有的讨论，包括本文，都是置于"农地集体所有制"这个大背景下展开的。本文不讨论松动甚至变革所有制的情形。

可以认为，东进公司与百岭村的土地租约是不稳定的。但是，一项不稳定的合约却延续了 10 多年，公司由一个一条生产线的饲养场逐步发展成为拥有 7 家子公司的农牧业集团公司，并分别于 2001 年、2002 年、2004 年被评为市级、省级、国家级农业龙头企业。2008 年总资产达 1.91 亿元、年产值 3.93 亿元。与此同时，村民的年收入也由 1997 年前的户均 1500 元达到了 2008 年的人均 8000 元以上，且 10 多年来没有一户村民上访、闹事。

虽然，企业与农户的合作不乏成功的典型，合作失败则是更为普遍的现象，但至少在目前看来，东进公司与百岭及周边村庄的合作是成功的。

我们的问题是：一项不稳定的合约是如何得以存在并延续的？

本文分为五个部分。第一部分是背景说明与问题的提出；第二部分是一个简要的文献梳理，并阐明了本文的思想模型；第三部分在简要评论商品合约与要素合约的基础上，介绍了东进公司与农户的合作是如何从"订单农业"走向"土地承租"的；第四部分揭示了土地承租之关系型合约的不稳定性，进一步分析了东进公司的合约维护方式及所存在的问题；第五部分阐明了以合约匹配合约、以合约治理合约的创新性治理策略；第六部分是进一步的讨论。

二、文献梳理与思想模型

从 20 世纪六七十年代以来，合约理论（contract theory）一直是经济学界非常活跃的前沿研究领域。其研究的核心问题有两个：一是不对称信息下的收入转移；二是不同风险态度的当事人之间的风险分担。（Hart and Holmstrom, 1987）总的来说，合约理论大体可分为完全合约理论和不完全合约理论两大流派（王勇，2002；杨其静，2003；杨瑞龙、聂辉华，2006；帕特里克·博尔顿，2008）。

（一）完全合约理论

所谓完全合约，是指缔约双方都能完全预见合约期内所有可能发生的意外事件，且愿意遵守双方所签订的合约条款，而当合约方对合约条款产生争议时，第三方（比如说法庭）能够强制其执行。完全合约在事前规定了各种或然状态下当事人的权利和责任，问题的重心就是事后的监督问题。

完全合约理论直接被看成委托—代理理论或激励理论的代名词。其中，逆向选择模型、道德风险模型、信号模型几乎成为多数研究的关键（张维迎，1996；让－雅克·拉丰、大卫·马赫蒂摩等，2002；贝尔纳·萨拉尼耶，2008），关注的核心是当事人之间的信息不对称（杨其静，2003）。于是，完全合约理论研究的基本问题就是：是否存在最优契约？如何设计最优契约？也就是说，委托人如何通过设计一项有激励意义的合约达到控制代理人的目的，即委托人如何选择或设计最优的契约来解决委托人与代理人目标或动机冲突。（陈志俊，2000；贾明德、李灵燕，2002）其中，代理人参与约束及激励相容约束成为合约设计的两个基本准则。

可以认为，完全合约理论从来没有打算在合约之外寻找解决问题的途径。一方面，如果代理人的参与需要一定成本的话，有可能没有任何类型的参与人来参与（Salanie，1996）；另一方面，没有从根本上跳出传统的阿罗—德布鲁模型：契约不仅是完备的，而且契约的签订和执行费用被忽视，财产权及其配置仅仅作为给定的外生变量而存在（杨其静，2003）。

（二）不完全合约理论

所谓不完全合约，是指合约无法在事前毫无遗漏地规定当事人在未来所有可能承担的权利和义务，或者不存在一个公正的第三方可以无成本地保证契约得以执行。（Hart and Holmstrom，1987）由于不能规定各种或然状态下当事人的权利和责任，所以不完全合约理论主张在自然状态实现后通过再谈判来解决，因此重心在于对事前的权利（包括再谈判权利）进行机制设计或制度安排。（杨瑞龙、聂辉华，2006）

科斯（1937）在他的经典论文中曾指出："由于预测方面的困难，有关商品或劳务供给的契约期限越长，对于买方来说，明确规定对方该干什么就越不可能，也更不合适。"由于不可预见性、不可缔约性、不可证实性（Tirole，1999），现实中的契约总是不完全的。

以威廉姆森（1979）为主要代表的交易费用经济学虽然对交易费用与合约不完全性给予了高度重视，而且还对各种组织的形成有很强的解释力，但是"对权力是重要的观点或者制度安排是对经济主体之间权力配置设计的重要性的观点未能给予足够的关注"。也就是说，交易费用理论忽视了对组织内部"权力"来源的考察，也没有系统研究组织内部权力应该如何配置。（杨其静，2003）鉴于此，格罗斯曼和哈特（Grossman and Hart，1986）以及哈特和莫尔（Hart and Moore，1990）构建了一个所有权结构的模型。GHM模型通过引入剩余控制权的概念，在交易费用理论的基础上，从产权和激励的角度重新审视了一体化的成本和收益，利用一阶方法和博弈论建立了一个严密的形式化分析框架，成功地将不完全契约理论和产权理论相结合，构建了一个强有力的"新产权理论"。

然而，GHM理论对交易费用经济学中套牢问题的研究和分析，首先就遭到交易费用学派的批评。威廉姆森（Willamson，1996，2000）认为，GHM理论将所有无效率都归结为人力资本事前投资的扭曲，而不是契约执行过程中的不适应性，并且还通过零成本的再谈判假设而将事后的不适应性蒸发掉了。即GHM理论仅片面强调契约的事前激励功能，而忽视了交易关系中的治理活动是一个连续的过程，从而忽视了契约的事后适应性功能（杨其静，2002）。理论基础不坚实、过于依赖人对资产专用性的假设、难以解释授权问题，是GHM理论时常受到质疑的几个关键问题。（聂辉华，2011）

早期的不完全合约理论通常将合同的不完全性视为外生，认为由于存在某种交易成本，参与者无法缔约一份依赖所有自然状态的完全合约，由此出发，大多研究主要是考察事后利润分配的谈判对事前专用性投资激励的影响，进而构建最优的产权结构。（Grossman and Hart，1986；Hart and Moore，1990；Chiu，1998）由此，大量的所谓不完全合约理论的研究，实际上是将由不完全合约引起的效率问题诉诸如另一种类型的合约（黄凯南，2010）。在这个意义上，有关的研究并未关注不完全合约本身，而是更关注完全合约，关注如何用完全合约替代不完全合约。

近年来的研究已经重视了合约不完全的内生化问题（Anderlini et al.，2004；Hart and Moore，2008；Tirole，2009；Bolton et al.，2010）。一类研究是坚持完全理性假设，从不同层面来论证不完全合约是参与者理性选择的结果。许多研究表明，当环境趋向复杂或者缔约成本与执行成本过高时，最优的合同可能趋向于简单的合同或者没有合同的君子协定。（Horn et al.，2010）另一类研究则尝试放松完全理性假设，通过有限理性前提下参与者在信息搜寻的认知成本和收益之间的权衡，以揭示不完全合同的内生性。然而，这些分析模型在本质上却是一种更加复杂的理性选择模型

（例如，Pagano，2007），如是，这样的不完全合约在本质上依然是完全的（黄凯南，2010）。

可见，不完全合约理论研究的结果是，解决不完全合同问题，要么就是"不解决"（将合同简单化，或者干脆"口头化"而不用合约），要么就是怎样找到一个更为完全（理性权衡）的合约。同样，不完全合约理论亦没有打算在合约之外寻找解决问题的途径。

（三）以合约治理合约：一个思想模型

与前面合约理论的主流不同，有一类研究更关注合约与合约之间的交互关系（Ellison，1994；Schmidt and Schnitz，1995；Lazzarini et al.，2004）。因为在商业交易中，正式契约安排与非正式契约安排往往是同时使用的。对这两类契约交互作用的分析被认为是合约理论研究的一个新领域（吴德胜、李维安，2010）。

Corts 和 Singh（2004）间接地验证了非正式契约与正式契约之间的替代关系：交易频率的提高降低了交易方对正式契约的使用；Ryall 和 Sampson（2009）以企业之间的技术研发为样本，发现重复交易会促使企业签订一个更详细、更正式的契约，也间接地得出正式契约与非正式契约之间是互补的这一结论。Poppo 和 Zenger（2002）则通过信息服务业的调研数据验证了非正式契约与正式契约之间的互补关系：契约复杂程度的增加使得交易者更加依靠非正式治理机制，反之亦然；而且在解释交易绩效上非正式契约和正式契约是相互补充的。Lazzarini 等（2004）通过实验考察了交易频率和契约成本对契约选择的影响，与上面文献不同的是，他们进一步直接验证了非正式契约与正式契约之间的互补关系：正式契约和非正式契约的联合使用比单独使用更有效。吴德胜、李维安（2010）的研究进一步表明：当契约成本较低时，正式契约的引入起到替代非正式契约的作用，即存在着挤出效应；当契约成本较高时，正式契约补充了非正式契约；当契约成本很高时，正式契约的引入不影响交易方对非正式契约的选择。

上述文献关注了契约交互关系与契约选择之间的关系。尽管这类的"交互关系理论"主要在阐明契约间的替代关系，但没有说明一项不完全的合约是如何被实施和运行的，但其所表达的"互补"性合约匹配思想能够给我们以启发。

我们关注的问题是：当一项不完全合约面临高契约成本时，它是否依然有被执行或运行的可能性（而不是被替代）。

本文的回答是可能的。

我们的理论可以形象地称之为"补丁理论"——在计算机领域中，许多操作程序由于设计上的不完全，在后期或者使用后被发现存在问题或漏洞（俗称为"BUG"）就需要进行修复。补丁就是专门修复这些 BUG 并使之完善而编制的小程序——假定一个有漏洞的软件（相当于不完全合约），我们既不讨论怎样将它拆分重新编制为完美的程序（相当于完全合约理论），也不打算怎样替换一个新软件或者干脆放弃不再使用（相当于不完全合约替代理论）。我们的目的是要讨论，通过"打补丁"的方式使得"BUG"问题得以解决。换成标准的说法是，通过匹配新的合约，使得原有的不完全合约成为可执行。这就是本文所强调的"以合约治理合约"的核心思想。

具体地，假定契约 A 为一项不完全合约，且存在合约效率损失，那么，在不改变契约 A 的前提下，引入契约 X，则可实现总体合约安排的效率改善。

首先，假设有两个"契约人"，一个契约供应者 is 和一个契约需求者 id。在"契约商品"达成一致（即契约执行）前，双方都不清楚该契约在"质量"上存在不足之处。若要改进该"商品"的"质量"或使该契约的不完备性得以改善，则会耗费契约供应者 is 一定量的信息搜寻成本 SC；另一方面，契约需求者 id 可以在契约实施前通过"产权专用性投资"来提高"契约商品""质量改善"的程度，假设发生该行为的概率为 q。例如，id 进行专用性资产投入，形成一种协约成本 $CC(q) = q^2/2$。此时，is 能观察到 id 所做的专用性投资水平，却不能为第三方所证实，因而双方不能将不完备之处写入契约之中。另外，我们假定 id 因"契约商品""质量改善"获取的租金为 $\overline{IR}$。它是一个二元的随机变量：

$$\overline{IR} = \begin{cases} IR, & q \\ 0, & 1-q \end{cases}$$

接着，我们讨论供求双方就"契约商品"达成一致意见的完全契约模型。此时，协约双方信息完全对称，契约的不完全性消失，他们的最优选择最终成为该"二人世界"的社会最优化决策行为。因此，帕累托最优的社会福利 W 最大化的期望值为：

$$\max_q E(W_o) = q(IR - SC) + (1-q)(0-0) - CC(q)$$

其一阶导数条件为：

$$\frac{\partial E(W_o)}{\partial q} = (IR - SC) - q = 0$$

从而有：

$$q^* = IR - SC$$

那么，最大社会福利水平为：

$$E_{\max}(W_c^*) = \frac{(IR - SC)^2}{2}$$

最小化交易费用为：

$$tc_{\min}^* = SC + \frac{(IR - SC)^2}{2}$$

然后，进一步分析不完全契约的情况。信息的非对称性与未来的不确定性促使协约双方就契约条款进行协商谈判。而且，若双方不能达成共识，契约的不完全性就无法得到改善。因此，我们借助纳什谈判解法计算期望净租金均分下的契约供求双方的最优策略。一方面，契约需求者的期望净租金最大化表示为：

$$\max_q E(NR_{id}) = \frac{1}{2}[q(IR - SC) + (1-q)(0-0)] - CC$$

由一阶条件 $\frac{\partial E(NR_{id})}{\partial q} = \frac{1}{2}(IR - SC) - q = 0$，从而有：

$$q^{**} = \frac{IR - SC}{2}$$

那么，契约需求者的最大期望净租金为：

$$E(NR_{id}^{**}) = \frac{(IR - SC)^2}{8}$$

此外，契约供应者的最大期望净租金等于前者的总租金，即：

$$E(NR_{is}^{**}) = \frac{1}{2}[q^{**}(IR - SC) + (1-2)(0-0)] = \frac{(IR - SC)^2}{4}$$

这样，社会总福利的期望值为：

$$E(W_n^*) = E(NR_{id}^{**}) + E(NR_{is}^{**}) = \frac{3(IR - SC)^2}{8}$$

此时的交易费用最小值为：

$$tc_{\min}^{**} = SC + \frac{(IR - SC)^2}{2}$$

再次，我们尝试构建一个"契约治理契约"的制度匹配模型。契约供求双方同意制定一体化协议并由原契约需求者 id 拥有剩余租金 IR，但需承担原契约供应者 is 一半的 SC。此时，原契约需求者 id 得最大期望租金为：

$$\max_q E(NR'_{id}) = [q \cdot IR + (1-q)SC/2] - CC$$

但是，尽管 is 的一半由 id 分担，其租金全部转让给后者。假定让原契约供应者 is 至少能得到一份保留租金 $\bar{R}$，那么他才会接受这份契约。换言之，需要在原契约 A 基础上，再增加一份补偿契约 X 以匹配：

$$E(N'_{is}) = q(0 - SC) + (1-q)\frac{SS}{2}$$

按照上述逻辑，问题转换为一个 id 在契约 X 约束下的最大化 $E(NR'_{id})$：

$$\begin{cases} \max_q E(NR'_{id}) = [q \cdot IR + (1-q)\frac{SC}{2}] - \frac{q^2}{2} \\ s.t.\ q(0 - SC) + (1-q)\frac{SS}{2} - \bar{R} \geq 0 \end{cases}$$

建立拉格朗日函数：

$$L(q, \lambda) = [q \cdot IR + (1-q)\frac{SC}{2} - \frac{q^2}{2}] + \lambda[q(0 - SC) + (1-q)\frac{SS}{2} - \bar{R}]$$

由 Kuhn-Fucker 定理得上式的一阶条件：

$$q^{***} = IR - \frac{SC}{2}(1 - 3\lambda), \quad \lambda > 0$$

从而得到社会总福利期望：

$$E(W_g^{***}) = (IR - \frac{1-3\lambda}{2}SC)(IR - \frac{3}{2}SC) - \frac{1}{2}(IR - \frac{1-3\lambda}{2})^2 + \frac{1}{2}SC$$

此时的交易费用为：

$$tc_{\min}^{***} = SC + \frac{1}{2}(IR - \frac{1-3\lambda}{2})^2$$

最后，通过比较不完全契约模型与契约治理契约模型的制度绩效大小来阐释契约匹配的机制。

这里，我们定义制度绩效为社会总福利的边际交易费用，即：

$$\frac{\partial tc}{\partial E(W)} = \frac{\partial tc}{\partial q} \cdot \frac{\partial q}{\partial E(W)}$$

它表示每增加一单位的剩余租金所耗费的单位交易费用。该边际值越大，则制度绩效越低：

(1) $\dfrac{\partial tc^{**}}{\partial E(W^{**})} = \dfrac{q^{**}}{2} \dfrac{2}{3q^{**}} = \dfrac{1}{3}$

(2) $\dfrac{\partial tc^{***}}{\partial E(W^{***})} = q^{***} \cdot \dfrac{1}{IR - \dfrac{SC}{2} - q^{***}} = \dfrac{q^{***}}{IR - \dfrac{SC}{2} - q^{***}}$

由反证法假设有：

$$\frac{\partial tc^{**}}{\partial E(W^{**})} = \frac{1}{3} < \frac{q^{***}}{IR - \frac{SC}{2} - q^{***}} = \frac{\partial tc^{***}}{\partial E(W^{***})}$$

从而解得不等式为：

$$\lambda < \frac{2(\frac{IR}{SC}) - 1}{4} \text{ 且 } \lambda < 0$$

而理性的契约供应者必然要求参与协约的条件是 $IR \geqslant SC$，因此有：

$$\frac{1}{4} \leqslant \frac{2(\frac{IR}{SC}) - 1}{4}$$

从而有：$\lambda < 0$

又因为已知 $\lambda > 0$，所以原假设不成立。因此：

$$\frac{\partial tc^{***}}{\partial E(W^{***})} < \frac{\partial tc^{**}}{\partial E(W^{**})}$$

换言之，以契约治理契约的制度匹配机制在制度绩效上要优于不完全契约。

三、从商品合约到要素合约：东进公司初期的实践

（一）两类合约及其评论

众所周知，科斯由于不满新古典经济学家将企业当作生产函数的做法，于是开先河地提出了这样的问题：如果市场能够有效地配置资源，企

业为什么存在？他的回答是，市场配置资源是有成本的，企业的存在是因为它能够实现"用一种契约取代一系列的契约""用长期契约取代短期契约"，结果使得契约的数量大为减少。张五常（1983）进一步阐释和发展了科斯的思想。他认为，企业取代市场实质上是契约种类的替代，要素契约取代了商品契约才是科斯论文的真谛。詹森、麦克林（1976）则将包括企业在内的组织定义为，本质上是一系列契约关系的联结（nexus）。自此，从契约的角度来研究企业或组织，尤其是关于契约类型和契约安排的研究，已经发展成为一个引人注目的理论分支。阿尔奇安、德姆塞茨（1972）也属于此列。但是，他们认为，要素契约和商品契约之间并没有任何差异。这个结论招致了广泛的批评（周立群、曹利群，2002）①。

在农业产业化进程中，"公司+农户"是一类重要的组织形式。公司与农户的合约关系主要有两种形式：一是商品合约，二是要素合约。

对于商品合约，最典型的形式被称为"订单农业"。其基本的方式是龙头企业与农户签订合同，并按照市场价格收购农产品。更复杂一点的契约可能会规定最低保护价格或者规定契约收购价格高于市场价格的比例，企业也有可能按照契约要求提供一定的技术或者是生产资料。在所有商品契约中，龙头企业和农户都是独立的市场主体，农户家庭仍拥有对生产的部分剩余控制权，并且在生产过程中不存在外在的监督者。

要素合约最典型的形式是由企业进行的"反租倒包"。其通行的做法是，企业先租用农户现有的土地使用权，再把依附于土地上的农民变为土地上的工人。企业拥有完全的剩余索取权和剩余控制权。企业雇佣农民进行生产，在监督的基础上确定其工资水平。在这种契约形式下，农民获得两部分收入，一是转让土地使用权的租金，二是劳动的工资。通过这种形式的契约，企业可以直接支配和配置农户的土地和劳动力要素，并在统一的指挥和监督下组织农产品的生产及加工。

基于农产品市场存在风险且市场价格低于合约价格的假定②，周立群等（2002）认为龙头企业的"声誉机制"与专用性投资能够保证商品契约完全有可能在长期内稳定，进而认为商品合约优于要素合约。同样，对巴西、墨西哥、南非及波兰等国家有关订单履约的研究成果亦表明，信誉

---

① 我们认为将二者割裂的"两分法"讨论是不恰当的。
② 这显然是非常弱的假定。

与专用性资产的投入对于提高订单履约率有很大影响（Frank，1992；Little et al.，1994；Hennessy et al.，1999；Goodhue，1999；Hobbs，1999；Eaton，2001；Boger，2001；Dorward，2001；Key et al.，2003；等等）[①]。

然而，所有这些研究的一个共同缺陷是假定合约中所交易的农产品是同质的，或者其产品质量是易于考核与评价的。当龙头企业形成专用性投资后，恰恰是农产品的异质性、质量维度的多样性所决定的高昂考核成本，极易导致农户履约的机会主义行为，并易于引发农产品合约交易的"柠檬市场"[②]。（罗必良，2008）事实上，我国订单农业的违约率高达80%（刘凤芹，2003）。

（二）从"订单农业"到土地承租：东进公司的选择

东进公司的董事长何新良 1997 年回老家投资时，起先是收购了惠东县肉联厂，从事生猪的收购、屠宰、肉制品加工，并利用原有的香港恒兴食品有限公司作为对接平台展开对港贸易。由于价格波动与生猪供给的不稳定，使得东进公司的经营活动受到很大影响。于是，东进公司开始考虑"公司+农户"的订单式合作。

在东进公司进入之前，百岭村已经有一位庄姓的香港人带着几个朋友建立了一个"连心猪场"，但由于没有控制好仔猪的来源，导致经常发生疫病；直接收购市场上的生猪，由于来源广泛，难以进行疫病检测，无法保证屠宰肉的品质，使得猪场连年亏损直至倒闭。

通过吸取"连心猪场"的教训，东进公司选择了自建种猪场向农户提供仔猪、自建饲料厂向农户提供饲料、统一提供防疫药物与技术指导，以及"订单收购"和"保底利润"的"公司+农户"合作方式。合约规定，公司收购签约农户饲养的出栏生猪，在扣除农户向公司购买仔猪、饲料与防疫药物的支付以外，保证每头生猪赢利不低于 50 元，如低于 50 元则由公司补贴。

---

① 同样我们认为，谁优谁劣的争论亦没有意义。因为：一是不同的合约对交易环境的适宜性各有不同；二是在有些条件下，二者可能相互发挥作用并构成互补。后文将对此做进一步的分析。

② 即使是双方形成互补性的专用性资产，或许合约是稳定的，但关于产品质量的考核及达成价格的"一致同意"依然面临高昂的成本，也就是说合约的维护费用会较高。这是由农业及其产品的特性所决定的。

实践表明，上述订单式的商品合约很快受到了挑战，出现了防疫难、农户违约等多种问题：

（1）由于农户均是小规模、兼业化养殖，猪场与设施标准、技术标准难以保证，生猪疫病与死亡情况经常发生。

（2）当生猪市场行情好的时候，大量的签约农户以生猪死亡为借口向其他收购商高价出卖。

（3）当生猪市场不景气的时候，签约农户则要求公司保证按照其基本赢利标准收购；更严重的情形是，农户常常从周边低价购买没有质量保证的肉猪再要求公司保利收购。

（4）在公司承诺"保底利润"的前提下，农户为了降低成本，会尽量减少防疫药物的支出，导致疫病难以控制。

（5）由于质量检测十分困难，农户常常私自从市场上购买低标准的廉价饲料进行饲养，使得公司收购生猪的品质无法保证。

（6）即使公司与单个农户的签约存在一定的费用，但由于与多个农户合约的可复制性，可以认为整个的"签约成本"并不显著。问题是，由于农户是分散的，公司几乎无法对农户的饲养行为进行有效监督。因此，公司面临的"履约成本"或"履约风险"是极为高昂的。

"订单收购、保底利润"使东进公司陷入了困境：

（1）通过香港恒兴食品有限公司对接的输港猪肉由于质量问题受到阻隔，并影响到何新良两家企业的声誉。

（2）东进公司常常处于"被要挟"的不利地位。由于公司投资的种猪场、种苗繁育场、饲料厂、屠宰加工生产线、肉制品加工设备、冷藏库房具有很强的资产专用性，从而使得公司：一方面难以有效利用"退出威胁"约束农户履约，因为不收购违约农户的生猪，要么导致资产闲置或开工不足（支付沉淀成本），要么从市场上随行就市采购（承担市场价格风险与质量安全风险）；另一方面，签约农户在行情不好的时候可以利用合约施压公司"保底利润、订单收购"，在行情好的时候则可以通过"退出威胁"要挟企业支付高价格。

（3）关键在于公司对违约农户的"退出威胁"是难以置信的。一是导致公司生猪供应的不稳定性。二是由于监督的有限性，公司难以识别违约行为，进而难以选择威胁对象。三是农户饲养的规模小，易于在市场上将产品出手；而极少的投资几乎不可能产生投资锁定，特别是在农户兼业化的情形下，公司退出合约的威胁力更是极为有限。

正是在上述背景下，东进公司从2000年开始考虑筹办自己的标准化猪场，以满足公司贸易所需。

2002年，东进公司通过承租百岭村2729亩土地，建成了一个现代化的养猪场（目前公司将此称之为"东进一线"），形成了包括良种种猪繁育、瘦肉型生猪饲养与屠宰、肉制品深加工、优质饲料加工，产、供、销一条龙的农牧产业链。2004年，公司通过了冰鲜猪肉出口认证，并获得了香港的官方订单。2005年，东进公司成功注册为供港澳活猪饲养场。

四、土地承租：合约不稳定性及其维护

要素合约通常被理解为纵向一体化（企业化）。但"反租倒包"尽管取代了商品合约，由于土地要素是租用农户所承包的土地，其所形成的土地要素合约并不单独由企业理论中的"权威"决定。不仅如此，"反租倒包"要求企业承诺雇佣依附于土地要素的农民，其工资水平既取决于当地劳动市场、企业的"权威机制"，同时也与土地市场（土地承租租金）密切相关。

因此，东进公司的土地承租及其要素合约可以视为"关系型合约"，并具有不稳定性。

（一）关系型合约及其不稳定性问题

Williamson（1979）把关系型契约（relational contract）的思想引入交易成本经济学中，而Grossman和Hart（1986）、Hart和Moore（1990）提出的不完备契约概念（incomplete contract）则解释了关系型契约的存在空间。简单地说，由于契约条款的无法证实性、未来状态的无法预测性以及未来状态的无法描述性，交易方只能满足于签订一个具有灵活性和适应性的关系型契约。正式契约必须在事前用事后可以证实的条款详细地加以规定，而在关系型契约中交易方只能依靠重复交易下的激励和惩罚机制来保证交易方的合作行为，如果一方有欺骗行为，另一方将会实施惩罚，例如中断交易关系（退出威胁）。因此，二者最大的区别在于关系型契约不能由第三方（法庭或其他中介）来执行。由于关系型契约的实施依赖环境的变化，因而契约的稳定性相对较差。

关系型契约的稳定性依赖于未来的贴现率、合作项目价值变动范围的大小［亦即 Williamson（1979）所说的不确定性的程度］、合作项目替代性（alternative）用途价值的大小（吴德胜，2008）。贴现率越大，未来的价值与现在从履约中得到的当前收益相比较小，因此交易方有动机去违约；合作项目价值变动范围越大（不确定性越大），交易方违约的诱惑就越大；合作项目替代性用途价值越大，也就是说专用性程度较低，交易方就越不容易套牢于契约中，契约的稳定性也越差。

Gibbons（1997）用一个无限期的重复博弈模型分析了双边关系型契约的稳定性，吴德胜（2008）在此基础上做了进一步的拓展。我们将其应用于东进公司与农户要素合约的稳定性分析。

假定：交易方 A（东进公司）首先选择合作（租用农户的土地以及雇佣农民进场就业），随后 B（农户）如果选择合作（租出承包地或者进场就业），A 即选择合作，否则选择不合作。每期的贴现率为 r。

现在的问题是：如果 A 选择合作，B 是选择履约还是选择违约？

情形 1：确定性情况下。

假设 B（农户）选择履约从合作中得到的收益为 C，选择违约得到的当期收益为 D。假定农户在以前的合约关系中形成了专用性资产，那么遭到"退出威胁"后的收益为 P。存在 $D>C>P$。

农户选择合作的收益流为 $(C, C, C, \cdots)$，选择违约的收益流为 $(D, P, P, \cdots)$。农户只有合作带来的收益大于违约的收益时才会选择履约，即：

$$C + \frac{C}{r} > D + \frac{P}{r}$$

事实上，农户的合作收益 C 包括在东进公司的打工收入（W）以及土地的出租收入（R）中。在确定的条件下（农户务农收入低、非农就业机会少、土地难以流转或出租等），农户的理性选择是履约。

整理上式得：

$$0 < r < \frac{C-P}{D-C} = r^*$$

当 $r < r^*$ 时，关系型契约是稳定的。当 r 越小，也就是说农户越看重未来的收益，就越倾向于履约（以后每期得到 $C-P$），而不是违约（当期得到 $D-C$，以后每期得到 P）。

情形 2：存在不确定性。

进一步分析不确定性情形下的合约稳定问题。与前述相对应，农户选择履约与违约的收入流分别为：$(C_1, C_2, C_3, \cdots)(D_1, P_2, P_3, \cdots)$；$E(C_t) = C$，$E(P_t) = P$。为了分析上的简化，假设农户是风险中性的，他们只关心期望收益，而不考虑收益的风险，于是，交易关系的稳定条件就变为：

$$C_1 + \frac{C}{r} > D_1 + \frac{P}{r}$$

整理得：

$$r < \frac{C - P}{D_1 - C_1} = r^*$$

与确定情形下不同的是，这里合约关系的稳定条件就取决于 D_1 和 C_1 的极端值，即 D_1 的上确界 $\text{Sup}D_1$ 和 C_1 的下确界 $\text{Inf}\,C_1$。即：

$$r < \frac{C - P}{\text{Sup}D_1 - \text{Inf}C_1} = r^{**}$$

如果上式得不到满足，农户就有充分的动机去违约。在极值条件下，$r^* > r^{**}$，显然合约是不稳定的。

考虑不确定性问题：①随着非农产业的发展，农户有更多的非农就业机会，农户易于对合约条件下的 W 产生不满意。②伴随着工业化城镇化进程以及工商资本进入农业，土地越发稀缺，土地租金不断上涨，进而对合约条件下的 R 表达不满。③农民的人力资本积累与农业分工的改善，部分农户的务农收入可能提高。更重要的是，农户在以前的合约关系中并未形成专用性资产，因而 P 值不会发生显著下降。

因此，在不确定的条件下，农户要么退出合约，要么以"要挟"的方式不断提出工资与地租的上涨要求。所以，东进公司的"反租倒包"或者说与农户的关系型要素合约是不稳定的。

（二）合约治理：对不稳定合约的维护

1. 初期的治理："补偿"机制

一个特殊因素是，养猪场具有一定的投资门槛，有较为明显的规模经济性要求，通常年生猪出栏量在高于 2000 头、年储栏量达到 1000 头的情形下才会有一定的经济效益。但是，生猪的规模化养殖必定引发环境污染问题，其猪粪的味道令人难以忍受。所以，在许多地方经常发生养猪场与周边村民的冲突。东进公司在2000年筹划自己的养猪场时就注意到了此类问题。

一方面为了化解可能激发的"意见市场",另一方面也出于何新良的故土情结和报答长期处于较低收入水平的父老乡亲,因此,在2002年租地建场之前,东进公司就投入了大量的资金改善百岭村的公益事业与福利:①自2001年开始先后投资500多万元,为全体村民建成了20栋、总面积达6400多平方米的居民新村以及与之配套的文化广场,道路、用电、用水、有线电视、电话等生活设施配套齐全。②自2001年开始公司为百岭村的老人及五保户每月发放每人200元养老金。

尽管起初东进公司的环保措施尚不到位,村庄内满是"猪粪"味道,但因为改善福利的"补偿"机制,村民们不仅对此毫无怨言,而且亲切地称何新良为"自己的老板",对其兴建猪场大开绿灯。

2. 维护关系稳定:替代机制

随着非农产业的发展与农业的投资竞争,土地租金逐步形成了上升趋势。为了避免村民对地租的"要挟",东进公司提供了多个利益补偿的替代办法。①2003年起为全村老人及五保户免费设立老人饭堂[伙食费标准为200元/(人·月)],让老人们能够颐养天年(后改为既可在饭堂免费就餐,也可以直接领取200元的伙食补贴);②2004年公司拨出4万元在百岭村成立希望夜校,利用晚上或放假期间对他们进行补课,为百岭村及东进公司员工子女提供良好的学习平台;③对于考上大学的本村人,公司奖励1万元;④每年春节还给百岭村每人发放600元的红包;⑤村民有重大疾病,公司给予一定的资助;⑥与养猪场配套建设沼气池,既解决了环境污染问题,又免费为农户提供了燃气。这一系列的替代机制大大减轻了村民的负担,从而保证了土地要素合约的稳定性。

劳动力要素的合约是一个复杂的问题。事实上,东进公司所支付的用工工资在当地并不算高,但若干替代机制发挥了作用。

(1) 观念引导。通过"意识形态"教育,倡导年轻人要"长见识"、敢于"闯世界",鼓励年轻人出去打工。公司反映,本村年轻人在企业往往干活不力且工资要求还高,鼓励年轻人外出打工可以减轻公司面临的"呼吁压力"。

(2) 竞争机制。村民中"懂事的""能干的"年轻人可以得到工作环境更佳、工作地位更高的工种,即使是素质不高的"懂事村民",也是在干一些办公室打杂、司机等较轻松和干净的活，从而强化对"不懂事者"的"歧视"。

（3）失业保障。公司对百岭村民是敞开接纳的，年轻人在外打工失业，公司可以接纳；其他村民只要是想来东进公司工作，均是来者不拒。一位来自百岭村的员工告诉笔者，他从1998年起就在东进公司工作，中间曾三次辞职离开，回来后公司却照样接收他。

（4）养老预期。人总是要变老的，每个月400元补助（200元的养老金和200元的伙食补贴）为村民提供了稳定的生存预期。

普遍的事实是，农民最担心的是子女上学、生病治疗以及养老等问题。东进公司几乎解决了村民所有的后顾之忧，使得不稳定的关系型合约得以延续。

3. 合约治理的关键："权威"机制

上述一系列的治理机制无疑是高成本的。东进公司向村民的"补偿"与福利供给，会不会导致村民"偏好"的路径依赖与"边际福利要求"的轮番递增？回答是否定的。关键就在于东进公司构建了作为"防火墙"的"权威机制"。

一是领袖权威。百岭村与周边几个自然村几乎是何姓同宗同族，何新良可以说是百岭村以至何姓全族人的大家长。"回报乡亲，带领大家致富"的理念传导、一系列善举的形象构造及其声誉效应，使何成为百岭村的权威领袖。即使是每年腊月二十五日举办的何姓同族家长会，也是由他号召、出资并组织实施。大到村中事务，小到邻里纠纷，甚至于婚丧嫁娶，何都有举足轻重的话语权。

我们在百岭村的实地访谈受到了村民的热烈响应。访谈的形式是请村民看一些形容词，然后选择哪些词适合用来形容东进公司，而哪些词则不适合。他们选择适合形容何与东进公司的词语主要包括"令人尊敬的""值得信任的""为农民谋福利的""公平的""诚恳的""友好的"，而最不适合的词语是"自私自利的"①。

二是政府权威。东进公司在相当大的程度上承担或拥护了政府的职

---

① 走访其他的村庄（与东进公司采用了不同于百岭村的合约。后文将做进一步的讨论），则认为不适合的词语有"自私自利的""为农民谋福利的"和"令人尊敬的"。有些村庄对东进公司的态度非常不好，甚至于拒绝接受我们的访谈。

能。例如，2002年公司捐赠30万元给莆田小学及中学用于学校的信息化建设；2002年度公司捐款35万元给惠东县高级中学筹建校舍，并资助贫困生、奖励优秀生近20万元；2004年共拨款2.5万元给莆田村委，主要用于改善村委办公工作环境；自2003年起，公司每年投入3万元到莆田村委用于基础设施的改善；2004年拨出10万多元租用挖掘机改造莆田村水利设施建设以及水库工程改造。这些资助换取了地方和社区政府对公司的积极支持与扶持：包括协调企业与上级政府部门的关系、企业与村民的关系，并为2001年、2002年、2004年评为市级、省级、国家级农业龙头企业提供了有力的帮助。

三是"长老"权威。一方面，如前所述，惠东县是一个传统的农业县，百岭村的经济水平一直较低。当能够住上小洋楼、享有养老金，对于年纪大的农民来说是"简直是没有想过的事情"①，因此老人们对东进公司充满着感激之情与"亲切感"。另一方面，由于百岭村作为传统的宗族村落，长辈与老人具有重要的话语权及权威性，对于维护和延续村庄与公司的关系型合约发挥了保障作用。

综合上述，可以认为低租金的土地合约能够"暂时"维护稳定，正是上述多个治理机制作用的结果。即使到现在，村民依然对较低的土地租金不满。但调查表明，村民从整体来说对企业是比较满意的。特别是在最近几年稻谷价格上涨的情形下，村民们也没有向东进公司提出上调地租的问题，因为他们不好意思提起，"你看这房子、这路，我们还好意思向老板说吗？"②

（三）面临的难题：合约成本与扩张约束

东进公司与百岭村农户的土地承租合约（简称"百岭合约"），为企业带来了以下几个方面的好处：第一，形象投资与声誉机制得以形成，使得公司能够牢牢地根植于百岭村，为东进公司与香港恒兴两家企业的产业对接，构建了稳固的桥头堡。第二，为其大规模的专用性资产投资提供了

---

① 这是百岭村老人的普遍看法。
② 如前所述，1997年当时1000斤稻谷的价格大约400元。但2009年的租金才调整为500元，而此时1000斤稻谷的市价已经到达1060元。这里强调"暂时稳定"，意味着下一轮的博弈中，公司要么进一步支付高成本以强化治理机制，要么提高土地租金。

保障，而种猪场、屠宰加工生产线、肉制品加工设备、冷藏库房等投资则为公司养殖规模的扩展提供了可靠的产业配套能力。第三，实现了何新良"回报乡亲、带领大家致富"的个人信念与价值偏好，同时保证了低地价的运作。第四，作为农业产业化国家重点龙头企业，公司享受了若干优惠政策。如2007年与2008年共获得财政资金补贴225万元（其中省财政165万元、市财政60万元）。

但问题在于，一方面，低租金土地合约的背后隐含着高昂的治理成本，貌似稳定的合约背后隐含的是高昂的维护成本。因为东进公司几乎承担了百岭村"无限"的社会责任。另一方面，如何扩大养殖规模？百岭村2729亩土地的生猪饲养承载能力是有限的：一是环境压力[①]；二是疫病风险[②]。

因此，东进公司面临的难题是，既要扩大其合作范围，又必须降低合约成本。显然，"百岭合约"决然是难以大规模复制的。

东进公司在其多个年度总结中均反复强调：随着公司的发展，政府、民间对企业的诉求越来越多，要求带动的呼声越来越高，要承担的社会责任越来越多，公司不堪重负。

东进公司曾经考虑在相邻的甘泉村租地扩建"外围猪场"（相对于百岭村的核心地位而言），其设计的"村企共建新农村征求意见稿"对东进公司提出了若干要求：①选址重新建设一栋村办公楼房。②解决水源问题。有长期和短期两个方案可供选择：一是接驳临村森木坑村的水源，但需两村之间进一步协调解决方法，而且路途比较远，所需资金较大，此为长期解决方案；二是找一处离东进公司猪场较远、离村户较近的山坡打一口百米深井供全村用水，此为短期解决方案。③扩建甘泉猪场。在确保环境不受污染、达到国家环保标准的前提下，利用"龙头企业＋银行＋农户"这一创新的金融方式，将村每一户纳入"公司＋基地＋农户"的股份经营合作制，东进农牧集团将资金用于扩建甘泉猪场，从而使甘泉村每户每年收入增加3600元，人均每年收入增加715元。④沼气工程。在扩

---

① 5～6头猪的粪尿即可满足一亩耕地种植所需肥力，如果生猪饲养"过密"会导致营养富集与环境污染。

② 根据国家的有关法规，一旦发生生猪流行疫病，必须对发病区周边3～5公里的生猪进行屠杀处理。

建甘泉猪场的基础上，利用农业局沼气工程补助800～1200元/户（不足的由东进农牧集团补足）将沼气通管到户，并建立以沼气为纽带的"猪—沼—果"这一生态农业模式，从而推动农业循环经济发展，并能使甘泉村每户每年节约煤气支出1200元。⑤积极筹集资金推进甘泉村村道巷道硬底化。⑥促进农民转移就业。东进农牧集团在5年内应多次组织生产技能和农业实用技术培训，从而提高村民的综合素质，增强转移就业能力。[摘选自东进公司提供的《惠东县白花镇甘泉村企共建社会主义新农村工作方案（征求意见稿，2006年）》]

由于甘泉村"要价"太高，至今东进公司与其仍未能达成一致的协议。此事例足以说明东进公司土地承租的合约扩展所面临的压力。

五、进一步的试验：以合约治理合约

（一）试验的策略

由于百岭村土地承载力有限，东进公司在2004年之前就开始在百岭村的外围扩建新的养猪场。然而，合约关系要么是"订单式"的，要么是"承租式"的，均包含高昂的交易费用或者治理成本，从而使公司的扩张与效率受到约束。

东进公司对土地的"反租倒包"有一个重要的特点，即只租赁不入股。因为采用农地入股的方式，既涉及确权的界定成本，又涉及年复一年分红问题上的谈判费用。更关键的是，东进公司担心分散的农户股东会利用社会关系网络干预企业经营。租赁能够保证公司在承租期内享有独立的支配权和完全的剩余控制权。

问题是前述的以土地承租为核心的关系型合约的不稳定以及由此引发的高昂合约治理成本[①]。

重新回到前面的公式 $C_1 + \dfrac{C}{r} > D_1 + \dfrac{P}{r}$，将其转换为：

$$rC_1 + C > rD_1 + P$$

---

① 这可以被认为是"百岭合约"最大的"麻烦"，正是这一"麻烦"才使公司寻求进一步的试验。

假定履约收益一定的情形，如果能够降低农户对违约收益 D_1 以及今后独自经营收入 P 的预期，合约就将是稳定的。

进一步假定，在小规模分散经营的格局下，农户独立经营的收益小于合作收益，即 $C>P$。那么，保障承租合约稳定的关键，就在于如何避免农户的违约威胁——针对东进公司的要素合约，就是怎样保证农民能够继续出租土地，并且不会对租金持续地提出涨价的要求。

如前所述，学术界关于要素契约和商品契约的讨论一直处于"两分法"的分离状态，我们甚至认为孰优孰劣的争论亦无太大价值。因为这并不是一个非此即彼的必定是替代性的合约选择。

在一般情形下，当一项合约不合意的时候，人们往往是选择如何变革或者调整合约内容的策略。小到合约理论，大到制度变迁理论，差不多是类似策略的思维定式。

我们进一步的问题是：如果一项合约是不稳定的，人们能否不改变已有合约，而是匹配相关联的合约来维护原有合约的稳定及其自我执行呢？

答案是可能的。东进公司的创新性试验就是以合约匹配合约、以合约治理合约。

（二）要素合约与商品合约的匹配

从 2004 年开始，东进公司充分利用国家扶农的小额信贷政策，通过与政府、农信社、农民的沟通协调，在邻近百岭的西山村开始了新的契约合作。

2004 年 4 月，西山村委会去函东进公司，"为了带动农民致富和村经济的发展"，邀请东进公司与其合作开办立体化养殖业，在荒废多年的果园上建立"相对规模"的养猪场一座，并以此来带动该村果树种植、淡水养鱼以及农田经济的发展。同年 5 月，东进公司回函同意投资将荒废果园改建为猪场，但需要移种的果树要由西山村委会自行解决，同时承诺环保措施，并保证向西山村民提供经过处理的沼液、沼渣用于农田灌溉及养鱼种果①。

2004 年 7 月，双方正式签订了合作协议。公司承租了西山整个自然

---

① 种植和养鱼必须反过来租用东进公司已经承租的土地。实际情况是：有相当部分的土地是由东进公司自己经营的；部分土地则出租给外来承包者与本地村民，但租金一般较低。

村的土地（包括农田、果园及鱼塘共 150 亩，租金为每年每亩 500 元），依然沿袭着原有的要素合约。

与百岭不同，在土地要素合约的基础上，东进公司与西山农户的合作采用了多种合约方式。

1. 资本合约

（1）组建养猪场。养猪场的投资总额为 120 万元（包括场地租赁、三通一平、猪舍建筑、猪苗、饲料、防疫以及环保等方面的投入）。120 万元折成股份 2000 股，每股折现 600 元。最多可接受 40 农户（人）认股，每人均等认股 50 股（即出资 3 万元）。如果认股人数不足 40 人，剩余部分由东进公司认购。

（2）如果农户没有自有资金，可以向银行（农村信用社）申请小额贷款，公司为贷款提供担保。

2. 代理合约

农户不参与养猪场的经营管理（但可自愿参加劳动），"自愿"委托东进公司全权负责。

3. 商品合约

（1）养猪场所用的猪苗、饲料、防疫药物必须从公司购买。

（2）养猪场出栏生猪由公司收购。要求养猪场从 20 公斤小猪饲养到 100 公斤大猪出栏，年出栏 3 次，出栏量不少于 3000 头，生猪年存栏量达 1000 头。

4. 享益合约

（1）如果农户以自有资金出资，则可享受每年 20% 的投资回报。

（2）如果农户以银行贷款出资，则可享受每年 12% 的投资回报（贷款利息由公司在此中代扣转付银行）。

（3）按不同出资方式之回报规定，一年分红两次。

可见，新的合约安排实际上是多个合约的匹配集成。在上述合约中，东进公司的合约风险已经大大下降。第一，通过资本的要素合约，公司投资由农户出资替代，减缓了公司的投资压力与投资风险；第二，垄断性地向养猪场提供猪苗、饲料、防疫药物等，化解了公司回收肉猪的部分市场风险，并有效地实现了规模经济与范围经济；第三，分享了农户小额信贷按正常贷款利率下调 5% 的优惠政策。

依然存在的问题是：由于享有"保底利润"或者"回报承诺"，农户能够履约"养猪合约",但土地承租是公司行为,农户可能会不顾养猪场的经营成本,进一步提出对土地租金上涨的"呼吁",进而导致租金侵蚀利润。

(三)新的做法:以合约治理合约

上述合约安排取得的重要进展是:第一,以农户专用性投资的方式,设置了农户退出土地合约的高门槛(对于年收入不足4000元的农民来讲,3万元的投资显然不是小数目),从而在根本上维护了合约的稳定。第二,以承担资本风险的方式,公司获得了猪场经营控制权,从而避免了管理与技术上的风险。第三,与百岭村的关系型合约不同,西山村尽管依然以"何姓"为主,但几乎不存在关系治理,形成的是较为正式的合约治理。

在西山村的访谈验证了我们对合约关系的判断。被访村民选择适合公司的形容词语主要包括"公平的""说话算话的",而不适合的词语选择了"为农民谋福利的""让人满意的"和"自私自利的"。这表明公司与农户的交易是正式合约化的。

如前所述,新的问题是,即使土地租金已经包含在总投资之中,但东进公司承诺了农户的"保底利润"或者"回报承诺",农户可以不顾公司的经营成本继续提出"租金呼吁"。事后的事实的确如此。公司发现原有合约的回报率过高,支付的代价太大。

到2009年7月,东进公司与西山的第一个合约期结束,新一轮的续约谈判开始。与百岭村的关系合约及其关系治理不同,此时东进公司利用农户业已形成的"投资锁定",掌握了关于土地租金及投资回报谈判的主动权。于是,在原有合约的基础上形成了新的回报条款:①养猪场独立核算;②保证所有投资的农户每年获得的利润率不低于9.6%;③每年按此利润率"预分红",三年一审,如果三年中企业在该养猪场的年均利润率低于9.6%,则农户拿到原有的分红不变;④如果三年中养猪场的年均利润率高于9.6%,则按实际利润率给农户补足分红。

由于土地租金包含在投资内,东进公司又是利润核算控制中心,从而能够有效抑制农户对地租的要价。第一,农户地租要价过高,肯定会侵蚀其红利;如果要求增加红利,就必须放弃对地租的过高要求——形成了地租与红利的内在平衡机制。第二,农户出地与出资可能是不均衡的。有的农户可能既出地又出资,有的农户可能只出租土地。而仅仅出地的农户则可能会提出较高的地租要求。由于地租会侵蚀红利，所以过高的地租要求必将难以得到出资农户的响应。于是，形成了出资农户与出地农户的关联博弈，从而化解了公司与农户之间的摩擦成本。第三，最关键也是最后的谈判底线是，公司可以利用农户形成的专用性投资进行"退出威胁"，从而设置了地租与红利的"安全阀"。

这里，我们沿用前文的模型对此进行拓展。

首先，假设东进公司的利润函数为：$Z(\pi, R) = L - (R + \pi) - X$。其中，$L$ 为公司收益，X 为除租金和分红之外的其他支出，R 为地租分红金额 $\pi = 9.6\% Z$。

那么，通过隐函数求导得到：

$$\frac{\mathrm{d}\pi}{\mathrm{d}R} = -\frac{\frac{\partial Z}{\partial R}}{\frac{\partial Z}{\partial \pi}} = -1.070663812 < 0$$

显然，地租 R 与红利 π 之间存在此消彼长的权衡关系（trade off）。

接着，我们考虑出资农户与出地农户的关联博弈效应 G 和农户形成的专用性投资 S 对契约稳定性的影响。一方面，出资农户与出地农户的关联博弈机制降低了公司与农户之间的总摩擦成本 TTC，因此也降低了农户承担的成本 TC，从而提高了履约收益，即 $TC = TC(G), \frac{\mathrm{d}TC}{\mathrm{d}G} < 0$ 且 $C = C(TC), \frac{\mathrm{d}C}{\mathrm{d}TC} > 0$；另一方面，农户的资产专用性越高，其在遭到"退出威胁"后的收益则会越低，这说明 $P = P(S), \frac{\mathrm{d}P}{\mathrm{d}S} < 0$。于是，履约稳定性端点值为：

$$r(G,S)^* = \frac{C[TC(G)] - P(S)}{D - C[TC(G)]}$$

进一步分别对 r 求关于 G 和 S 的偏导数得到：

$$\underset{(-)}{\frac{\partial r}{\partial P}} \underset{(-)}{\frac{\partial P}{\partial S}} = (-1) \times \frac{\partial P}{\partial S} = \frac{\partial r}{\partial S} > 0$$

和

$$\underset{(+)}{\frac{\partial r}{\partial C}} \underset{(-)}{\frac{\partial C}{\partial TC}} \underset{(-)}{\frac{\partial TC}{\partial G}} = \frac{D - P}{(D - C)^2} \underset{(-)}{\frac{\partial C}{\partial TC}} \underset{(-)}{\frac{\partial TC}{\partial G}} = \frac{\partial r}{\partial G} > 0$$

可见，r 随 S 和 G 的提高而增大，从而履约区间得到扩展。

至此，东进公司与农户的合作关系走向了稳定、可复制[①]，并具有能够自我执行（self-enforcing）的特征[②]。

六、进一步的讨论

（一）关于"核心合约"与"边缘合约"

我们曾经提出过"核心制度"与"边缘制度"的概念，并以广东省中山市崖口村为例解释了"一套低效率制度为什么能够长期生存下来"的问题。（曹正汉、罗必良，2003）我们的结论是：在制度竞争的压力之下，一套低效率的制度之所以能长期生存下来，是由于存在一种制度变迁的机制，使得该社会能够获得足够的收入用于保护它所坚持的低效率制度。这种制度变迁的机制是：社会的领导集团收缩低效率制度的覆盖范围，同时在这套制度的外围引入较高效率的制度安排，以便为低效率制度的运行创造新的收入来源，此即所谓"核心制度收缩及边缘制度创新"。而坚持所谓"低效率"的"核心制度"，则与崖口村领导集团的"公社制度"的价值偏好及思想观念密切相关。

在本案例中，我们可以发现两类不同于崖口的"核心合约"与"边缘合约"：

类型一　在百岭村形成的关系型"核心合约"以及在西山村等"外围村"所形成的契约型"边缘合约"。

从地域上可以明显地观察到此类差异化的合约安排（见图1）。

其形成机理与崖口村极为相似：①"核心制度"与"核心合约"都是相对低效率的；②其产生与维护均与核心人物的价值偏好及思想观念相关。

不同的是：①崖口以"核心制度收缩"及"边缘制度创新"来改善制度效率，或者说，其"核心"依赖于"边缘"的维护；东进公司则以

[①]　东进公司随后在附近的南龙和明星管理区等多个村庄采用了类似的合作契约（见图1）。

[②]　如果公司给予农户的回报率过低，农户可在土地租金方面施压，甚至能够以收回养猪场经营权相威胁；如果农户要价太高，公司既可以通过农户的投资锁定相要挟，甚至可以对土地租用毁约。

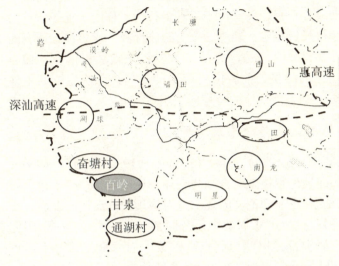

图 1 东进公司与农户合作的养猪场分布

相对低效率的"核心合约"来支持邻村不断复制的具有较高效率的"边缘合约",或者说,其"边缘"的模仿与扩展受益于"核心"。因此,我们看到了不同于崖口的"一套低效率制度为什么能够长期生存下来"的"东进版本"。②崖口的核心制度主要源于领导集团的价值偏好与思想观念,而"百岭合约"作为核心合约除此以外,还与其所承担的经济功能相关(如本文第四节提到的投资保障与产业配套能力等)。

类型二 作为"核心合约"的承租合约与作为"边缘合约"的匹配合约。

受制于土地集体所有制与家庭承包制度的背景,东进公司与农户的合作始终是以土地承租合约为基础的。无论是百岭村的关系型合约,还是西山村的正式合约,土地承租一直处于核心位置。

生猪养殖具有几个重要的行业特性:①与其他农业行业相比,具有较高的投资门槛与规模经济性要求;②易于形成环境污染,这要求必须能够有效控制生猪的规模与饲养密度,以确保环境的承载能力,避免"环境麻烦"(包括政府部门的管制、周边居民的抱怨与索赔);③存在防疫风险问题,在一个自然村范围内,如果存在主体不同的多家养猪场,一旦其中一家发生疫情,那必定全军覆没。

因此，东进公司必须保证其对土地的控制权。东进公司的做法通常是对整个自然村的土地成片承租，关键在于对其他行为主体的土地经营行为具有排他权，从而获得投资稳定、环境安全与防疫保障。应该说，所有的关系治理与合约治理都是作为"边缘合约"来支持土地承租这一"核心合约"的。与类型一不同的是，前者由决策者的价值信念决定，而土地承租作为"核心合约"则是由产业的特性所决定。

（二）关于合约不完全与效率改进问题

自从 Grossman 和 Hart（1986）、Hart 和 Moore（1990）的经典性文章发表以来，不完全合同理论很快就对合同与企业理论的研究产生了重大影响，以至于大量的合同和企业理论文献要么是对该理论的应用和发展，要么就是对该理论的批判。在 GHM 框架中，合同都只有一个性质——不完全性，而且几乎所有研究都是以此为起点，以致人们一直在致力于"可行的完全性"（feasible completeness）或者"最佳完全合同"（optimal complete contract）的研究。（Saussier，2000；杨其静，2002）

东进公司的案例对此可以给出重要的启示：合约效率的改进至少是可以有两种选择方式的——其一是文献已经注意到的，比如调整变更合约内容，或者引入新的要素，或者重新缔约以改善合作绩效；其二是不改变或者是维护原有合约，通过匹配新的合约以改善原有合约的适宜性。或许，丰富的实践能够给出更多的选择方式。

特别值得注意的是，如何评价"合约效率"是应该"小心"对待的问题。如果说"百岭合约"是高成本的，还不如说它是高福利的，因为与何总"回报乡亲，带领大家致富"的理念是一致的。并且，何新良得到的声誉回报与人格升华，显然也是"高效率"的。

更重要的是，"百岭村合约"还具有明显的"外部经济性"特征。如前所述，"百岭村合约"的维护对东进公司尽管是高成本的，但其土地租金却是廉价的。在东进公司向周边进行规模扩展的过程中，百岭村的土地租金定价为其后来的土地承租发挥了"基准价格"或者价格"示范"作用，这无疑增强了土地承租这一"核心合约"的稳定性。多年以来，无论人地矛盾如何变化，东进公司支付的土地租金始终保持着较低水平（见表1、表2）。

表1 惠州市与惠东县农地出租情况

时间（年）		2003	2005	2007	2009
农地出租（万亩）	惠州	20.6	22.9	32.4	35.5
	惠东	2.3	2.2	6.5	11.0
稻谷价格（元/斤）	惠州	0.80	1.00	1.02	1.08
	惠东	0.80	0.95	1.00	1.06
公司租地租金*（元/亩）	惠州、惠东	400～800	500～900	500～1000	500～1000

注："*"表示通常根据田地的质量好坏、地理位置、排灌条件等确定。

表2 东进公司的土地租金情况

时间	2002年1月	2002年11月	2003年1月	2005年1月	2006年11月	2009—2010年
地点（自然村）	段西、老屋、新丰等	新池、新西等	黄屋等	新西（山地）	田洋、高墩等	续签合同
面积（亩）	384.65	419.45	114.10	18.00	23.00	
期限（年）	10	10	10	35	15	
租金（元/亩）	350	350	旱地：350 水田：400	166.7（每年3000）	350	500左右

资料来源：根据东进公司与部分自然村所签合同文本整理。

如前所述，初期合约规定的"每年每亩1000斤稻谷的市价水平"并没有得到实际执行。我们要强调的是，要维护一个相对"廉价"的土地合约，在现实中是困难的。这源于两个方面的原因：第一，农地的集体所有及其承包经营权赋予农户对土地使用的"垄断"地位，而土地流转不畅与市场发育不足极易诱致农户对土地准租金的追求；第二，公司的企业家能力及"信息装置"优势所获得的要素配置效率，会使得土地的价值功能加强，这难免导致农户会产生"价值幻觉"，误以为价值增值源自土地。而这一"幻觉"会得到强化对土地租金的呼吁①。

因此,"廉价"的土地合约在百岭村是通过"补偿"机制、"替代"机制以及"权威"机制等来弥补的,却是高成本的,且具有不断强化的特征;而西山村等则是通过"资本享益合约"来维护的,并能够形成两类合约的匹配与均衡。由此,土地要素合约便可以走出百岭这一特定的村庄,具有内生扩展性和普适性。

(三)关于商品合约与要素合约的优劣问题

前文已经说明,关于要素合约和商品合约的两分法讨论可能没有太大价值,因为它们各自存在适宜的作用空间。我们要强调的是,不能忽视合约稳定所依赖的环境及其关键变量。

(1)产品的异质性问题。同类农产品,比如水果,相互之间具有显著差异,即使是同一品种,甚至是同一棵果树上的水果,相互间也存在明显的品质差异。在此情形下,如果缺乏有效的分类标准与品质度量技术,选择商品合约必然面临高昂的合约成本。② 不过,在生猪养殖上采用商品合约,在数量上是易于评估农户的履约行为的。公司向每个农户供应多少猪苗、回收多少头生猪,易于计算和考核。但却不能对小规模的农户实施退出威胁,因为小规模的养殖既易于从市场上获得猪苗,也易于市场出清。并且,与小规模农户的商品合约,主要问题不在回收数量的保障方面,而是在于风险方面。主要体现在:一是小规模养殖隐含的疫病风险;二是香港市场对猪肉品质的检测甚为严格,公司不能承受失去供港肉品资格的风险。

可见,商品合约往往适宜于大规模的养猪户。因为存在投资锁定与市场风险,所以大规模的养殖户在整个生产流程上才会进行严格的标准化生

---

① 早在 20 世纪初期,熊彼特(2009)就注意到了此问题。他指出:"人们可能首先把土地的服务设想为土地的产品,把土地本身看作真正的原始生产资料,并且认为土地的产品价值应该全部归属于土地。这在逻辑上是荒谬的。因为土地不是一种独立的商品,它不能与自己的服务相分离,它仅仅是这些服务的总和。"

② 周立群等(2002)之所以认为商品合约优于要素合约,关键是没有考察具体的合作行业与产品对象。

产与质量管理。① 不过这要求公司必须具有强有力的技术保障、加工能力和市场营销能力。

（2）在劳动要素的合约中，如果不能有效考核劳动者的质量，或者劳动成果并不单一由劳动质量决定，那么偷懒将成为普遍现象。更重要的是，农业生产具有生命连续与不可逆的特征，其生产成果并不由某个环节或工序（工艺）决定，因此，在种植业领域，由于缺乏质量考核标准与生产流程的可控性，选择要素合约是不适宜的。而要选择要素合约，一定是普遍实行了机械化作业（这只有规模经营的农场才有可能）。养殖业（特别是畜禽业）因其工厂化特征，要素合约的适宜性将会有所改善。事实上，东进公司养殖基地全部使用电脑软件进行系统化管理控制，生产流程中导入 ISO、HACCP 等技术管理规程，公司统一管理、统一防疫、统一饲料、统一种苗、统一培训、统一品质、统一环保，使农业生产活动与标准化、规格化、定量化相适应，减少农业劳动成果的可变性和不确定性，大大改善了要素合约中的考核能力。

（3）关于土地要素的合约问题。这在前文已经做了讨论。因为生猪养殖防疫风险以及供港肉品质量安全风险的特殊性，使得东进公司只能选择"土地要素的承租合约"。事实上，在资本被土地套牢的情况下，土地要素契约经常面临着农户的"土地价值幻觉"而导致利润被地租侵蚀的现实困境。

所以，我们的判断是，东进公司与农户的合作，要么是要素合约，要么是要素合约与商品合约的集成，而不可能只是单一的商品合约。可以推断，实践中的合约匹配可能更为多样。

（四）关于农业的组织化问题

东进公司与农户的正式契约合作实际上是选择了"龙头企业+农场"的模式（这里简称为"东进公司模式"或"东进公司试验"）。这一模式对于推进我国农业组织化应该具有重要意义。

我国农业现代化进程中遇到的最为棘手的难题是：如何将极其细小的农业规模改造为适合发展现代农业的农场规模？因为，如果农场规模远在

---

① 这一条件约束显然是严格的，因为一般的农户难以逾越这样的门槛要求。此外，不能忽视疫病防御的地域性要求。

现代生产力水平所要求的底线之下时，以其为基础的科技应用、设施装备、市场准入、维生收入、从农热情等都日益变得难以为继了，现代农业也就因此成为一个可求不可得的奢望。①（何秀荣，2009）

严酷的现实是：1986年，农户平均拥有耕地9.2亩，并且由于当时的平均主义分配方式，每户耕地分散为8.4块。更为忧虑的是，本已极其细小的农户规模随着农地流失和人口增长还在不断细小化。与农户规模缩小相对应，农业收入在农户收入中的份额不断下降（由1985年的75.02%下降到2007年的42.1%）。除了收入问题外，小规模农业还引发了一系列的其他问题。这些问题是：农业在农户经济中不断被边缘化，兼业和弃农成为普遍现象，农业不断"衰落"；小生产与大市场的矛盾丛生、卖难买难的反复交替成为普遍现象；农业的标准化与农产品质量安全几乎成为无法克服且越发严重的问题。

由此，农业产业化被提到了议事日程。近些年，人们在实践中不断寻找与创新扩大农场规模和弥补小农缺陷的途径和形式。比如促使耕地向种田大户集中、鼓励建立农民专业合作组织、龙头企业联结农户等等。问题是，已经在试验的路子走得通吗？

（1）土地流转方面。1999年我国农户平均转包出去的耕地为0.2亩，即只有2.53%的耕地发生了流转，2006年的为4.57%，2008年的为8%。事实上，伴随着农地的流转，至2007年底我国农户平均拥有耕地减少为7.4亩，比1986年的规模缩小了20%。日本从20世纪50年代末开始实施扩大农场规模政策，但50年的政策推进结果仅仅使平均农场规模从起步的1公顷扩大到2公顷，尽管农场规模扩大了1倍，但在今天的农业环境中，依然不存在规模经济，更不要说与美国数百公顷规模的农场去竞争。

美国2002年农业普查数据显示，美国大于1000英亩的农场只占农场总数的8.6%，但占有67%的耕地。1978—2002年，美国公司农场从5万家增加到7.4万家，家庭农场减少了56万家，公司农场占农场总数的比例从2.22%上升到3.47%。

（2）合作社历来被视为弱小群体通过互助合作来弥补弱小分散等弱点的有效方式。然而，一方面，由于农业的特性，合作社的制度成本极其

---

① 下述数字均来源于此文献。

高昂，包括劳动质量监督、产品质量考核以及事后机会主义行为等问题；另一方面，小规模的农业合作社也难以适应不断市场化与国际化的竞争环境，因为今天的世界农业竞争比以往任何时候都更应讲求规模经济和专业化。农业专业合作社不可能成为中国农业的基本组织形式。

（3）"公司（龙头企业）＋农户"中的"订单农业"表面看来能够适应我国小规模、分散化的家庭经营格局。这既改善了规模经济，又缓解了市场对接难题。但最大的困境是，第一，合约稳定性差，毁约率高；第二，企业不可能对农户行为进行监督，更不可能对产品质量进行严格识别，农产品质量安全有极大的隐患。

现行家庭承包经营制度在实际运作中存在重大缺陷。第一，均田承包在封闭的小农经济背景下是相对有效率的，一旦存在人口的流动与变化，则存在天然缺陷。由于土地集体制赋予村庄内部每个合法成员平等地拥有村属土地的权利，从而社区农民因其天然身份拥有平等的承包权。其结果自然是土地分配随人口的变化而变化，由此，不稳定性与分散性成为其必然的制度缺陷。第二，随着城镇化与非农产业的发展，普遍出现了半自给性小规模土地经营基础上的农户兼业化与副业化。农户的抛荒、土地的分散使用、经营规模的狭小在资源配置上造成了巨大的效率损失，并威胁国家的粮食安全与食品的质量安全。关键是在人口流动与土地流转的过程中，没有建立起行为主体有效的土地"退出机制"与"进入机制"。因此，在赋予农民充分而有保障的土地承包经营权的前提下，改善土地资源配置效率，改变现有分散的、狭小的、低效率的土地使用格局，构建与劳动力转移匹配的"土地退出机制"，造就土地集中机制，从而实行规模经营，使制度变革提到了议事日程。

因此，东进公司的"公司＋农场＋农户"的模式，一是解决了土地集中与规模经营问题，二是保障了农民的土地利益，三是克服了产品质量安全问题。

其中，特别值得重视的是，"订单农业"并未形成农民有效的"土地退出"机制，甚至在某种程度上将农民"捆绑"在土地上。而东进公司试验不仅构建了"地动"与"人动"的互动机制（鼓励农民弃地和外出打工，同时为农民提供土地收益与打工失败的就业保障），而且形成了农民分享资本收益的渠道（如银行贷款、公司担保、农户投资、保底利润、超额分红以及地租享益）。

可以发现,在"东进公司模式"中,农场的基本特点是租赁式农场(土地租赁与资本入股);农场依附于产业链下游的母公司,自己没有独立的法人地位;农产品往往提供给母公司。它实质上是一种工商资本"兼并"了许多小农农场后形成的大规模租赁经营农场。

国内外实践表明,公司农场具有强大的生命力:经营规模普遍较大,生产环节链接紧密,具有规模经济性;更容易实行专业化和标准化生产,更容易采用新技术和新设备,从而有利于提高技术效率和经济效率。

日本政府长期以来对公司农场实行严格限制,但在经济全球化趋势中,强大的国际压力、高额的农业补贴、老龄化的农民使得日本政府明显感到传统的农业政策越来越难以保护其小农为基础的农业,开始放宽了对公司农场(法人农场)的法律限制。1995年开始,公司型法人农场加速增长,1995—2000年的5年间从2815家增加到4393家,增加了56%。2003年,日本政府进一步允许一般企业通过租赁农地的方式进入农业。同样,法国农业经营组织体系中公司农场的发展亦非常迅速。

中国应该选择怎样的农业现代化的道路,是一个根本的战略性问题。而农业现代化的实现机制,在相当的程度上依赖于农业组织化形式的创新,这显然决定了东进公司试验所具有的政策含义与宏观价值。

参考文献

[1] Anderlini L, Felli L. Bounded rationality and incompletes contracts [J]. Research in Economics, 2004 (58).

[2] Boger S. Quality and contractual choice: a transaction cost approach to the polish hog market [J]. European Review of Agricultural Economics, 2001, 28 (3).

[3] Bolton L, Faure-Grimaud A. Sacrificing contracts [J]. Review of Economic Studies, 2010, 77 (3).

[4] Chiu Y S. Non-cooperative, hostages, and optimal asset ownership [J]. American Economic Review, 1998 (88).

[5] Corts K S, Singh J T. The effect of repeated interaction on contract choice: evidence from offshore drilling [J]. Journal of Law, Economics, and Organization, 2004, 20 (1).

[6] Dorward A. The effects of transaction costs, power and risk on contractual arrangements: a conceptual framework for quantitative analysis [J]. Journal of Agricultural Economics, 2001, 52 (2).

[7] Eaton C, Shepherd A. Contract farming partnerships for growth [J]. FAO Agricultural Services Bulletin, 2001 (145).

[8] Ellison G. Cooperation in the prisoners' dilemma with anonymous random matching [J]. Review of Economic Studies, 1994, 61 (3).

[9] Frank S, Henderson D. Transaction costs as determinants of vertical coordination in the U.S. food industries [J]. American Journal of Agricultural Economics, 1992 (74).

[10] Goodhue R. Input control in agricultural production contracts [J]. American Journal of Agricultural Economics, 1999 (81).

[11] Grossman S, Hart O. The costs and benefits of ownership: a theory of vertical and lateral integration [J]. Journal of Political Economy, 1986, 94 (4).

[12] Hart O D, Holmstrom B. The theory of contracts [M] // Bewley T F, ed. Advanced in economic theory. Cambridge: Cambridge Univ ersity Press, 1987 (3).

[13] Hart O D, Moore J. Property rights and the nature of the firm [J]. Journal of Political Economy, 1990, 98 (6).

[14] Hart O D, Moore J. Contracts as reference points [J]. Quarterly Journal of Economics, 2008 (123).

[15] Hennessy D, Lawrence J. Contractual relations, control, and quality in the Hog Sector [J]. Review of Agricultural Economics, 1999, 21 (1).

[16] Hobbs J, Young L. Increasing vertical linkages in agrifood supply chain: a conceptual model and some preliminary evidence [C]. Montana State University Research Discussion Paper, 1999.

[17] Horn H Maggi G, Staiger R W. Trade agreements as endogenously incomplete contracts [J]. American Economic Review, 2010, 100 (1).

[18] Jensen M, Meckling W. Theory of the firm: managerial behavior, agency costs and ownership structure [J]. Journal of Financial Economics,

1976, 3 (4).

[19] Key N, McBride W. Production contracts and productivity in the U. S. Hog Section [J]. American Journal of Agricultural Economics, 2003, 85 (1).

[20] Lazzarini S G, MillerG J, Zenger T R. Orderwith some law: complementarity versus substitution of formal and informal arrangements [J]. Journal of Law, Economics, and Organization, 2004 (20).

[21] Little P, Watts M. Living under contract: contract farming and agrarian transformation in the Sub-Saharan African [M]. Madison: University of Wisconsin Press, 1994.

[22] Poppo L, Zenger T. Do Formal contracts and relational governance function as substitutes or complements [J]. Strategic Management Journa, 2002 (23).

[23] Ryall M D, Sampson R C. Formal contracts in the presence of relational enforcement mechanisms: evidence from technology development projects [J]. Management Science, 2009, 55 (6).

[24] Salanie. The economics of contracts: a primer [M]. Cambridge: MIT Press, 1996.

[25] Saussier S. When incomplete contract theory meets transaction cost economics: a test [M] // Menard C. institutions, contracts, and organizations: perspectives from institutional economics. Edward Elgar Publishing Limited, 2000.

[26] Schmidt K, Schnitzer M. The interaction of explicit and implicit contracts [J]. Economic Letters, 1995 (48).

[27] Tirole J. Incomplete contracts: where do we stand? [J]. Econometrica, 1999, 67 (4).

[28] Williamson O. Transaction-cost economics: the governance of contractual relations [J]. Journal of Law and Economics, 1979 (22).

[29] Williamson O. The mechanism of governance [M]. New York: Oxford University Press, 1996.

[30] Williamson O. The new institutional economics: taking stock, looking ahead [J]. J. Economic Literature, 2000 (38): 595 –613.

[31] （美）阿尔奇安，德姆塞茨. 生产、信息费用与经济组织［M］// （美）罗纳德·哈里·科斯，等，财产权利与制度变迁. 上海：上海三联书店，1994.

[32] （法）贝尔纳·萨拉尼耶. 合同经济学［M］. 费方域，等，译. 上海：上海财经大学出版社，2008.

[33] 曹正汉，罗必良. 一套低效率制度为什么能够长期生存下来——广东省中山市崖口村公社体制个案［J］. 经济学家，2003（6）.

[34] 陈锡文. 慎重对待农地流转——在稳定土地承包权的基础上让农民自主选择［J］. 经济研究参考，2002（7）.

[35] 陈志俊. 不完全契约理论前沿评述［J］. 经济学动态，2000（12）.

[36] 段应碧. 如何搞好土地使用权流转工作［C］// "中国农民土地使用权法律保障国际研讨会"论文集. 海口，2002.

[37] 郭红东，蒋文华. 龙头企业与农户的订单安排与履约——一个一般分析框架的构建及对订单蜂业的应用分析［J］. 制度经济学研究，2007（1）.

[38] 何秀荣. 公司农场：我国农业微观组织的未来选择？［J］. 中国农村经济，2009（11）.

[39] 黄凯南. 不完全合同理论——基于演化经济学的分析视角［C］// 2010年中国制度经济学论文集. 金华，2010.

[40] 贾明德，李灵燕. 契约的不完全性与敲竹杠问题［J］. 经济学动态，2002（7）.

[41] 李彦敏. "龙头企业＋农户"模式：类型、问题与对策［J］. 中国合作经济，2005（7）.

[42] 刘凤芹. 不完全合约与履约障碍——以订单农业为例［J］. 经济研究，2003（4）.

[43] 罗必良. 合作机理、交易对象与制度绩效——温氏集团与长青水果场的比较研究［C］// 中国制度变迁的案例研究：第六集. 北京：中国财政经济出版社，2008.

[44] 聂辉华. 不完全契约理论的转变［J］. 教学与研究，2011（1）.

[45] （美）帕特里克·博尔顿，（比）马赛厄斯·德瓦特里庞. 合同理论［M］. 费方域，等，译. 上海：上海三联书店，2008.

[46] （法）让-雅克·拉丰，大卫·马赫蒂摩，等. 激励理论—委托—代

理模型［M］．陈志俊，等，译．北京：中国人民大学出版社，2002．

［47］王勇．完全契约与不完全契约——两种分析方法的一个比较［J］．经济学动态，2002（7）．

［48］吴德胜，李维安．非正式契约与正式契约交互关系研究［J］．管理科学学报，2010（12）．

［49］吴德胜．农业产业化中的契约演进——从分包制到反租倒包［J］．农业经济问题，2008（2）．

［50］（美）约瑟夫·熊彼特．经济周期循环论：对利润、资本、信贷、利息以及经济周期的探究［M］．叶华，译．北京：中国长安出版社，2009．

［51］杨其静．从完全合同理论到不完全合同理论［J］．教学与研究，2003（7）．

［52］杨其静．合同与企业理论前沿综述［J］．经济研究，2002（1）．

［53］杨瑞龙，聂辉华．不完全契约理论：一个综述［J］．经济研究，2006（2）．

［54］张红宇，刘玫，王晖．农村土地使用制度变迁：阶段性、多样性与政策调整［J］．农业经济问题，2002（2）．

［55］张维迎．企业的企业家：契约理论［M］．上海：上海三联书店，1995．

［56］张五常．企业的契约性质［M］∥企业制度和市场组织．上海：上海三联书店，1996．

［57］周立群，曹利群．商品契约优于要素契约——以农业产业化经营中的契约选择为例［J］．经济研究，2002（1）．

罗必良自选集

第三部分

制度安排与农业发展

目标、效率与制度选择:
以中国农地制度为例①

一、引言

早期的制度经济学文献大多偏重于制度变迁的需求诱致机理研究。科斯(1960)提出了制度变迁的一般原则,即制度变迁成本与收益之比会对促进或推迟制度变迁起着关键作用。诺斯(1971)等人也认为,制度安排之所以会被创新,是因为在现有制度安排下无法实现潜在利益,从而行为者产生了对新的制度安排的需求。拉坦(1978)则进一步强调,制度变迁不仅是由对更为有效的制度绩效的需求所致,而且也是关于社会与经济行为以及组织与变迁的知识供给进步的结果。因此,当要素相对价格及谈判力量对比发生变化以及组织的偏好发生变化时,制度会发生变迁。

问题是,制度变迁的不同参与主体具有不同的利益目标,而新的制度安排对不同的主体来说,其目标实现的程度可能是不同的。由此,制度目标与制度效率的关系及其评价成了值得关注的问题。

效率是针对目标而言的。同样,对制度效率的评价总是和制度目标相联系的。为便于分析,我们假定:①制度变迁中行为主体分为两类,一类是居于主导地位的行动集团,另一类是其他参与主体;②将主导集团的目标称之为主流目标,将其他参与主体的目标称之为个人目标;③主流目标代表多数人的利益目标,个人目标则是一个目标集,它对外相异于主流目标,内部可能是一致的,亦可能是多样化的。

于是,制度效率就可以从两个方面进行评价。一是静态效率。福利

---

① 本文为教育部创新团队发展计划"中国农村基本经营制度"(IRT1062)、国家自然科学基金重点项目"农村土地与相关要素市场培育与改革研究"(71333004)的阶段性成果。本文发表于《贵州社会科学》2014年第6期,作者为罗必良、凌莎。

经济学把帕累托效率作为衡量资源配置效率与否的标准,认为只要某项改进能够在至少不损害一部分人福利的情况下改善另一部分人的福利就是有效率的。"一致性同意"尽管能够满足这样的标准,但达成一致同意的高昂的交易成本使其难以成为现实。通常采用的是"卡尔-希克斯标准",即如果某项改进损害了一部分人的福利同时又增加了另一部分人的福利,只要福利的增进大于损失,即整个社会净福利增加大于零,就可以认为该项改进是有效率的。二是动态效率。由于制度变迁及其制度选择可以被视为一个动态交易过程,如果主流目标能够实现,而个人目标受到损伤,由此引发的交易费用必然会反过来降低"卡尔-希克斯效率"。因此,一项好的制度安排应该是激励兼容的,既能维护主流目标,又能调动其他参与主体的生产性努力,从而形成交易成本最小化的制度响应。

本文的目的是通过构建一个"目标—效率—制度选择"的逻辑框架,阐明制度目标对制度效率的决定性意义,并由制度安排所内生的行为努力来揭示制度效率的生成机理。在此基础上进一步讨论从人民公社到家庭承包的中国农地制度变迁,试图从中找出中国农地制度变革和创新的方向。

二、分析框架:"目标—效率—制度选择"

(一)目标对效率的含义

制度总是为了实现不同目标而设计的。所以,撇开目标函数来讨论制度效率是没有意义的。在本文中,成本—收益的核算方式依然是衡量制度变迁效率的分析范式,只不过是针对主导利益集团并通过对其目标的追求来表达的。正如布罗姆利(1996)所说,选择某个有效率的结果的关键问题不是效率,而是对谁有效率。

因此,制度变迁的过程不仅是产权重新界定的过程,也是社会福利重新分配的过程。(罗小芳、卢现祥,2008)社会福利函数 W 在这里就是一种在该种制度安排下把各利益集团的效用加总进而进行决策的机制。如果我们用 A_i 代表不同参与主体的目标,U_i 表示效用函数,社会福利函数就可以表达为:

$$W = f[U_1(A_1), U_2(A_2), \cdots, U_n(A_n)]$$

阿罗证明了这种社会福利函数不可能存在。由于制度变迁实质上是改变了一个集团对另一个集团的相对地位从而实现资源产权的重新配置，那么判断价值就成为毫无疑问的事情。（布罗姆利，1996）于是，制度效率的判断就必须区分两个问题：对谁有效率？针对什么目标有效率？

（二）效率与制度安排的策略性选择

1. 偏好与制度选择

在现实中可以发现，为了实现相同的目标，人们可能会选择不同的制度。即使选择了相同的制度框架，其发展轨迹也可能出现差异。越来越多的学者把其归因于文化上的差异，即所谓的"观念塑造制度"。格雷夫认为，"理性的文化信念"会决定社会成员在相互博弈时的最优策略选择进而决定社会组织方式和制度选择。也就说，处于领导地位的主导集团所追求的可能不是资源配置效率的最大化，而是自身偏好的特定价值目标最大化。（曹正汉，2005；罗必良，2008）因此，主导集团对制度安排本身所表达的制度信念的偏好相较于对制度结果的偏好更加重要，更能影响制度选择。例如，对土地制度的选择，同样以产量最大化为目标，由于偏好或者说意识形态不同，有的可能倾向于安排私有产权，而有的则倾向于安排集体产权。在这里，尽管制度选择受到制度环境的多重影响，但制度偏好具有决定性作用。事实上，我国人民公社体制的选择既与当时历史背景相关（通过农产品价格"剪刀差"获得工业化原始积累），更是与毛泽东的强烈价值偏好紧密关联。他坚信列宁关于"小生产每日每时都在产生着资本主义"的论断，认为"公有制程度越高、生产组织规模越大，越有利于经济发展"。表现在所有制结构上，就是追求单一公有制，过早消灭了多种所有制经济。在农村，毛泽东以他所特有的政治敏感，察觉到"包产到户"最终会瓦解集体经济、产生个体经济，从而使农村由合作社迅速转变为人民公社。

2. 制度安排与努力行为

理性经济人通过两种努力来追求个人收益的最大化，即生产性努力和分配性努力。前者致力于创造财富，会使社会总财富增加；后者致力于获取他人创造的财富，此时社会财富不会增加，甚至减少。换句话说，一个社会要想财富持续增加就要激励人们的生产性努力，抑制分配性努力。这就需要对人们的"正当收益"做出界定和保护[①]。

制度确定后，利益分配也就随之确定下来。一旦这种利益界定与正当利益边界之间有距离，人们的生产性努力将受到抑制，分配性努力的人所占比重将增大。当这种差距大到一定程度时，生产性努力将受到完全抑制，经济发展停滞。制度可以以某种形式解决利益分配过程中的纠纷，但也可能无法解决生产性努力与收入的一致性问题，由此产生努力行为的效率问题，进而影响制度变革与创新。

3. 努力行为效率与制度变革

分配性努力是建立在各产权主体的非利益均衡基础之上的。首先，在一个鼓励分配性努力的制度中，一方面，权益的受损会使得生产性的行为努力受到抑制，产权租金耗散与资源配置效率下降；另一方面，生产性努力受抑制带来的社会总财富的降低也使得分配性努力收益减少，行为效率低下。生产性努力和分配性努力的低效率可能直接影响制度目标的实现。其次，制度界定了各产权主体的利益边界，也需要对这种边界进行保护。这一保护的过程也是对该制度运行的维护。分配性努力的过程就是权力强势的利益集团抢占权力弱势利益集团的权益的过程，这势必会引起弱势集团的反抗。无论是推行这种制度还是对其进行维护，都需要高昂的交易成本。

即便是在一个鼓励生产性努力的制度中，尽管人们的正当利益得以界定，仍然存在分配性努力（例如偷懒、偷盗、抢劫等）。这取决于生产性努力效率与分配性努力效率的高低，即一单位生产性努力的收益与一单位分配性努力的收益之间的比较。只有分配性努力的效率尽可能地降低，生产性努力的激励效果才能越明显。

诺斯（1991，1994）认为，制度在应对不确定性的过程中要不断引导变化着的个体行动模式，微观个体与制度的适应程度高会使制度"内置创造与实施有效率的产权制度的激励"。从这个角度来说，制度安排是个不断变化的动态过程（见图1）。

---

① "正当收益"的界限是个人通过生产性努力所创造的财富的量。如果界定的利益高于或低于这个界限，都会削弱对生产性努力的激励，给分配性努力带来空间。

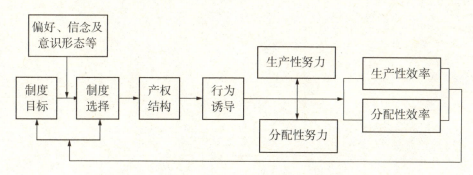

图 1　目标—效率—制度选择的逻辑框架

（三）概念模型及其拓展

1. 概念模型：制度目标—制度安排—制度效率

主导集团根据其偏好与信念设计并安排能够实现目标的制度，特定的制度安排通过产权结构影响各参与主体的生产性努力和分配性努力进而影响制度的效率。

以土地制度为例，假设：①土地资源或者土地利用的总规模一定；②土地可以用于不同的配置目标，如农业目标 A，或者其他目标 B，并且假定 A 与 B 存在目标冲突；③追求目标 A 最大化与追求目标 B 最大化的土地产权制度显然是不同的。

于是，社会福利函数为 $U(Y_A, Y_B)$，其中 Y_A 是农业产出，Y_B 为其他产出。生产可能性曲线与由福利函数决定的社会无差异曲线 U 相交于 q（见图2）。此时，q 点上实现了生产可能性边界上边际转换率和反应制度目标的社会无差异曲线的边际替代率相等，是帕累托最优点。

如果主导集团对土地资源配置的目标偏向于非农产出，那么社会无差异曲线将表达为 U_1，均衡点为 q_1。在这一情形下，主导目标 B 的产出由 Y_B 提升为 Y_{B1}，制度实施效率得以改善。问题是，非农产出的增加（$\Delta Y_B = Y_{B1} - Y_B$）是建立在农业产出减少（$\Delta Y_A = Y_A - Y_{A1}$）基础之上的，并且在 $\Delta Y_A > \Delta Y_B$ 时社会总产出减少。之所以如此，一个关键的原因是对农业歧视性的土地产权安排，会抑制农业产权主体的生产性努力。更为严重的问题是，一旦生产性努力被抑制，人们的分配性努力及其机会主义行为势必得到激励，于是，社会的生产可能性曲线就会向内移动至 U_2，此时的均

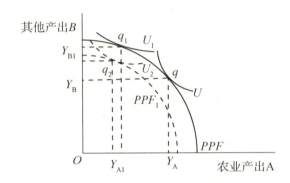

图 2　单一目标下制度安排及效率

衡点 q_2 在 PPF 内，制度的总体效率由此而显著下降。①

2. 模型扩展：目标—目标的多样性—相容性的制度安排

同样，以土地制度为例并对上述的假设做进一步拓展：假定土地的配置目标除了农业产出和其他产出，还要考虑到无土地者的利益（I_N）。于是，社会福利函数变为：$U_1 = U(Y_A, Y_B, I_N)$。生产可能性曲线移动至 PPF_1 并与 U_1 相交于 q_1（见图3）。

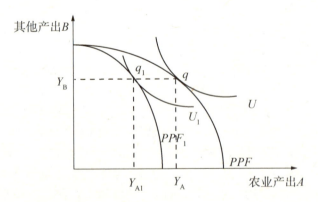

图 3　兼容目标下制度安排及效率

---

① 事实上，各级政府对土地的随意征用和农民集体自身对农地的肆意非农转用，不仅导致了大量农地的流失与土地的肆意侵占，而且引发了广泛的农业土地的粗放经营，应该说在相当程度上均与不恰当的土地产权制度安排紧密相关。

相较于 q 点，q_1 满足了对无土地者的利益保障，制度实施效率得以改善。但问题是，这种改善以农业产出减少（$\Delta Y_A = Y_A - Y_{A1}$）为代价。原因在于，土地资源配置的目标倾向虽然不变，但为了保障无土地者的利益，追求公平，势必要重新分配土地产权，均分土地。但现实中，人的能力大小不同，对不同能力的人赋予同样的资源，显然会抑制一部分，特别是能力较强的土地获得者的生产性努力，进而影响农业产出，使得主流目标的实施效率下降。由此造成的损失（ΔY_A），实际上是由于追求制度公平造成的要素配置效率损失。更为严重的是，当追求收入最大化的个人目标在农业生产中得不到有效满足时，部分农业生产主体，特别是优质的农业劳动力就会转移到其他行业，在农业生产领域出现类似"劣币驱逐良币"的现象，严重威胁主流目标的实现。

三、从人民公社到家庭承包经营的制度变迁

从人民公社到家庭承包经营的制度转变，是在不同环境约束下追求制度目标的过程，也是制度参与主体生产性努力和分配性努力之间博弈的结果。

（一）人民公社时期

如果说土地改革时期的农地产权私有化是政治的需要，那么随之而来的土地集体化则既是政治的需要更是经济的需要。新中国成立之后，各方信念达到高度一致，即尽快实现国家富强和人民富裕，并最终过渡到共产主义。西方发达国家的发展经验以及苏联的示范和激励都使得中国领导人确定了发展工业特别是重工业成为国家富强的标志和目标。但一穷二白的中国工业不可能依靠自身来完成快速发展所需的资金积累。而且在解决资金原始积累的同时，既需要一方面保证能够将有限的资源集中投向国家确定的重点领域特别是重工业领域，也要求保证社会稳定。

于是，土地资源配置目标就倾向于工业发展：一要解决农民温饱问题，维持社会稳定；二要保障大宗农产品供给，为工业发展提供原材料；三要尽可能提供农业剩余，为工业发展提供资金。

作为对经典社会主义理论和意识形态的崇拜，演绎出公有制效率最优和社会福利最大化的理论结论（李怀，1999），新中国成立前后的土地改

革极大地调动了广大农民的政治与经济热情。其中，农民的互助合作组织对当时贫穷落后、生产力极不发达的农村与农业生产发挥了良好的促进作用，也为农村土地制度改革提供了良好的群众基础。于是，为了降低政府资源动员与社会管制的交易成本，统购统销制度、人民公社制度以及户籍制度等体制安排得以实施。

从结果来看，人民公社制度确实实现了其设计的功能价值：其一，"一大二公"的组织体制和平均主义的分配制度既保证了农民的就业权利，又保证了农民的最低生活需要，直接隐藏了国家与个体之间的矛盾冲突，从制度上保证了农村社会的稳定。其二，国家通过工农业产品"剪刀差"加速工业化资金积累。1953年到1981年间，国家通过价格"剪刀差"的方式从农民手中获得的工业化资金高达7000多亿元，加上农业集体组织内部所完成的积累1000多亿元，总计为8000多亿元，占到同期中国积累基金15000多亿元的50%以上；而国家在此期间对农业的投入总额却只有800亿元。（吴敏一、郭占恒，1991）其三，对棉花等大宗商品的统购统销为轻工业提供了稳定的、成本低廉的原材料，使轻工业获得保护性发展，而国家进行再分配时，便将来自于轻工业的税收更多地投入到重工业发展中，加快工业化进程。

但工业的过分汲取严重抑制了农民的生产性努力；同时，绝对平均主义和集体生产也间接地鼓励人们的分配性努力。由此造成的严重后果就是农业发展缓慢、农民收入减少、农产品减产。1976年与1957年比，全国农村人均口粮减少了4斤，人均收入在60元以下的生产队占38%、50元以下的占27%、40元以下的占16%；人均口粮方面，旱粮产区300斤以下的生产队占19%，水稻产区400斤以下的生产队占18%，全国约有1.4亿农民处于半饥饿状态。邓小平曾指出："中国社会从1958年至1978年20年时间，实际上处于停滞和徘徊的状态，国家经济和人民生活没有得到多大的发展和提高。"（罗必良，2008）

可见，以社会主义信念为基础的人民公社制度的选择实际上是主导集团与农民之间的一个博弈过程。但正如列宁在十月革命胜利后曾指出的：一下子就把数量很多的小农经济变成大经济是办不到的。在短期内一下子把一直分散经营的农业变成公用经济并具有大规模的全国性的生产形势（在这种生产下，全体劳动人民会普遍而同等地履行劳动义务，同等而公平地享用劳动产品），这当然是不可能的。（李孔岳，2006）

（二）家庭承包经营时期

长期的农业低效率以及经济短缺和食品匮乏，动摇了人们对计划经济集权体制的信念，与西方国家越来越大的差距也引发了对社会主义的信任危机，一场变革在所难免。

事实上，早在1956年下半年的时候，温州、佛山等地区就曾推行过包产到户，但时间不长就被指责是"富农中农的资本主义主张"。在此后的20多年间，包产到户的做法时有发生，然而都逃不脱同样的厄运。直到党的十一届三中全会以后，家庭承包经营制度才成为一种社会规模的选择，拉开了农村经济体制变革的序幕。可见，与领导集团的偏好是否一致成为一项制度能否顺利推进的关键。

应该说，核心领导的更替以及思想观念的转变成为此次制度变迁得以成功的关键。党的十一届三中全会确定了把党的工作重心从阶级斗争转移到现代化建设上来，实施"改革"和"开放"。中国是一个农业人口占大多数的国家，现实的国情决定了我们要首先解决农民问题才能实现全面的改革。而多年来的"一大二公""大锅饭"、绝对的平均主义严重伤害了农民的生产积极性，农业效率低下使农民成为高度集权的计划经济体制之最大的受害者。面对这种农产品极度短缺的市场环境，最大限度地调动农民的积极性，提高农业生产效率以实现农业产出的最大化成为新的农地制度目标。

家庭承包经营能够较好地解决农业生产的激励和监督问题。"交够国家的，留够集体的，剩下的都是自己的"的新制度安排，保证了农民对土地的经营权以及农业剩余的索取权，鼓励了农民的生产努力，实现了农业产量提高与生产效率改善的目标。特别是1984年以前，它不仅有力地促进了农业的高速增长和农户收入的提高，还推动了整个国民经济的提高。以不变价计算，1978—1984年农业总产值增加了42.3%，其中46.89%来自新农地制度所带来的生产率提高。短短几年内，粮食总产量上了一个新台阶，达到40731万吨，人均粮食占有量达到393公斤的历史最高点，基本解决了10亿农民温饱问题。（林毅夫，2005）

应该看到，这种按农业人口均分土地的产权制度安排大体上满足了我国在封闭环境下，人多地少、农业生产主要靠手工操作情况下的生存需要。但是，农业生产力水平的提高和市场经济的开放对农业经营的集约化和规模化提出了新的要求，特别是在一些生存问题得到基本解决的经济较为发达的地区，家庭财富的最大化成为农户追求的新目标，势必会对土地制度提出新的要求。

（三）人民公社制度与家庭承包经营制度的比较

尽管学界普遍认为从人民公社到家庭承包经营的制度变迁过程是一种效率更高的制度对另一种制度的替代，但如前所述，对基于不同目标所设计的制度安排进行绩效比较，必须十分小心和谨慎。应该说，不论是人民公社还是家庭承包经营都完成了特定环境下的设计目标：人民公社制度在保证农民基本生活的同时完成工业快速发展所需的资金积累；家庭承包经营制度则在封闭条件下鼓励了农民的生产性努力，实现了农业产出的最大化。其异同点在于：

（1）人民公社制度和家庭承包经营制度在分配性努力方面表现出了一致性：①二者都是主导集团追求分配性努力的结果。人民公社时期，通过把土地赋权给集体，鼓励集体的生产积极性以达到对农业的高强度控制，为工业发展提供尽可能多的农业剩余；家庭承包经营时期，土地被赋权给农民，使得农民的收益与自己的生产性努力程度密切相关，抑制了农民的分配性努力。这种要素配置模式看似是一种"生产性努力"，但这种配置是以主导集团的偏好为转移的，土地制度只不过是这种分配性努力的制度化。从这点来说，人民公社制度与家庭承包经营制度的实质是一样的。②在界定农民对土地的权益时均采用了平均分配制度。不同的是：人民公社时期，每个集体成员平等分享土地收益，是追求事后产品分配公平的收益权平均；而家庭承包经营制度下每个社区成员平等地享有土地的使用权，是追求事前产权分配公平的使用权平均。平均的分配制度不可避免地造成了个体与集体生产性努力之间的冲突。人民公社时期"磨洋工""出工不出力"现象的普遍存在、家庭承包经营时期"不以农为生""不以农为业"都是农业的生产积极性受到抑制、农民转而追求分配性努力的必然结果。

（2）家庭承包经营制度弥补了人民公社制度的部分效率损失，但仍有提高的空间。可以用"哈伯格三角"来表示人民公社制度和家庭承包经营制度的效率损失。如图4所示，人民公社制度的效率损失阴影是△ABC，而家庭承包经营制度的效率损失阴影是△EBF。

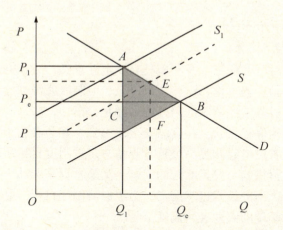

图 4 人民公社与家庭承包经营制度的效率损失

导致效率损失的原因在于，人民公社制度是建立在产权管制基础之上的，一方面在要素配置上人为压低农业要素报酬与农产品价格，另一方面则分配时采用绝对均分。两者均严重抑制了农业和农民的生产性努力，使得农业产出大幅度减少，即使在人民公社后期放开部分价格管制，也不能有效刺激农民的生产积极性。

家庭承包经营制度虽然解决了农民生产性努力的激励问题，使得效率损失阴影面积相较于人民公社时期减小（$S_{\triangle EBF} < S_{\triangle ABC}$），但均人均田的土地分配制度实质上是一种权利均分而不是要素均分，这就在一定程度上限制了制度绩效。其一，集体土地的均包制保证了农户成员权的公平性，但却引发经营主体与经营能力的不匹配。一是有可能形成农户经营能力与经营规模的不匹配（出现有地无人种或者有人无地种的现象），从而损失资源配置效率；二是平均地权必然形成土地经营的分散化与细碎化，导致规模不经济；三是农户相互分离的小而全土地经营，势必损失分工经济。其二，农户分散经营与农业公共性之间的不匹配。一是农户家庭经营的私人性与农业基础设施的公共性存在冲突；二是小规模和分散经营表现出对现代化的装备、设施和现代化要素投入的限制，甚至根本无法使用大型机械设备，从而农业经营无法实现规模经济，也无法从工业"进口"分工经济。

四、进一步的讨论

制度目标对制度的形成及实施具有决定性意义。改革开放以来，围绕农村基本经营制度的争论与试验从未停息，但制度底线却始终坚持。我们认为，我国农村基本经营制度的核心目标是：第一，必须有利于保障农产品有效供给，确保粮食安全和食品安全；第二，必须有利于农业生产效率的改善，确保农民增收和提高经营者收益。多重制度目标所决定的制度实施，既涉及经营机制与要素匹配的问题，又蕴含提高劳动生产率、土地生产率、资本生产率等技术进步因素。为了保障制度目标，必须进一步完善以家庭经营为基础的农业经营制度。

历史的经验必须记取。公社体制的核心特征是所有权与经营权的合一，表现出"集体经营"的特点；家庭承包制的核心特征是承包权与经营权的合一，表现出"家庭经营"的特点。因此，公社体制下的集体经营与分权体制下的家庭经营，都是"两权合一"的经营形式。但是，不能认为这仅仅是一个简单的主体替代而否定其制度变革价值。恰恰相反，经营主体的变化具有重要的制度含义。

（1）一个关键的突破就在于赋予了农户以"承包经营权"。即使承包经营权依然具有古典企业理论意义上的"经营权"特征，但是还有另外两大特性：第一，它包含了由集体成员的身份权所获得的承包权——可以称之为"准所有权"——因为农村土地是农民集体所有，农户具有部分代表所有权身份的特性，从而使农民获得了真实的财产性权利；第二，它包含了以农户为单位所获得的独立经营权，从而大大改善了排他性及其生产性努力。

（2）尽管二者都具有"两权合一"的"经营"特性，但出现了制度安排的革命性变迁。第一，发生了所有权与承包经营权的分离，基于产权细分改善了产权的实施效率；第二，家庭承包经营更适宜于农业生命特性所决定的现场处理要求，从而降低了生产决策、劳动监督等组织管理成本。

（3）更为关键的是，承包经营权的形成进一步地细分承包权与经营权提供了基础，从而扩展了产权配置及其效率改进的潜在空间。因为上述逻辑是针对农户承包权与经营权合一，或者说是没有分工的封闭状态下而言的。一旦农户的生产经营活动走向开放卷入分工，情形将发生根本性改观。

农业的生命特性所决定的组织运行机制，表达了家庭经营的天然合理性。家庭经营与规模经济、与现代生产组织方式能够并行不悖。家庭经营既可以通过扩大土地规模来改善农场组织的"土地规模经济性"，也可以通过农业生产性服务（如代耕、代种、代收，甚至是职业经理人的"代营"等中间性服务产品）的纵向分工与外包来实现"服务规模经济性"。可见，家庭承包制依然具有广泛的制度潜力。同样，农地制度的变革并不是一味地对家庭承包经营制度的否定，关键是如何让家庭经营在农业现代化过程中扬长避短，既能发挥家庭的组织优势，又能提高配置要素效率。

产权在不同主体间的分割和界定，是决定农地资源配置效率的关键因素（罗必良，2013）。因此，在承包权和经营权分离的基础上，进一步对经营权进行细分，从而实现"三个转变"：①从以所有权为中心的福利性功能赋权体系向以产权为中心的财产性功能赋权体系转变；②从保障农户经营权为中心向稳定农户承包权为中心转变；③从小规模分散化的封闭经营向适度规模和专业化分工的开放式经营转变。

制度目标与效率底线所决定的家庭承包经营制度，其本质特征可以表达为：坚持和落实农民土地集体所有权、稳定和强化农户土地承包权、放开和盘活土地经营权、加强和贯彻土地用途管制权（简称为"集体所有、家庭承包、多元经营、管住用途"）。由此，农村基本经营制度完善与创新的空间就主要集中在经营权的产权调整与农业经营体系构造等方面。正因为如此，党的十八届三中全会提出要加快构建新型农业经营体系，即在坚持家庭经营基础地位的同时培育多元经营主体、完善农业社会化服务体系，通过体制机制的完善以及产权配置的优化来推进我国农业现代化进程。

参考文献

［1］Coase R. The problem of social cost［J］. Journal of Law and Economics，1960（3）.

［2］（美）丹尼尔·W. 布罗姆利. 经济利益与经济制度［M］. 陈郁，郭宇峰，江春，译. 上海：上海三联书店，1996.

[3] 曹正汉. 观念如何塑造制度 [M]. 上海：上海人民出版社，2005.

[4] （美）戴维斯，诺思. 制度变迁与美国经济增长 [M]//（美国）罗纳德·洽里·科斯，等. 财产权利与制度变迁. 上海：上海三联书店，1994.

[5] （美）V. W. 拉坦. 诱致性制度变迁理论 [M]//（美国）罗纳德·哈里·科斯，等. 财产权利与制度变迁. 上海：上海三联书店，1994.

[6] 李怀. 制度生命周期与制度效率递减——一个从制度经济学文献中读出来的故事 [J]. 管理世界，1999（3）.

[7] 李孔岳. 信念、权威与制度选择——基于中国人民公社制度的思考 [J]. 中山大学学报：社会科学版，2006（4）.

[8] 林毅夫. 制度、技术与经济发展 [M]. 上海：上海三联书店、上海人民出版社，2005.

[9] 罗必良. 产权强度、土地流转与农民权益保护 [M]. 北京：经济科学出版社，2013.

[10] 罗必良. 观念如何塑造制度——兼论从公社体制到家庭承包制的制度变革 [J]. 农村经济，2008（12）.

[11] 罗小芳，卢现祥. 论有效的制度 [J]. 福建论坛：人文社科版，2008（4）.

[12] （美）道格拉斯·诺斯. 经济史中的结构与变迁 [M]. 陈郁，罗华平，译. 上海：上海三联书店，1991.

[13] （美）道格拉斯·诺斯. 制度、制度变迁与经济绩效 [M]. 刘守英，译. 上海：上海三联书店，1994.

[14] 吴敏一，郭占恒. 中国工业化理论和实践探索 [M]. 杭州：浙江人民出版社，1991.

制度的有效性评价：
以家庭承包经营制度为例[①]

一、问题的提出：如何评价制度

英国思想家洛克（Locke，1690）曾设想过一种"没有制度，只有个体的人，以及个人的偏好和技术"的自然状态。从这种状态出发，经济学家通过对经济系统演化的思想实验，研究如何出现了货币、银行、产权、竞争性市场、保险合约、政府等，并由此对制度的起源与功能进行了广泛的讨论。经济系统与社会系统的演化类似于物种进化，必须解决系统进化中所出现的各种问题。肖特（1981）曾将导致制度起源的主要问题归为四类，即协调问题、囚徒困境问题、保护既得利益的问题、合作博弈的问题。每类问题都相应产生出对某种适应性特征的需要，即对社会制度的需要。由此，制度的重要功能就在于能够以最小的社会资源解决相关问题以促进社会经济系统的有效运行。

制度评价涉及两个基本的问题：第一，为了解决某类问题，可以选择不同的制度。如果存在目标的一致性，制度的优劣是可比较的。例如，科斯（1937，1960）对企业性质及企业与市场的相互替代、对外部性问题的研究，均是基于交易成本最小化或社会福利最大化的目标取向而言的；诺斯（1994）所揭示的制度变迁的动因，也是基于制度目标的一致性假定。但事实上是，不同的制度选择可能意味着目标的不一致。第二，制度评价的困难在于，一方面，一项制度安排内含的目标可能是多重的，对不同目标的权衡来评估其绩效则可能面临偏好性选择，而这种偏好性选择及

[①] 本文为教育部创新团队发展计划"中国农村基本经营制度"（IRT1062、IRT – 14R17）、国家自然科学基金重点项目"农村土地与相关要素市场培育与改革研究"（71333004）的阶段性成果，并受到广东省宣传文化人才专项资金（2013 – 21）的资助。本文曾发表于《江海学刊》2014 年第 5 期，作者为罗必良、凌莎、钟文晶。

其评估极可能导致制度强制与制度歧视；另一方面，由于制度具有目标指向性，而对包含不同目标的制度安排进行比较评价，并非是一个简单的福利效果或者经济绩效问题。所以，斯密德（2004）强调，好的制度或有效率的制度还应该包含自由、民主与全体一致性。

本文的目的是基于文献回顾，从中梳理出"制度观念—制度目标—制度响应"的制度评价范式，并由此讨论家庭承包经营制度的有效性问题。

二、制度评价的分析框架：制度观念—制度目标—制度响应

（一）观念与制度：简要的文献说明

大量的历史事实和丰富的现实经验表明，许多国家为了解决相同的问题，选择了不同的制度；而选择同样制度框架的国家，却出现了发展轨迹的差异。

为了解释上述现象，一种基于文化维度（主要指价值观、信念、道德伦理）来解释国家和地区发展差异的思潮，因社会科学研究（特别是社会学、经济学、政治学、法学等）的复兴，而逐步成为学术主流。这一思潮的背景是，20世纪下半叶，在亚洲、非洲、拉丁美洲的经济现代化和政治民主化浪潮中，有一些国家和地区取得了成功（如日本、韩国、中国台湾、新加坡等），但大多数国家并没有取得预期结果，许多非洲国家和拉丁美洲国家仍然陷于贫穷和专制之中。此外，在80年代以来的社会主义改革浪潮中，苏联和东欧国家放弃了社会主义道路，转向自由市场制度；中国、越南则坚持在社会主义的基本框架内进行市场化改革。越来越多的学者和政治领导人认识到，这种发展程度和改革路径上的差异根源于国家和地区之间在文化上的差距；而只有将制度改革同思想变革协调进行，一个国家才能在政治、经济、社会发展上步入良性循环的轨道。

"观念塑造制度"，就是上述理论思潮中的一个重要命题。早期的经济学家凡勃伦（1997）发现，社会经济变迁的背后是人们思想习惯的演变，制度既是思想习惯发展的结果，又随思想习惯的改变而演化。在韦伯（2007）看来，资本主义革命不是由源源不断的工业投资所引致的，而是

由一种特殊的资本主义精神所造成的。哈耶克（2000）认为，人的行为既具有遵循某种行为规则的特征，又受着他自己所持有的观念的引导。行为规则为每个人划出自由行动的范围，至于在这个范围内朝何处努力，则受到观念的引导。观念对行为的引导将居于优先地位，并将引导人们去改造同其观念不符的行为规则。诺斯（1994）则强调了制度变迁有两个源泉，即要素相对价格的变动与行为者偏好（包括价值观）的变化。但他强调，即使两个社会面临相同的相对价格变动并且建立起大致相同的初始制度，这两个社会仍然会在随后的变迁过程中，因文化传统和价值观上的差别而走上不同的道路，演化出相距甚远的制度安排。格雷夫（1994）论证了"理性的文化信念"对一个社会制度框架的形成与演进所产生的决定性作用。这种理性的文化信念一旦形成，为该社会每个人所知，则在社会成员之间的博弈中具有自我实施的特点，因而决定了每个人的最优战略选择，并进一步决定该社会的组织方式和制度选择。

（二）社会观念与主流观念

社会观念是人们持有的关于社会应该是什么样及这种理想中的社会应该如何实现等的一套观念和思想。在一个稳定的社会中，一定存在一套社会成员普遍认同的思想观念，即所谓的社会主流思想观念。（曹正汉，2005；罗必良等，2006；罗必良，2008）社会的主流思想观念来源于社会成员的思想观念。但是，并非每一位社会成员都能清晰地、明确地表述自己的思想观念；对于社会的主流思想观念，更非人人都有能力进行概括、表述和施加影响。由此，我们将社会成员分成两类，一类为社会大众，一类为社会精英。这两类人都参与了社会主流思想观念的形成，但他们在个人能力和对主流思想观念的影响上，则有很大差别。

在充满不确定性的世界中，人们总是需要有一套思想观念用来安身立命。对于社会大众来说，他们既缺乏思想观念的创造能力，也缺乏阐述和传播思想观念的能力。他们的思想观念来自两个方面，一方面来自世代相传的社会习俗、习惯及对文化传统的学习，另一方面来自社会精英对文化传统的阐释和对新思想观念的倡导。社会精英则是一群有能力明确地阐述自己的思想观念并有能力传播思想观念的杰出人物，故他们也是社会主流思想观念的阐述者、传播者、批评者或革新者。因此，当社会处于稳定时期，社会的主流思想观念是通过精英人物的阐述和倡导，得以广泛传播和延续下去。当社会进入一个新的环境之中，面临新的问题，而社会原有的思想观念又不能应付此种新环境和新问题时，社会的主流思想观念则面临革新。此时，新的精英人物应运而生，他们或者对文化传统进行新的解释，或者从社会外部引入新思想，或者从实际经验中创造新的思想观念。

精英人物的作用表现在两个方面：第一，表现为主动创立、倡导或传播某种思想观念，因而影响到社会主流思想观念的形成与演变；第二，主动将某种思想观念应用于社会实践，因而影响到社会制度的变迁。问题是，社会精英提出的新思想、新观念，可能有多种，彼此之间甚至可能相互冲突。在这些新的思想观念中，哪一种将成为社会新的主流思想观念，则最终由社会大众做何响应、如何评价而定。

一套观念是一套关于理想人生和理想社会的假设。这套假设要得到社会大众的相信和认可而成为主流观念，须具备一些条件：第一，在社会大众的心目中，提出和倡导这套观念的精英人物应是可以信赖的人，能够解决社会面临的问题，具有广泛的号召力；第二，这套思想观念应同社会的文化传统有内在联系，能够从社会大众的传统资源中找到支持的力量。

（三）制度目标、制度构建与制度响应

社会的制度安排是社会精英和社会成员为实现某些认同的价值目标，所共同选择的一套组织社会活动的规则。这一选择过程表现为社会精英与社会大众之间的博弈过程。第一，社会精英按照自己的偏好和思想理论设计出实现其价值目标的制度安排。第二，社会精英还希望，在环境、资源、知识等约束条件下，自己所设计的制度安排在协调社会成员的行动以实现他所偏好的价值目标时，应尽可能降低交易成本。不过，社会精英追求的目标不一定是社会的资源配置效率最大化，而可能是其偏好的特定价值目标最大化。第三，社会大众对精英人物提出的价值目标和设计的制度安排进行评价并做出支持还是不支持的反应。当某种制度安排在社会精英与社会大众之间构成纳什均衡时，这种制度安排就可以在社会内部建立起来并维持下去。

在社会内部存在多个社会精英或精英集团，他们可能奉行不同的甚至是相互冲突的思想观念，他们都希望按自己的思想观念建构社会制度，都希望社会的制度安排有利于自己所追求价值目标的实现。正因为如此，我们看到了制度主张的多样性。于是，在思想观念与制度建构的竞争之中，社会认同与制度响应具有决定性作用。能赢得大多数社会大众支持的思想观念将成为社会的主流思想观念，代表主流思想观念的社会精英将取得制度建构的领导权，这类社会精英是该社会中目前居主导地位的精英人物。由此，社会精英转化为政界精英。

因此，制度安排的内在逻辑是，社会精英代表并主导着主流思想观念，决定着制度安排的建构行动，并在通过制度安排服务于主流价值目标实现的同时，能够赢得广泛的制度响应并使之内生的交易成本最小化。

（四）制度响应及其评价：产权制度的社会认同

社会的制度选择作用于经济领域通常表象为产权制度。一般地，每个社会都必须解决其社会成员之间因稀缺资源的使用而产生利益冲突问题，人们为解决这类冲突往往借助某些竞争规则或社会规范，这些规则便是新制度经济学中所谓的产权。

产权经济学区分了两个重要的概念，一是产权赋权，二是产权行使。明晰的赋权是重要的，但产权主体是否具有行使其产权的行为能力同样是重要的。问题是，写在纸上的制度与实际运行的制度并不总是一致的。由此，在国家状态下，由精英集团所构建的制度安排尽管可以依赖于法律赋权的强制性得以运行，但强制性的界定、实施及其保护是需要支付成本的。显然，其成本的高低与社会认同紧密关联。

作为一种权利，产权总是一种社会的选择，是一种可以被社会共同认可的权利的选择。社会认同与制度响应对产权及其实施具有重要的行为发生学意义。

（1）社会认同是产权的一种表达方式。产权可以用法律赋权来表达，强调正式的、外生的制度权威性；也可以用个人行为能力来表达，产权主体的行为能力成为分配法律界定之外的剩余权益或者非法攫取产权权益的手段；产权还可以用社会认同表达，社会认同是内生制度，是社会成员的主观博弈均衡。产权主体以社会认同的方式行使权利，能够有效降低产权行使的交易成本。

（2）社会认同代表着产权权益的合理正当。法律赋权的前提是权益的"合理正当"。然而合理正当的评价标准是什么？不同的产权制度及其目标，如何表达不同参与主体的"集体偏好"？显然，一致性的集体同意或者社会认同，是一种恰当的判断标准。其一，它能够保障每个参与主体的偏好性满足；其二，它能够体现参与者的自愿性与契约性。所以，社会认同程度（后文的计量分析将用"满意度"表述），从主观契约论角度来说，可以视为产权权益是否正当合理的一种测度标准。（罗必良，2005）

(3) 社会认同的修正性作用。产权来源于"法律界定"，然而法律制度总是存在不完备性与不一致性等问题。这种不完备与不一致必然引发行为主体在产权实施过程中发生纠纷。显然，那些被社会认同的权益往往因为其正当合理性而能够得到恰当的尊重。关键在于，一旦社会认同与法律不一致甚至冲突积累到一定程度，就有可能倒逼法律的修正，以使法律赋权更具正当合理性。

三、家庭承包经营制度的宏观评价

中国农村基本经营制度集中表现为农村土地的农民集体所有制和农村土地的家庭承包经营制。而家庭承包经营制度实际上包含两个方面的制度安排，一是家庭承包制度，二是家庭经营制度。

（一）家庭承包制度：公平目标与土地保障功能的强化

中国几千年"重农抑商"的传统和严酷的人地关系所形成的生存压力，使得农地不仅是重要的国家资源，也是农民赖以生存的"命根子"，形成了特殊的农耕文化传统。农地特殊的自然属性和社会属性特征，决定着自古以来我国村落存在一定程度上的自治传统。村庄村落作为国家某种意义上的功能替代，是以血缘、亲缘、地缘为纽带的乡村社会自发组织，具有重要的产权含义：产权界定与排他性保护功能。（谢琳、罗必良，2010）村集体对农地的保护不仅体现在产权界定和排他性保护的经济功能上，同时在某种程度上是一种社会保障制度安排。在人均农地资源禀赋极少的小农经济社会，农民的理性原则是以生存安全为第一，而不是追求收入的最大化，土地均分成为农民克服生存压力的一个集体回应。（Scott，1976）

除了上述"历史基因"之外，土地"均分"制度还得到两个因素的强化。一是制度观念的转变。人民公社的低效率以及经济的短缺与食品匮乏，特别是核心人物的更替（1976年毛泽东去世与1977年邓小平再次复出）以及相应意识形态的修正，使家庭联产承包责任制终于在

20世纪70年代末80年代初得以实行并相继获得政治鼓励与法律保障。由此，国家开始从通过政权内卷化而对农村经济无所不在的介入与控制状态中逐步退出（杜赞奇，1994），以此换得稳定的税收、低成本的监管系统和农民的政治支持；农民则以保证对国家的上缴和承担经营责任，换得土地的长期使用权以及上缴之余资源的剩余索取权。于是，家庭承包经营成为农村制度变革的基本取向。二是制度环境的约束。土地对于农民兼具生产资料及社会保障双重功能。但是，一方面由于城乡隔离使不断增加的农村人口滞留于农业，导致了人地关系的不断恶化；另一方面由于国家经济能力的弱小难以承担农民的社会保障，这就使得土地承担的福利保障功能大大高于其生产功能。因此，家庭承包制不得不选择了"均分制"。

以农地均分为特征的家庭承包制获得了举世瞩目的制度效果，但同时也留下了严重的后遗症。在家庭承包的制度实施中，土地的集体所有制普遍表达为社区集体的每个成员都天然地平均享有对土地的使用权利。为了保证产权分配（界定）的公平性，从初始的按人（劳）均分土地使用权，到一次又一次地因人口变化而重划土地经营权，追求产权界定公平的调整永无休止，从而隐含着重大缺陷。

本课题组于2011—2012年对全国890个农户的抽样问卷调查的结果表明，农户的平均承包耕地面积为7.19亩，地块分散为5.08块，土地成为名副其实的"社会保障品"。因此，家庭承包的制度安排进一步强化了农民土地的赋权公平及其福利保障，而不是土地资源利用效率的改善。

（二）家庭经营制度：效率目标及其可拓展空间

农业生产是通过利用有构造的生命自然力进而利用其他自然力的活动，是一种以生命适应生命的复杂过程，并且这一不容间断的生命连续过程所发出的信息，不但流量极大而且极不规则，从而导致对农业的人工调节活动无法程序化。因此，农业活动的主体必须根据生物需要的指令来做出有效反应，而且由于生命的不可逆性所内含的极强时间性或生命节律，决定了农业组织要比工业组织必须更具有反应的灵敏性与行动的灵活性。这种灵敏性与灵活性所带来的生产不确定性，需要有灵活的信息决策机制，由此决定了与之相对应的经济组织不可能是大规模的。应该说，就生产效率目标而言，家庭经营具有天然的合理性。

农业家庭经营源于人民公社体制的变革。公社体制的核心特征是所有权与经营权的合一，表现出"集体经营"的特点；家庭承包制是在保持所有权不变的前提下，经营主体由"农户"对"集体"的替代。不能认为这仅仅是一个简单的主体替代而否定其制度变革价值。恰恰相反，经营主体的变化具有重要的制度含义。

（1）赋予了农户以"承包经营权"。第一，明确了由集体的成员身份所表达的承包权，从而使农民获得了真实的财产性权利；第二，确立了以农户为单位所获得的独立经营权，从而大大改善了产权的排他性及其生产性努力；第三，家庭经营更适宜于农业生命特性所决定的现场处理要求，大大降低了组织管理成本。

（2）重新发现产权细分的制度潜力。尽管土地所有权与承包经营权的分离促成了家庭经营主体地位的确立，但农地经营的小规模、分散化与细碎化的经营格局使得家庭经营几乎不具有任何规模经济性，并进一步导致了农户的兼业化、劳动力的弱质化、农业的副业化。但是，承包权与经营权的进一步分离尤其是经营权的进一步细分，则将大大扩展农户产权配置及其效率改进的潜在空间。特别地，一旦发生农地经营权流转以及农户生产经营活动卷入分工，情形将发生根本性改观——家庭经营的实现形式可以多种多样：在封闭状态或者交易成本很高的情形下，自给自足的家庭经营是一种均衡；如果农户能够有效地雇佣劳动（作为"代营"的经理人与作为"代耕"的农业服务），家庭经营就转换为生产大户或者家庭农场，从而形成内部分工；如果农业专业服务市场具有较高的交易效率，那么家庭经营的业务外包就成为必然的选择。因此，不能将家庭经营视同于小农经营，因为前者既可以通过扩大土地规模走向规模经营，也可以发挥其比较优势参与农业分工而成为现代农业发展的积极因素与重要组织资源。

四、家庭承包经营制度的微观评价：计量分析

（一）分析视角

制度的社会认同或者社会响应，需要可操作的评价方式来表达。其

中，满意度评价被视为一种简洁而经济的评价方法。事实上，无论是微观层面的商业运作，还是宏观层面的公共政策及其制度绩效，满意度评价理论已经受到了广泛重视。（陈强，2006）由于家庭承包经营制度的实施主体是农户，而农户满意度是农户比较期望获得收益与实际获得收益的时候产生的一种情感反应。它是一种认知状态，反映了农户对现行制度的态度。因此，认识和理解农民的制度响应及其满意与否，对于稳定和完善农村基本经营制度，具有重要的政策意义。第一，家庭承包经营制是公平和效率的统一。一方面，作为国家赋权的土地承包制，均人均田体现了公平原则，是保护农民权益制度目标的具体表达；另一方面，独立的经营权降低了监督费用，体现了效率原则，目的在于激发农民的生产积极性。由此，农户对家庭承包经营制的满意度评价可以细分为家庭承包制和家庭经营制两个方面。第二，制度绩效的评价不仅取决于制度安排本身，也依赖于制度响应的主体特征，同时与制度运行及其主体所处的环境亦紧密关联。因此，本文对于农户满意度评价的度量从制度安排、运行环境以及农户家庭禀赋三个方面来进行。

（二）数据来源与样本特征

本文数据来源于课题组于 2011 年 7 月至 2012 年 2 月进行的全国抽样问卷调查。共发放问卷 1000 份，回收问卷 1000 份。剔除数据缺失过多的问卷，最终得到有效问卷 890 份，有效率为 89.00%。

从表 1 可看出，样本农户呈现出明显的特点：第一，小规模与分散化经营。户均农地（包括水田、旱地和菜地三种类型）仅为 4.78 亩，且分散为 5.00 块。第二，家庭经营非农化。一是纯农业劳动力占家庭劳动力的比例只有 36.48%；二是农业经营收入占农户家庭收入的比例不足一半，仅占 46.06%。

表 1　全国样本农户的基本特征

指标名称	描述值	指标名称	描述值
户均家庭人数（人/户）	3.40	户均劳动力人数（人/户）	2.58
户均农地的总面积（亩）	4.78	户均农地地块数（块/户）	5.00
纯农业劳动力所占比重（%）	36.48	户均农业经营收入所占比重（%）	46.06

从表 2 可以发现，87.40% 的农户对家庭承包制表达了满意，而对家庭经营制的满意度只有 74.00%。不同的区域与不同的农户类型均表现出一致性。可见，农户对家庭承包制赋权公平性目标的满意度，要明显高于家庭经营制所表达的效率目标。

表 2　农户对家庭承包/经营制度的满意度

制度类型	全部样本户	农户类型			地　区		
		以农为主农户	兼业农户	非农为主农户	东部	中部	西部
家庭承包制（%）	87.40	87.10	86.60	88.10	88.60	88.40	85.90
家庭经营制（%）	74.00	71.00	74.70	76.10	73.50	77.70	72.40

（三）计量模型与因子分析

选取二元 Logistic 模型作为本文的计量模型，其基本形式为：

$$p_i = F(z = 1 | y_i) = 1/(1 + e^{-y_i})$$

式中，p_i 代表农户 i 对制度满意的概率；F 代表给定一个 y_i 值，农户表示满意的概率；z 是可以取值 1 或 0 的随机变量。

上式经整理得：$e^{-y_i} = (1 - p_i)/p_i$，故有：$y_i = \ln[p_i/(1 - p_i)]$。则 Logistic 模型是一个线性估计模型，其形式为：$y_i = X_i\beta + \mu$。其中，X_i 为影响因素向量，β 是待估计系数。

本文对家庭承包与经营制度的满意度分设为两类因变量：y_1 表示农户对家庭承包是否满意，y_2 表示农户对家庭经营是否满意。并将"是"和"否"并分别赋值为"1"和"0"。

模型涉及的影响因素主要包括三个方面：一是农户的禀赋特征（x_1, …, x_7）；二是农地制度特性（x_8, …, x_{19}）；三是制度环境状况，包括社会保障（x_{20}, x_{21}）、市场环境（x_{22}, …, x_{25}）以及公共服务（x_{26}, …, x_{32}）。

鉴于涉及的影响因素众多，应用 SPSS 20.0 软件对相关数据进行处理，运用最大方差法旋转，按照特征值大于 1 的原则将 32 个观察项整合为 14 个主因子（见表 3）。结果检验表明，KMO 值为 0.640（>0.5），Barlett 的球形度检验 Sig 为 0.000，可以进行因子分析。

表3 变量、含义及其因子分析结果

变量	名称	含义	因子载荷	特征根	因子命名
x_{13}	土地是否大调整*	是=1，否=0	0.926	3.351	土地调整
x_{12}	土地是否小调整	是=1，否=0	0.923		
x_{28}	集体对就业的作用	大=3，一般=2，小=1，没用=0	0.909	2.615	信息服务
x_{27}	集体对生产的作用	大=3，一般=2，小=1，没用=0	0.903		
x_{26}	集体提供信息服务	多=3，一般=2，少=1，从不=0	0.824		
x_{11}	灌溉条件	不好=1，一般=2，好=3	0.921	2.295	土地质量
x_{10}	农地肥力	下=1，中=2，上=3	0.900		
x_6	种植能力	与同村人相比，种植作物单产对比	0.917	1.835	种养能力
x_7	养殖能力	与同村人相比，养殖技能与村里人比较	0.910		
x_{31}	是否参加合作社	是=1，否=0	0.912	1.765	组织参与
x_{32}	合作社的帮助	大=3，一般=2，小=1，没用=0	0.906		
x_3	家庭中村干部数	家庭及亲属中的村干部数量	0.808	1.610	政治资本
x_5	与村中掌权人是否有关系	是=1，否=0	0.704		
x_4	家庭中国家干部数	家庭及亲属中国家干部的数量	0.703		
x_9	土地细碎化	家庭承包总面积与地块数的比值	0.847	1.547	土地规模
x_8	人均农地面积	家庭承包总面积与家庭人口的比值	0.803		

（续表3）

变量	名称	含义	因子载荷	特征根	因子命名
x_{18}	是否有土地抵押	是=1，否=0	0.681	1.421	土地资本化
x_{19}	是否有土地入股	是=1，否=0	0.675		
x_{17}	是否有土地出租或转让	是=1，否=0	0.640		
x_{24}	农产品卖出价格	满意=3，一般=2，不满意=1	0.825	1.351	购销价格
x_{25}	农资采购价格	满意=3，一般=2，不满意=1	0.822		
x_{23}	销售农产品容易程度	容易=3，一般=2，困难=1	0.792	1.193	购销便利性
x_{22}	采购农资容易程度	容易=3，一般=2，困难=1	0.723		
x_{21}	养老保险参与率	参加人数与家庭总人数的比值	0.794	1.140	社会保障
x_{20}	医疗保险参与率	参加人数与家庭总人数的比值	0.753		
x_1	劳动力妇女化程度	家庭劳动力中妇女所占比重	0.772	1.064	劳动力弱质化
x_2	劳动力老龄化程度	家庭劳动力中50岁以上老人所占比重	0.720		
x_{30}	集体是否组织销售农产品	是=1，否=0	0.769	1.031	购销服务
x_{29}	集体是否组织采购农资	是=1，否=0	0.661		
x_{14}	是否有土地继承	是=1，否=0	0.674	1.021	土地非资本化处置
x_{16}	是否有土地互换	是=1，否=0	0.648		
x_{15}	是否有土地赠予	是=1，否=0	0.578		

注："*"表示大调整是指村委会将所有农户的承包地全部打乱重新分配（按家庭人口重新分配），小调整是在部分农户之间实施的农地的多退少补（基本原则是增人增地、减人减地）。

（四）模型估计结果及其分析

运行 SPSS 20.0 对模型进行二元 Logistic 回归分析，得到计量结果如表4。

从表4可以发现：

（1）土地调整均降低了农户对承包制与经营制的制度满意度评价。应该说，农地调整是一把"双刃剑"，一方面土地的重新调整能够改善农户赋权的公平性，但另一方面却会降低农户土地经营预期的稳定性。由于土地经营权依附于土地承包权，因而对不稳定的经营制的较低满意度评价必然会影响到对承包制的评价。与之相类似，土地的小规模及其细碎化也会降低农户对家庭承包经营制度的满意度评价。

（2）土地质量的好坏对农户的制度评价具有显著影响。家庭承包权所内含的土地均分，不仅仅是承包面积、地块远近的公平赋权，更重要的是农地质量好坏的公平享益。因此，一方面，土地质量的提高会提高农地赋权的产权价值，从而改善农户对家庭承包制的制度响应；另一方面，农地经营权决定着农户在不改变土地用途前提下的使用、收益及其处置的权益。显然，在农用范围内，土地质量对于农户的经营权运作具有重要意义，它既可表达为土地的利用效率，也可表达为农地经营权流转中的级差地租。

（3）政治资本、社会保障以及劳动力弱质化，均会显著影响农户对家庭承包制的评价。①政治资本对农户满意度的影响显著为负。可能的原因是：第一，农户家庭中出任"干部"的人数越多，以农业人口为基准所能够分得的土地会越少，显然会对"人动地动"的均包制产生不满意；第二，拥有政治资本的农户在乡村社会的利益再分配的过程中能够获取比较优势，但是在土地均包之"乡规民约"的制度框架下，这一比较优势不可能转化为歧视性赋权，更不可能转换为含租产权。所以，拥有政治资本的农户倾向于对"均包制"表达不满意。②社会保障对农户满意度的影响显著为负。家庭承包的制度核心是土地的福利性赋权，但社会保障所生成的对土地福利功能的弱化与替代，使得农户对土地均包制的满意度下降，从而表明农地赋权的制度目标将面临着重大转变。③家庭劳动力的老龄化与妇女化所表达的劳动力弱质化，意味着农户对土地的生存依赖，因

表 4 回归结果

变量	对家庭承包制的满意度 (Y_1)				对家庭经营制的满意度 (Y_2)			
	B	S.E	Sig.	Exp(B)	B	S.E	Sig.	Exp(B)
土地调整	-0.195*	0.127	0.077	0.823	-0.062*	0.098	0.067	1.064
信息服务	-0.216	0.121	0.175	0.806	0.068	0.100	0.497	1.070
土地质量	0.300**	0.130	0.021	0.741	0.335***	0.094	0.000	0.715
种养能力	0.060	0.120	0.613	1.062	0.208**	0.095	0.029	1.232
组织参与	-0.094	0.110	0.395	0.911	-0.006	0.099	0.955	0.994
政治资本	-0.104**	0.108	0.039	0.902	0.039	0.099	0.695	1.040
土地规模	-0.032*	0.122	0.096	0.969	-0.211*	0.111	0.058	0.810
土地资本化	0.073	0.131	0.579	1.075	0.211**	0.086	0.014	1.235
购销价格	0.219	0.124	0.177	1.245	0.135	0.099	0.171	1.145
购销便利性	0.153	0.120	0.201	1.166	0.124	0.098	0.208	1.131
社会保障	-0.429***	0.114	0.000	0.651	0.028	0.100	0.780	1.028
劳动力弱质化	0.314**	0.129	0.015	1.369	-0.036	0.101	0.724	0.965
购销服务	-0.167	0.129	0.196	0.846	0.223**	0.108	0.038	1.250
非资本化处置	-0.052	0.115	0.649	0.949	-0.107	0.104	0.303	0.899
常量	2.468***	0.138	0.000	11.794	-1.887***	0.106	0.000	0.152
综合检验 sig	0.000				0.001			
-2 Log Likelihood	505.201				680.723			
Hosmer-Lemeshow 检验 Sig	0.511				0.051			
已预测(%)	90.40				85.50			

注："*""**""***"分别代表 0.10、0.05、0.01 的显著性水平。

而土地均分的保障性赋权能够获得农民的积极响应。

（4）土地资本化、种养能力以及农业购销服务均能够显著提升农户对家庭经营制的满意度评价。要强调的是：第一，由农地经营权的出租、转让、入股以及抵押所表达的土地资本化，能够有效改善农户土地的财产性收益，因此，家庭经营制度在市场化情景下能够得到农户的积极响应；第二，集体所提供的农资采购与产品销售服务，能够提升农户的市场参与能力，降低农户的交易成本，进而可以有效增加农户土地的经营性收益，因此，农业市场的组织化与服务化，能够改善农户对家庭经营的制度响应。

五、进一步的讨论

一项"好制度"必须满足几个基本要求：一是服务于主流价值目标的实现；二是能够获得法律赋权所表达的正当性；三是能够获得行为主体的社会认同与激励响应。

已经运行了30多年的家庭承包经营制度，无论经历了怎样的制度变迁与调整，其制度目标却始终没有发生改变：一是保障农产品有效供给，确保粮食安全和食品安全；二是改善农业的生产效率，确保农民增收和提高经营者收益。为了维护和实现制度目标，制度安排的内核与底线同样被始终坚持：一是始终坚持农村土地农民集体所有制，二是始终稳定土地承包关系并保障农户的土地承包权，三是始终坚持家庭经营的基础性地位，四是始终严格保护耕地并强化农地用途管制。

不仅如此，家庭承包经营制度还不断得到法律和政策的强化。①强化农户的产权主体地位。中央1982年的第一个"一号文件"，明确肯定了包产到户、包干到户"是社会主义农业经济的组成部分"。进入21世纪以来，中央政策文件更是反复申明土地确权到户并保护农民财产权利。2002年出台的《农村土地承包法》则以法律的形式将农民的土地权利确立下来。②强化赋权的稳定性。1984年中央第三个"一号文件"确定了承包给农民的土地15年不变，1993年的"一号文件"则将承包期延长到30年不变。党的十七届三中全会明确强调，赋予农民更加充分而有保障的土地承包经营权，土地承包关系要保持稳定并长久不变。党的十八届三中全会更是强调赋予农民更多财产权利。事实上，农民土地的确权登记已经成为各级政府的重要部署。

由于家庭承包经营制度在保障国家农产品供给安全的同时，兼顾了农民的利益，实现了微观主体经营目标与国家宏观政策目标的"激励相容"，从而赢得了农户较高的满意度评价。应该说，中国的家庭承包经营制度总体上是成功有效的。

但是，不能忽视计量分析结果所表明的问题及其政策含义。

（1）关于农地调整问题。通常认为，对于农民来说，土地不仅是生产要素，也是财产权益，同时还具有多重的福利保障功能，这在传统的农耕社会具有一致性。尤其在人地矛盾极为紧张、土地生存依赖甚为显著的情景下，土地的福利性赋权及其"均分"以及为了保证公平性的产权调整，往往成为制度维护与制度实施的重要路径。然而，随着工业化、城镇化以及要素流动的市场化进程，中国农村的情形已经发生了重大变化。一是工业化与非农产业的发展，使得农民的农外就业机会增加，土地对农民的就业保障功能逐步弱化；二是城镇化与人口的自由流动，使农民的农外选择空间不断扩展，人地矛盾已经逐步松动；三是农地经营权的流转及其产权市场的不断发育，农地的财产性功能不断突显。因此，如果说土地的福利性赋权及其维护公平的产权调整能够满足生存性农民的制度响应，那么，对于谋求市场化收益最大化的经营性农户而言，土地的财产性赋权及其稳定性就显得尤为重要。本文的实证分析支持了上述判断。第一，无论是家庭承包制还是家庭经营制，稳定地权能够改善农户对制度满意度的评价；第二，社会保障程度的提升、对小规模承包经营的不满，以及由土地资本化所引发的制度认同，均表达了农民对土地福利赋权转向土地财产赋权的诉求。

（2）关于农业服务化问题。小规模的家庭经营如何与大市场对接是我国农业经营制度面临的重大问题。现行政策一直在鼓励农地经营权流转并向生产大户集中、建立农民专业合作组织、龙头企业联结农户、订单农业等多种创新实践。但本文的计量结果表明，农户参与合作社并没有改善对承包经营制度的认同与响应，但提升种养能力与改善购销服务则能够显著增进农户对家庭经营制度的满意度。正如前文已经阐明的，农户经营权的细分与农业分工的参与，能够大大改善家庭经营的适宜性与运作空间。一旦农户由小而全封闭式的家庭经营转向从市场购买中间品服务，家庭经营就能够卷入社会化分工并扩展其效率生存空间。比如，在农户的水稻种植生产中，多数农艺与生产环节是可以分离的（或者说可以作为中间性产品）。其中，农业生产资料的采购、农产品的运销可以委托给专业化的运销组织，育秧活动可以独立分离由专业化的育秧服务组织提供，整地、栽插、病虫害防治、收割等生产环节亦可以向专业化的服务组织外包。

关键是发展农业服务特别是生产性服务市场。尽管农业生产存在信息的不规则性，但专业化组织具有信息搜集与处理的比较优势；尽管存在服务质量的考核困难，但专业服务形成的资产专用性与服务市场的竞争，能够有效减缓监督成本问题。关键是，农事活动的分工与服务外包的可能性及其效率，与服务市场的规模密切相关。假如众多的农户能够将某个生产环节外包，从而构成一定的总需求规模，提供相应的中间性产品即专业化服务的承接主体就能够获得进入的规模经济性，由此而形成的分工经济即可带来合作剩余。在这种情形下，家庭经营就能够便利地分享分工经济。因此，一旦农事活动卷入分工，家庭经营与规模经济、与现代生产组织方式就能够并行不悖。家庭经营既可以通过扩大土地规模来改善农场组织内部的"土地规模经济性"，也可以通过农业生产性服务（如代耕、代种、代收，甚至是职业经理人的"代营"等中间性服务产品）的纵向分工与外包来实现外部的"服务规模经济性"。

因此，"制度观念—制度目标—制度响应"的内在逻辑所决定的家庭承包经营制度，其本质特征可以表达为坚持农村土地集体所有权、规范土地用途管制权、稳定农户土地承包权、强化农民土地财产权、盘活农户土地经营权。由此，农村基本经营制度完善与创新的空间就集中表现为承包权的财产赋权、经营权的产权细分、经营主体的生成培育、分工深化机制以及经营体系的创新。以土地"集体所有、家庭承包、产权分立、多元经营、管住用途"为主线的制度内核，将成为我国新型农业经营体系的基本架构。

参考文献

[1] Coase R. The nature of the firm [J]. Economica, 1937, 4 (4).

[2] Coase R. The problem of social cost [J]. Journal of Law and Economics, 1960 (3).

[3] Greif A. Cultrual beliefs and organizations of society: a historical and

theoretical reflection on collectivist and individual societies [J]. Journal of Political Economy, 1994, 102 (5).

[4] North D. Structure and change in economic history [M]. New York: W W Norton & Company, Inc, 1981.

[5] Scott J. The moral economy of the peasant [M]. New Haven: Yale University Press, 1976.

[6] 曹正汉. 观念如何塑造制度 [M]. 上海: 上海人民出版社, 2005.

[7] 陈强. 公共政策受益者满意度评价 [J]. 上海管理科学, 2006 (5).

[8] 杜赞奇. 文化、权力与国家——1900—1942年的华北农村 [M]. 南京: 江苏人民出版社, 1994.

[9] (美) 托尔斯坦·本德·凡勃伦. 有闲阶级论 [M]. 蔡受百, 译. 北京: 商务印书馆, 1997.

[10] (英) 弗里德利希·冯·哈耶克. 法律、立法与自由 [M]. 邓正来, 张守东, 李静冰, 译. 北京: 中国大百科全书出版社, 2000.

[11] 罗必良, 曹正汉, 张日新. 观念、教育观念与教育制度 [J]. 高等教育研究, 2006 (1).

[12] 罗必良. 观念如何塑造制度——兼论从公社体制到家庭承包制的制度变革 [J]. 农村经济, 2008 (12).

[13] 罗必良. 新制度经济学 [M]. 太原: 山西经济出版社, 2005.

[14] (英) 约翰·洛克. 政府论 [M]. 刘晓根, 译. 北京: 北京出版社, 2007.

[15] (美) 道格拉斯·诺斯. 制度、制度变迁与经济绩效 [M]. 刘守英, 译. 上海: 上海三联书店, 1994.

[16] (美) 阿兰·斯密德. 制度与行为经济学 [M]. 刘璨, 吴水荣, 译. 北京: 中国人民大学出版社, 2004.

[17] (德) 马克斯·韦伯. 新教伦理与资本主义精神 [M]. 彭强, 黄晓京, 译. 西安: 陕西师范大学出版社, 2007.

[18] (美) 安德鲁·肖特. 社会制度的经济理论 [M]. 陆铭, 陈钊, 译. 上海: 上海财经大学出版社, 2003.

[19] 谢琳, 罗必良. 中国村落组织演进轨迹: 由国家与社会视角 [J]. 改革, 2010 (10).

农业经济组织的效率决定：
比较案例分析①

一、"产权结构—计量能力—环境特性—经济绩效"：一个解释模型

一个经济组织的经济绩效，既取决于组织内部的制度安排，也取决于组织制度安排与交易环境的相容性。这里的环境不仅指制度环境，而且还包括经济组织运行的产业资源环境及其市场环境。不同的组织形式，当其产权结构（制度安排）不同时，其隐含的激励与约束机制也不同，从而影响作为经济人的参与者的行为努力（生产性努力或分配性努力），进而导致经济组织的不同绩效。

"结构—行为—绩效"的分析框架在产业组织理论中占有十分重要的地位（Tirol，1988；Jensen and Meckling，1979）。我们将其引入经济组织制度的经济学分析，并构建一个"产权结构—计量能力—环境特性—经济绩效"分析模型②：

$$Q = f_R [C | L, K, M]$$

其中，$R = f [r, m, e (e_1, e_2, e_3)]$。式中，$Q$ 代表一个经济组织的经济绩效，是劳动 L（可细分为劳动数量 L_1、劳动质量 L_2）、物质资本（K）及原材料（M）投入的一个函数；C 代表了经济组织可采用的组织形式的选择集③。

---

① 本项研究受到高等学校优秀青年教师教学科研奖励计划（2000076）的资助。本文以"农业经济组织的效率决定——一个理论模型及其实证研究"为题，发表于《学术研究》2004 年第 8 期。

② 我们的模型可以看作对詹森和麦克林模型的拓展。

③ 詹森和麦克林认为，C 表述了组织形式选择集的一个综合标志，它包括的参数如"合伙制还是股份公司形式、管理分散化的程度、是自己购买还是租赁设备、报酬计划的特征"等等。

f 是所有生产函数的总称,它能按照制度结构分割。f_R 是对应于制度结构 R 的一个生产函数。制度结构 R 由产权结构(r)、内含的计量能力或考核能力(m)、交易环境(e)所共同构成。

交易环境则由与制度安排有关的制度环境(e_1,包括正式制度环境与非正式制度环境)、产业环境(e_2,包括技术、知识禀赋、组织规模、资产特性、产品特性等)和市场环境(e_3,包括市场规模、市场结构、交易频率)等因素所决定。

图1说明,组织形式(C)的选择是多种因素共同作用的结果。其中,制度结构(R)中的产权结构(r)及其所内含的激励与约束机制(m)是决定组织形式的内因,而交易环境特性则是决定组织形式的外因。很显然,不同产权结构下的组织形式与不同交易环境的匹配,都会使参与者表现出不同的行为倾向,并最终导致组织经济绩效的差异。

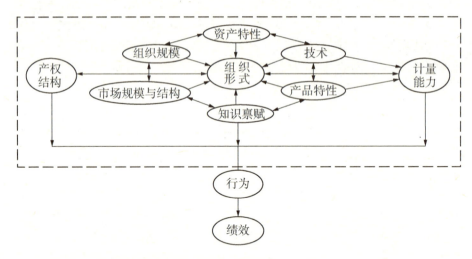

图1 "产权结构—计量能力—环境特性—经济绩效"分析模型
(图中虚线表示环境)

我们的模型表明,在影响组织经济绩效的因素中,有几个方面是至关重要的。

一是经济组织内含的产权结构。法律对产权的初始界定及其对伴随交易过程发生的权利让渡的再界定所形成的产权结构,即构成产权的权利束在空间和时间上的分布形态,在很大程度上决定了行为主体能否存在充分的激励去付出努力寻找更有效的组织方式来提高资源的利用效率。(刘世锦,1994)同时,权利界定的清晰程度也是影响组织内部成本的重要变量。正如科斯(1991)所说,对个人权利无限制的制度实际上是无权利的制度。不仅如此,一旦给定了经济组织的产权结构,也就实际上内在地决定了该组织的考核能力与报酬计量能力。产权对经济组织及其行为主体具有显著的行为发生学意义。

二是经济组织对集团成员的"努力"的考核能力和"报酬"的计量能力。如果经济组织的计量能力很差,即一个人的努力程度与其努力结果(报酬)之间只有松散的联系,那么该经济组织的效率将很低(因存在"偷懒"与"搭便车"的机会主义情形);反之,经济组织的计量能力强,其组织效率也高。(阿尔钦、德姆塞茨,1991)良好的计量能力能够有效地激励人的生产性努力,约束分配性努力。(罗必良,2000)一个经济组织计量能力的高低,大体取决于所内含的激励与约束机制尤其是监督机制及其实施成本。农业的产业特性决定了农业活动的可控性不高,其生产过程难以标准化、规格化、定量化,难以形成功能、职责明确的专业化分工。由此,引致劳动考核和报酬计量难以做到精确,从而激励不足。

三是经济组织所依存的交易环境特性。经济组织的交易环境至少包括制度环境、产业资源环境和市场环境三个方面的内容。它们既决定着组织形式的选择,又影响着组织效率的发挥。制度环境(如法律制度、政治体制、经济体制、意识形态、宏观政策等)对嵌于其中的经济组织之效率的影响是至关重要的。其中,宪法秩序尤为重要,它为产权安排及组织构造规定了选择空间并影响组织制度变迁的进程与方式。同样,政治体制决定着一个特定的产权博弈,从而也决定了一个特定的博弈均衡,并经由博弈均衡决定了政府行为和产权制度。(罗必良、曹正汉,1999)资源环境被赋予一个较为广泛的意义,不仅包括进入经济组织的资源种类、数量,更为重要的是这些物品属性(公共物品、准公共物品、私人物品)的差别也涉及资源要素的专用性程度、规模经济性、范围经济性的不同。市场环境一般包括市场结构、市场规模及其专业化程度、产品及要素相对价格的变动、市场风险与不确定性等内容。这些因素从不同的角度对组织的行为和绩效构成影响。

二、不同制度安排的组织效率差异：制度根源

（一）问题的提出

20世纪90年代初，在广东有两个典型的农业经济组织——长青水果场与温氏食品集团，均受到社会的广泛关注。两个经济组织都经历了由小到大的艰苦创业过程，都受到过当地市、县领导的肯定与支持，在全省都产生过较大的影响。（何文里，1992；马恩成，1997）然而，两个经济组织的命运却极不相同。

位于广东廉江县（现为廉江市）的长青水果场，前身是县属知青农场。在80年代中期，随着农村改革和商品经济的发展，廉江地方国有长青水果场冲破了地区、行业和所有制的界限，实行农场（全民所有制）与农民（集体所有制）的联营，由农场出资金、技术和负责经营管理，农民以自然村为单位，自带荒地和劳力进场，实现不同所有制和不同生产要素的流动和互补，联合耕山种果，发展优稀水果红橙生产。到1988年底，仅5年时间，农场经营的规模由原来只有红橙340亩发展到136万株折合3万亩左右（不包括与乡镇政府联办部分），拥有固定资产近6600万元。进场联营农民遍及周围6个乡镇166个自然村5500多户7500多个劳动力。生产的红橙最高年销售量达到1400万公斤，产值5000多万元。产品被列为国宴佳果，远销广州、上海、北京、港澳地区并出口泰国、新加坡等地。然而好景不长，1992年之后，长青水果场的红橙生产跌到了低谷，以至农场负债达6400万元，与农民联营的组织体制也随之解体。

位于广东新兴县的温氏食品集团有限公司，其前身是簕竹勒镇的一个民办鸡场。1983年开始，鸡场与农民实行了以场带户、场户联合的经营方式。经过10多年的发展，已由最初一个小型鸡场发展为一个集农、工、科、贸于一体的企业集团。公司内部实行股份合作制，对外提供种苗、饲料、药物、技术咨询及购销服务。至1995年已拥有17家企业，近1000名职工，9000万元自有资产，已固定挂钩联营农户6500多户。目前，温氏集团已在11个省（区）建立了多个家禽公司或种鸡基地，规模不断扩展，发展前景广阔。

同样是农业经济组织，同样是企业与农户联营（公司+农户），而且

都同样兴旺发达过,为什么一个不断衰落,另一个却不断发展壮大?

(二) 制度结构差异

(1) 长青水果场的制度结构特征是:①在合作方式上,农民带荒山进场承包,每个劳动力自带山坡地6～9亩,每20～30个劳动力设一个生产队,以村为单位设分场进行管理,总场进行生产、计划和产品等统一管理。②在联合的体制方面实行"三不改变""三不负担",即对带土地进场的农民不改变农民的身份、集体土地的性质、原有的行政隶属关系。农场不负担农民的粮油、住宅和劳保福利。③生产上对联营农民实行"四定"(即定岗位、成本、产量、质量)、"六统一"(即统一生产计划、生产措施、技术规程、主要生产费用、开支、产品销售)。农场按此"四定""六统一"定期向农民作生产物资供应并进行检查评比奖励。④在分配上实行"三低"促"三高",即农场对农民实行"低包产、低工资、低费用",以此促"高投入、高产出、高效益"。当时农场把包产任务定得较低,实际产量一般超过任务的1倍以上。这部分上交产品只是补偿农场简单再生产的支出。农场也包农民的低工资(每月补助每个劳动力50元,加上奖励人均70元),作为农民的基本生活费。农场规定对超过包产任务的产品,由发包和承包双方实行按产值对半分成。

(2) 温氏集团与农户则实行"固定挂钩联营"。具体做法是:公司与专业户签订合同,由公司对各户建立"四个统一服务"的档案。每户饲养一只鸡先向公司预交5元生产成本费,公司按规定统一提供鸡苗、饲料、防疫药物、技术指导四个方面的服务。农户的各项支出输入公司的电脑,农户可随时查询,定期结算,多退少补。公司当时的核算是:上市一只肉鸡重1.5公斤,市场销价10元,扣除生产、销售费用盈余3元,每只鸡毛利润分配是农户保持1.80～1.50元、公司保持1.20～1.50元。如肉鸡市场销价下跌,公司对农户仍保价收购,亏损部分由鸡苗、饲料等综合经营的收入给以补贴,从而保证养鸡户的收入稳定。公司虽向农民让利,但通过综合经营来平衡。集团内部实行股份合作制。开始办场时,只有7户8股,类似于合伙制企业。随着生产的发展和非股东职工的增加,鸡场在清产核资的基础上,把以户为单位入股改为以劳动力为单位入股,使该场成为全员股东型企业。1989年,又发行了内部股票。把职工股金和历年积累折成股份发给个人,另外再发行由职工自由认购的新股。这样就把过去只停留在账户上的股金，体现为手中持有的票据，并可以在场内自由流动。在分配方面，企业把每年净收入的一半用于按劳分配，一半用于股份分红，但分红不分现金（1994年开始为了照顾职工需要规定分红的20%可分现金）。

（3）可以发现，长青水果场的组织制度形式，就总场与农户的关系而言，类似于威廉姆森（Williamson，1985）所界定的"个人分包体制"，总场内部类似于"公社体制"。温氏集团的组织制度形式，就集团与农户的关系来讲，类似于威廉姆森所界的"内部分包体制"，集团内部则是典型的"股份合作制"。

不同的制度安排，隐含着不同的行动努力激励与经济绩效，从而导致了不同的发展命运。

（三）行为特征与绩效差异

1. 从企业与农户的关系看

（1）风险机制。长青水果场由于包生产费用与基本工资，几乎承担了全部经营风险（包括生产风险与市场风险）；而温氏集团则将生产风险化解到农户，仅承担市场风险。从而长青水果场隐含的风险成本较温氏集团要高。

（2）监督成本与计量成本。为了保证契约的有效实施，企业主体必须对农户的行为进行有效监督。然而，长青水果场的制度安排所隐含的监督成本要比温氏集团高得多。一般来说，当市场价格高于内部价格时，农户会在市场上出售产品而不是交由联营企业收购。据统计，1992年长青水果场全场估产达1500万公斤，而农场收果只有700万公斤，而且其中还有一部分等外果。相反，温氏集团从农户收购的肉鸡量为公司供应鸡苗量的90.4%，如果扣除种苗的死残率，可以说农民把几乎全部的产品都交售给了公司。

造成这种差异的原因何在呢？

首先，二者的保障机制不同。温氏集团向农户提供种苗时预收了5元的生产成本费，相当于毁约保证金，长青场则没有类似的保障机制。

其次，考核成本不同。温氏集团向每个农户供应多少种苗、回收多少只肉鸡，易于计量，易于评估农户的毁约行为；而且这种毁约行为还会受到集团不再提供种苗的"退出威胁"的约束。相反，长青场因信息不对称或计量成本高昂,很难弄清每个农户的真实产量,因此难以约束农户私自向市场出售产品的机会主义行为;而且果树的长周期性与再生性特征所形成的资产专用性及其"投资锁定",很难产生像控制鸡种苗那样的退出威胁约束。

最后,产品特性不同。统一供应种苗、统一供应饲料,大体能保证较为一致的肉鸡质量,这种产品特性意味着公司与农户交易的计量成本与谈判成本低。而水果则因农户不同的经营水平会产生较大的质量差异,这种质量差异不仅带来较高的计量成本,而且在按质论价上包含着高昂的讨价还价费用。

(3) 激励机制。温氏集团收购农户肉鸡采取最低保护价收购,如果市场价格高于保护价则按市场价收购,农户具有稳定的收入预期;并且,农户交售肉鸡后扣除种苗、饲料、药物,拥有剩余索取权。而长青场的农民只有完成包产后,超产部分才能按产值对半分成,从而导致对农户的激励不足。更值得注意的是,长青场在受到市场冲击农民私卖产品后,推翻了原来的包产和奖励办法,改为采取估产结算的办法(目的是约束农民私卖水果),结果导致奖懒罚勤,严重打击了农民积极性,以致激励机制进一步逆转,并且估产结算也包含着高昂的计量成本。

2. 从企业内部来看

(1) 积累机制。温氏集团内部采用的是股份合作制,内部产权明晰,具有明显的自我积累与扩张功能。温氏集团开始办场时,向银行贷款10万元,到1989年已形成多功能的企业,当时的银行贷款仍然是10万元。到1994年创办大型肉鸡分割厂,一次投入即达1800万元,而当年银行贷款仍不过是340万元。该集团发展之快,银行负债率之低,在广东全省是罕见的。这不能不归功于实行股份合作制形成的自我积累的机制。相反,长青场的内部体制仍是"国有农场",缺乏必要的管理与约束机制,积累机制亦缺乏。它由初期的非生产性开支少、非生产性人员少、非生产性活动少、吃铁饭碗的干部职工少的"四少"状况变成了"四多"。场部正副场长8人,买了7部小车,有7个正副场长相对固定有专车,而且还出现了原场长和财务人员的大贪污案。

(2) 风险机制。温氏集团通过鸡苗、饲料、药品、加工等综合经营,分解了回收肉鸡的市场风险,从而有效地实现了规模经济与范围经济,加工增值也提高了产品的市场竞争力;股份合作制的建立不仅提高了每个职工的风险意识,而且也构造了风险共担机制。相反,长青场全场 90% 以上种植红橙一个品种,结构单一,不仅抵抗市场风险的能力极小,而且一旦黄化病袭来,即酿成毁灭之灾。不仅如此,长青场的内部根本不存在风险分担机制,"大锅饭"使干部职工淡化了风险意识。

(3) 动力机制。动力机制不仅表现为企业的积累机制上,还表现在技术投入机制上。在相当的程度上,企业对联营农户的吸引力表现在其技术优势方面。温氏集团先后建立了家禽育种、养鸡技术、饲料及防疫等研究机构,聘请 60 多位技术人员进场。1992 年还以技术入股的形式,发展了与华南农业大学畜牧系、华南理工大学食品系的联合,从而构建了强有力的技术支撑体系,有效地提高了企业的技术水平和市场竞争力。而当长青场发展到 16 个分场、3 万多亩的规模时,却仍未建立起科学研究机构、未聘请科技专家进场。他们只看到红江橙的品种好,却未注意购进苗木时清除病毒;他们注意了对农民的栽培技术培训,却未注意良种的退化和病虫防治的研究。

(四) 小结

通过两个农业经济组织的对比分析,我们可以得出下述结论与推论。

(1) 不同的制度安排,隐含着不同的激励与约束机制,诱导着不同的经济行为,从而导致经济组织的不同绩效。制度安排所包含的激励功能、约束功能、收益与预期保障功能,具有重要的行为发生学意义。

(2) "公司(企业) + 农户"组织的有效运行,不仅要求公司与农户间建立恰当的契约关系,而且要求公司内部建立适当的企业制度,并且企业制度与契约关系之间应具有相容性。"公司(企业) + 农户"组织形式的成功与否,关键取决于公司行为,农户行为则具有外生变量特征。

(3) 一项制度的成功与否,既取决于其内含的产权结构,也与其所生存的环境相关。在计划体制环境下,长青农场的组织形式或许存在相对优势,但在市场体制环境下温氏集团的组织形式则存在明显优势。这也证明了威廉姆森"内部分包体制"的效率优于"个人分包体制"的判断。

(4) 在信息不对称、败德行为以及不确定性的情形下,通过设计不同的风险分担机制、剩余索取权安排以及不同的契约期限,会产生不同的影响经济组织绩效的激励效果。例如,农业中的分散化经营尤其是家庭经营,可以使农业风险分解,同时大大降低组织监督成本;农业中的分成契约使地主与佃农双方分担了风险，而固定租金契约则能使有经营能力的农民更有效地发挥他们的经营优势；尽管分成制存在监督问题，但若通过改变租约期限，比如说只签订短期租约，根据佃农使用土地和投入劳动的情况决定佃农能否续约，这种方式所产生的退出威胁显然可改善对佃农的激励效果（温氏集团与农户的关系中内含类似的契约安排）①。

三、同一制度安排下的组织效率差异：交易环境的影响

（一）问题的提出

为了更好地说明交易环境对组织绩效的影响，我们以山区林地的开发为例进行阐释，以期从农户层次上来考察我国山地产权制度安排的行为意义及其经济绩效。

始于1978年底的中国农村大改革，从本质上讲是财产关系与利益关系的大调整，从"包产到户"到"大包干"的家庭承包制的推行，通过土地产权制度变革与农业经济组织系统再造，确立了农户家庭经济的主体地位，实现了土地所有权与经营权的分离，从而使农民获得了人民公社时期不可想象的财产支配权与经济民主权（包括身份转换与变迁等），由此产生的激励机制，极大地调动了农民的劳动积极性，农业因而获得了前所未有的奇迹般的增长。

已有无数的文章讨论过家庭承包制的理论内涵，以及它对我国农业增长的效应（尤其指1978—1984年），而且这一效应直接引发了农业结构的调整和农村非农产业的高速增长。当然，这并不是说家庭承包制已经没有问题或没有缺陷，不过，我们的兴趣在于，同样是家庭承包制的制度安排，当决策层将其引入非耕地领域，特别是山区林地时，本来期望它能够促进农户对山地的开发和更有效的利用，结果却出人意料，这一改革初衷不仅没有如预期般实现，相反却在许多地方出现了严重的乱砍滥伐现象。这一悖论，有人形象地将其描述为"双向积极性"。或者说，家庭承包在耕地领域主要引发了生产性努力，而在山区林地则诱导了分配性努力。

---

① 正是从这一角度，约翰逊（D. G. Johnson, 1950）重新讨论了分成制的效率问题，并批评了定租制较分成制好的论调。[参见文贯中《发展经济学的新动向——农业租约与农户行为的研究》，见《现代经济学前沿专题》（第一集），商务印书馆1996年版，第143页。]

贵州省从1979年底就开始了大面积推行家庭承包制。在农业种植方面极大地调动了农民的生产积极性，大大缓解了始终不能解决的群众温饱问题；但在山地开发方面则诱发了农民的破坏积极性，创造了农村改革后毁林开荒的"奇迹"。1980年全省毁林开荒2.15万公顷；1981年则为3.37万公顷；1982年虽然采取了管制措施，但毁林仍达2.04万公顷。从而成为继1958年"大跃进"时的"大炼钢铁"及"十年浩劫"中的"以粮为纲"之后的第三次生态大破坏。

同样，在湖南省怀化地区，承包制在山地上也并未像在耕地上一样立即唤起农民对土地的生产性热情，而是在许多地方出现了乱砍滥伐现象。尤其是1984年在中央"一号文件"放宽林业政策、取消木材统购、开放木材市场、允许林农和集体木材自由上市后，一下子在全区范围内出现了多起大面积乱砍滥伐事件。例如，在该区的通道县，22个乡镇中仅有2个未发生此类事件。

同一制度安排，最后的经济绩效相差如此之大，是颇耐人寻味的。目前，对此已有各种说法。王小强、白南风认为，之所以如此是人的素质使然；有人说，由于山地资产存在极大的外部性，因而只适合于集体管理与经营，个人产权在这里的作用有限；也有人说，这是农民对政策的稳定性缺乏信任所致，因为农户尽管在变化了的政策环境中分到了山地的使用权，但由于他们预期将来这份产权又会被收走，因而，产生了对山地资产掠夺性的短期行为。我们很难武断地判断上述哪一种观点更为正确。

（二）效率差异的根源

在我国绝大多数地区，差不多在实行耕地家庭承包制的同时，对山地也采取了类似的制度变革与产权安排形式。其基本内容是：在坚持山地集体所有制的前提下，将所有权与使用权分离，所有权以宪法规定为基准，归社区集体所有，使用权则均分到每个农户。在山地使用权的分配中，大多采用了按山地的远近、质量好坏以及林木的种类、大小、多少搭配来按人（或劳）均分到户的做法。由于农户对山地面积没有太多计较，而只注重山地上的林木价值，因而，只是在大体估算的情况下"指手为界"，并没有准确的界址和面积。

无疑，山地承包的这种产权安排是极为粗糙的。主要表现为：①产权主体不明。由于承包制的推行及相应的机构改革，在山地承包中，原有的生产队组织已解体，意味着法律上的所有权主体不清；人们弄不清"土地法"中的"集体"到底指谁，导致所有权主体"虚置"，而农户的山地使用权范围亦界定不明（特别是没有向农民做出收益权的承诺），导致农户对山地经营的漫不经心，对集体产权的侵蚀以及对山地资源的滥用和生态环境的破坏。②山地的集体所有制，意味着社区集体的每个成员都天然平等地享有对山地的使用权利，一旦家庭成员数量发生变动，必然要求山地承包范围的重新划界，以追求产权界定的公平性。即使在那些没有进行重新划界的地区，由于耕地普遍调整的示范效应，也势必会影响农户的预期，从而加剧了农户山地经营的不确定性，即投资收益的不确定性、山地调整时利益补偿的不确定性等。

任何一种产权安排，如果它不能帮助人们形成他们经济行为的稳定预期，不能有效地克服机会主义行为，或者排他性软弱，从而不能保障人们通过生产努力最大化来实现收益最大化，那么，不仅经济增长成为幻想，而且会导致经济秩序和社会生活的混乱。山地承包之所以没有取得像农地那样的效果，而是诱发了反向积极性，关键就在于其产权安排的不合理。即已经给出的制度安排与农户山地经营所需的制度服务环境不一致，从而造成农户行为的预期不足，而且现有的产权制度安排的运作和实施费用亦十分高昂。具体而言，体现在三个方面。

（1）产权中的收益权规定了产权主体获取与其努力相应收益的权利。产权经济学家将经济行为的努力分为两种：一种是生产性努力，指人们努力创造财富；另一种是分配性努力，指人们努力将别人的财富转化为自己的财富。当产权排他性软弱，分配性努力比生产性努力成本更低、收入更高时，人们就会选择分配性努力。从这个意义上讲，产权，特别是收益权是否得到明确界定和有效实施，对山地承包制具有怎样的激励功能和保险功能将是决定性的。

和耕地相比，对山地资源的投资具有以下几个特点：①它的投资周期更长，如柑橘的投资一般要在3年后受益，而收回林木的投资则需要10年甚至20多年；②投资更具规模性，在小块山地上投资往往不经济，一般需要成片投资开发；③由于投资规模大且投资周期长，易于导致"投资锁定"，因而投资风险也大。

可见，除非产权安排对农户行为具有十分稳定的预期保障，否则农民是不会轻易进行投资开发的。由于如前所述的农户面临的多重不确定性，使耕地上的产权安排对山地承包经营所具有的投资激励功能与收益保险功能极为脆弱。这恐怕是山地承包引致反向积极性（分配性努力）的主要根源。

（2）从产权界定是为了促成交易的角度说，产权中的转让权极为重要，因为市场机制的作用是伴随着产权流转的（所以产权经济学家认为市场交易的本质不在物品，而在产权的转让）。如果资源的产权主体明确，并允许产权自由转让，同时与这一转让相应的收益得到有效保护，则产权主体才有可能最大限度地在产权约束的范围内配置资源以获取最大收益。如果某种资源在现在产权主体手中不能得到有效利用，该资源就会由评价低的地方向评价高的地方流动，由此产生资源产权的市场价格，那只"看不见的手"就可促进资源的合理配置。相反，如果产权是不稳定的和容易受到损害的，人们就可能选择对抗而不是交易的方式来解决他们对稀缺资源的需求冲突。山地承包的情形正是这样。例如，湖南怀化地区1982年以来在其统计的11个乡镇中即发生山地产权纠纷达2434起，其中发生在农户之间的纠纷为1873起，占77%；而广州市发生在所有权主体之间的纠纷仅1993年即达443起。

不仅山地产权不稳定，而且农户的山地使用权是不允许转让的。事实上，对转让权的不当限制（更不用说山地承包制对转让权的禁止），会使产权界定在很大程度上失去意义。它直接引致的后果是：①资源不可能流向对其评价最高的地方，资源配置效率不能不受到损害；②必然导致有效竞争的缺乏，由于产权主体相互间的冲突不能通过竞争性的转让方式解决，那么就会陷入无休止的"内耗"或者容忍资源利用不充分的低效率；③由于以上原因也必然导致农户收益权受限制与侵蚀。

（3）从理论上讲，同一经济体制中的产权制度形式或产权安排可以是多样的（因产权的可分性引起），但每一种安排都意味着或高或低的交易费用（所以人们总是企图选择适宜的制度安排）。然而，山地承包制下的产权安排，其运作与实施费用却是高昂的。①既然每个成员对山地的使用权是均等的，这就意味着他们在山地面积、质量及负担的分摊上都是均等的，因而产权的清晰界定相对耕地而言是更"费钱"的活动。②为了保证地权的平均分配，一旦人口数量发生变动就会面临产权重新界定的压力（再次界定与初始界定是同样的"费钱"），同时山地的重新调整必然影响农户无法形成对土地投资的长期预期，极易诱致短期行为。③山地产权要找到全体成员一致接受或认可的分割方案，无疑将支付较高的谈判费用。广州市为解决山地产权纠纷，从市直各单位选派科级以上干部组成3个工作队、11个工作小组，进驻农村近1个月，仅解决了市派工作队所担负的16起纠纷中的15起，足见谈判费用之高。④为了保证山地资源资产不致被削弱，集体对农户行为必须进行监督，以避免农户的掠夺性开发。但由于山地空间的广泛性与资源类型的多样性，要对分散的众多农户的经营进行监督，费用之高使这种监督几乎不可能。

（三）小结

基于以上分析，我们可以得到以下一般性的结论：

（1）正如不同的制度安排会导致不同的经济绩效一样，同一制度安排在不同的经营背景下其绩效差异依然不可小视。同一制度安排在不同的资源环境下，具有不同的比较优势。

（2）在一种经营环境下有效的制度安排，在另外一种环境下则完全可能是低效率的。现实中不存在某类万能的制度安排。

（3）制度安排的移植不仅会受到非正式制度环境的约束，而且也会受到产业特性、资产特性的约束。一个经济组织的经济绩效，既取决于组织内部的制度安排，也取决于组织制度安排与环境的相容性。

（4）制度绩效的高低在相当程度上取决于制度安排所导致的对生产性努力与分配性努力行为预期。而不同的经营环境条件，同一制度的预期是不一样的。不同的经营对象，意味着不同的考核成本；而通过契约结构的适当调整，则可努力降低计量费用。理解经济组织成败得失的关键仍是交易费用，其中的监督与计量费用以及契约的维护费用尤为重要。

四、制度安排与交易环境的相容性：农业经济组织的效率标准

农业的特点可以概括为许多层次。在最原本的意义上，它是必须利用自然力的活动。但是，工业活动同样也必须利用自然力。因此，有人说农业活动最原本的特点，是通过利用有构造的生命自然力进而利用其他自然力的活动（中国农村发展问题研究组，1994）。从而，任何其他自然力的利用方式和利用程度，都要受到生命自然力构造的支配、限制和约束。正

如列宁所说:"因为农业有着许多绝对不能抹杀的特点。由于这些特点,农业中的大机器生产永远也不会具备工业大机器生产的全部特点。"这些特点所隐含的制度含义,无疑对农业经营组织提出了独特的要求。

1. 农业的性质要求农业经济组织具有良好的灵活性

由于农业活动是通过利用有构造的生命自然力进而利用其他自然力的活动,意味着农业活动是一种以生命适应生命的复杂过程,并且这一不容间断的生命连续过程所发出的信息不但流量极大,而且极不规则,从而导致对农业的人工调节活动无法程序化。

与之不同,工业生产的可控程度极高,其生产过程中的信息相对比较规则,且信息的发生、传递、接收和处理通常是程序化的。在工业活动中,等级组织的运营可以根据权威指令而进行。但农业活动的主体必须根据生物需要的指令来做出有效反应,而且由于生命的不可逆性所内含的极强时间性或生命节律,决定了农业组织要比工业组织更具有反应的灵敏性与行动的灵活性①。这种灵敏性与灵活性决定了与之相对应的经济组织不可能是大规模的,更不可能是形式单一的。尽管农业中的耕作、制(播)种等部分活动可以程序化,从而纳入等级组织的作用范围,但大量的活动如田间管理则无法根据权威指令而进行。

2. 农业的性质要求农业经济组织具有一定的分散性

由于农作物的生长严格依赖于水、土、光、热等立地条件,受到时空条件的严酷约束,这种区域多样化的经营不可能由某个集中组织来承担,而必须由与经营规模相匹配的多样化组织来分散经营,以"因地制宜"。即使某些活动如制种育苗、产品加工等可以集中进行,但农业生产与土地"不可分"的自然特性、地理位置的专用性以及产出品的多样性,使大规模的集中决策、集中生产、集中交易等工业活动中的集中性特征,在农业中的作用范围十分有限。

3. 农业的特点要求农业经济组织内含有效的监督与激励机制

由于工业生产的可控性高,并可在严密分工基础上实行大规模的机械性协作,因此,它可以通过集中化、标准化、专业化、规格化等方式进行组织,并在此基础上比较准确地进行劳动计量,相应地,其监督成本较低。

---

① 因此,舒尔茨(Schultz,1964)指出,在农业中,决策必须在现场做出,否则信息不足。

相对而言，由于农业活动的复杂性与综合性使得它难以与生产的标准化、规格化、定量化相适应，同时也难以形成功能、职责明确的专业化分工，由此引致劳动考核和报酬的计量难以做到精确。高昂的监督成本表明，如果说工业组织可以较好地依赖于显性激励机制的话，农业组织则更多地依赖于隐性激励机制。

4. 农业的特点要求农业经济组织具有稳定预期与承受风险的能力

工业活动遇到的经营风险几乎都来自于社会经济领域，面临的主要是市场风险，然而，它却可以凭借生产过程的可控性来对付或弱减风险。当市场需求较旺时，可以迅速地加速生产，扩大规模；当市场不景气时，可以减缓运转、中断作业，也可关、停、并、转，加上工业产品易于储存，所以工业组织对风险的承受能力要比农业组织强，从而能获得较为稳定的预期结果。

然而，农业活动的连续性、长周期性，使得农业经营预期结果的稳定性大受影响。首先，农业生产活动的独特连续性受物种生长周期的约束。如"谷物的生产需要将近一年，牛羊的生产需要几年，木材的生产可长达十几年到100年。"其次，土壤特性同作物生长周期以及倒茬轮作之间，存在复杂的有机关联，这表明农业活动的连续性不仅表现在一个生产周期之内，还体现在各个自然周期之间。最后，改良土壤良种繁育，农田基本建设以及建立良好的农业生态环境，往往要更长时间的稳定预期。所有这些说明，农业经营组织相对来说要比工业经营组织应更具有长远的稳定预期保障，缺乏稳定的制度环境，尤其是长远的激励与保障机制，势必极易导致行为短期化。不仅如此，农业独特的连续性往往又与强烈的风险性相伴随，这种风险及不确定性不仅表现在自然再生产中，在市场过程中也同样显著。农业的季节性与生产的连续性，使其无法在一个生产周期之中通过控制来达到扩大或压缩生产规模，并且其产品的可储存性差。这些特性要求农业经营组织不仅要提供良好的稳定预期，而且还应具备化解不确定性风险的机制。

5. 农业的特征要求农业经营组织具有良好的约束机制与集体行动激励

在国民经济各部门中，唯有农业与生态系统的关系最为密切。农业生产与工业及其他部门的生产不同，它不仅以一定的生态系统作为环境，而且还以一定的生态系统作为生产过程的组成部分，从而使农业具有生态外部性。更重要的是，农业作为"没有围墙的工厂"，在资源使用、产权交易等方面更具经济外部性。由于农业生产场所是没有围墙的开放式作业,不能像工厂、商店那样可以把自己的生产资料、工艺流程、生产成果锁起来进行封闭式保护,从而农业工艺的保密性极差,极易被人模仿,同时,对于生产成果的偷盗、侵权占用防不胜防。这意味着农业经营中的"搭便车"等败德行为极易发生,因而产权保护的费用十分高昂。此外,农业中的灌溉等活动还具有显著的公共性。所以,这些特性要求农业经营组织必须具有良好的约束机制与合作机制,要求在产权的界定与实施上具有更为显著的集体行动激励。

综合上述,可以认为农业的性质不仅对农业组织形式的选择带来了严格约束,而且其所隐含的制度含义从根本上决定了农业经济组织形式的特殊性。

参考文献

[1] Jensen M C, Meckling W H. Rights and production functions: an application to labor-managed firms and codetermination [J]. Journal of Business, 1979, 52 (4).

[2] Schultz T W. Transforming traditional agriculture [M]. New Haven: Yale University Press, 1964.

[3] Tirol J. The theory of industrial organization [J]. Massachustts Institute of Technology, 1988 (1-3).

[4] Williamson O E. The economic institutions of capitalism [M]. New York: Frees Press, 1985.

[5] (美) 阿尔钦,德姆塞茨. 生产、信息费用与经济组织 [M]//(美) 罗纳德·哈里·科斯,等. 财产权利与制度变迁. 上海:上海三联书店, 1994.

[6] 何文里. 论长青模式兴起、衰落与出路 [J]. 农村研究, 1997 (2).

[7] (美) 罗纳德·哈里·科斯. 论生产的制度结构 [M]. 盛洪,陈郁,译校. 上海:上海三联书店, 1994.

[8] 刘世锦. 经济体制效率分析导论 [M]. 上海:上海三联书店, 1994.

[9] 罗必良,曹正汉. 政府行为与产权制度 [J]. 中国社会科学季刊

（香港），1999（夏季号）．
[10] 罗必良．经济组织的制度逻辑［M］．太原：山西经济出版社，2000．
[11] 马恩成．试论龙头企业［M］//广东农业产业化之路．广州：广东经济出版社，1997．
[12] 中国农村发展问题研究组．农村经济变革的系统考察［M］．北京：中国社会科学出版社，1984．
[13] 列宁全集：第5卷［M］．北京：人民出版社，1996．
[14] 马克思．资本论：第2卷［M］．北京：人民出版社，2004．
[15] （美）伊利，莫尔豪斯．土地经济学原理［M］．滕维藻，译．北京：商务印书馆，1982．

农业经营制度：
制度底线、性质辨识与转型发展①

农村基本经营制度是我国根本性制度安排的重要组成部分。新中国60多年的变革历程，从土地改革到合作化运动和农业集体化，再到家庭承包经营制度，都深刻表达了农村基本经营制度对中国经济社会特别是对农村、农业与农民的根本性影响。党的十七届三中全会将农村基本经营制度上升到"党的农村政策的基石"的高度。党的十八届三中全会强调，坚持家庭经营在农业中的基础性地位，坚持农村土地集体所有制、稳定农村土地承包关系并保持长久不变，并在此基础上"加快构建新型农业经营体系"。因此，稳定和完善农村基本经营制度，创新农业经营制度及其经营体系，加快农业经营方式转型，具有重要的战略意义与历史意义。

一、农村基本经营制度：历史沿革与制度底线

（一）农村基本经营制度的历史演变

中国农村基本经营制度主要包括农村土地农民集体所有制、农民对集体土地的永久承包权制度以及以家庭经营为基础的农业经营制度。其中，农村土地制度作为农村基本经营制度的内核，一直是农村制度变革的主线，并表现出农民土地私有私营（1949年至1953年）、土地集体所有与集体（合作）经营（1953年至1978年）、土地集体所有与家庭承包经营（1978年至今）三个显著的阶段性特征。1978年之前的制度演变主要表现为强制性制度变迁和集体化特征，1978年之后则体现出诱致性变迁和市场化特征。

综观我国农村基本经营制度的变迁历程，能够理出三条清晰的演变路

---

① 本报告是教育部创新团队发展计划"中国农村基本经营制度"（IRT－14R17）、国家自然科学基金重点项目"农村土地与相关要素市场培育与改革研究"（71333004）的阶段性成果。本文的部分内容先后发表于《农业经济问题》2014年第1期、《改革》2014年第2期。

径（罗必良等，2013）：一是从人民公社的所有权与经营权的"两权合一"，到家庭经营制的所有权、承包经营权的分离，并进一步由以所有权为中心的赋权体系向以产权为中心的赋权体系转变；二是从改革初期承包权与经营权的"两权合一"到要素流动及人地关系松动后承包权与经营权的分离，并进一步由以保障农户的经营权为中心的经营体系向以稳定农民的承包权为中心的制度体系转变；三是从小而全且分散的小农经济体系到适度规模与推进农业专业化经营以改善规模经济和分工经济，并进一步在稳定家庭承包权、细分和盘活经营权的基础上，向多元化经营主体以及多样化、多形式的新型农业经营体系转变。

（二）制度目标与制度底线

制度目标对制度形成及其实施具有决定性意义。新中国成立以来，围绕农村基本经营制度的争论与试验从未停息，但制度底线始终坚持。我国农村基本经营制度的核心目标是：①必须有利于保障农产品有效供给，确保粮食安全和食品安全；②必须有利于农业生产效率的改善，确保农民增收和提高经营者收益。可见，多重制度目标所决定的制度实施，既涉及经营机制与要素匹配的问题，又蕴含提高劳动生产率、土地生产率、资本生产率等技术进步因素。

必须强调，为了保障制度目标，无论制度安排与制度环境如何变化、现实世界涌现出怎样的创新与试验，均不能削弱甚至突破中国农村基本经营制度的制度内核与制度底线：①必须始终坚持农村土地农民集体所有制；②必须始终稳定土地承包关系并保障农户的土地承包权；③必须始终坚持家庭经营的基础性地位；④必须始终严格保护耕地并强化农地用途管制。

制度目标与制度底线所决定的中国农村基本经营制度，其本质特征就可以表达为：坚持和落实集体所有权、稳定和强化农户承包权、放开和盘活土地经营权、加强和贯彻用途管制权（可简称为"集体所有、家庭承包、多元经营、管住用途"）。由此，农村基本经营制度完善与创新的空间就集中在农业经营方式转型等方面。正因为如此，党的十八届三中全会提出要加快构建新型农业经营体系，即在坚持家庭经营基础地位的同时培育多元经营主体、完善农业社会化服务体系，通过体制机制的完善以及产权配置的优化来推进我国农业现代化进程。

二、农业经营的现实格局：面临的挑战与努力的绩效

（一）制度遗产及其后遗症

1. 制度传统：土地的"均分"基因

人类历史其实就是一部为土地而战的战争史。中国历史上，每个朝代末期的大动荡，都源自农民失去土地成为流民；而每个朝代初起的旭日气象，都伴随着"均田地"的政治举措而民丰物阜。（张迁，2006）在此过程中，"均田"或"均分"等土地分配方式能够最大限度地聚集农民支持，成为统治阶层中的改革者或者农民起义者普遍接受的思想理念。例如，北魏孝文帝的"均田制"、唐朝的"均田制和租庸调制"、清末太平天国的"天朝田亩制度"等。中国朝代更迭、政权变化，无不是通过战争等暴力手段，重新分配土地的过程。虽然说秦"商鞅变法"为土地私有制奠定基础，秦始皇"使黔首自实田"确立了土地私有制，但由此获得国家承认的私有制是不彻底的私有制。因为，一方面它带有俱乐部产权特性（谢琳等，2010）；另一方面正如前文提到的，它缺乏产权强度，并不是通过市场途径获得的。由此，从大历史的视角看，我国一直处于频繁不断的土地争夺、分封和重新调整中，缺乏真正意义上的土地私有制。（王磊荣，2004）

中国几千年"重农抑商"的传统和严酷的人地关系所形成的生存压力，使得农地不仅是重要的国家资源，也是农民赖以生存的"命根子"，形成了特殊的农耕文化传统。农地特殊的自然属性和社会属性特征，决定着自古以来我国村落存在一定程度上的自治传统。村庄村落作为国家某种意义上的功能替代，是以血缘、亲缘、地缘为纽带的乡村社会自发组织，具有重要的产权含义、产权界定与排他性保护功能。（谢琳等，2010）村集体对农地的保护不仅体现在产权界定和排他性保护的经济功能上，同时某种程度上是一种社会保障制度安排。在人均农地资源禀赋极少的小农经济中，农民的理性原则是以生存安全为第一，而不是追求收入的最大化，土地均分成为农民克服生存压力的一个集体回应。（Scott，1976）

2. 赋权特征：土地调整引发的问题

农村改革初期家庭承包制获得了举世瞩目的政策效果。如果说均田承

包在封闭和静态的小农经济背景下是相对有效率的，但随着形势的发展，以土地均分为特征的均包制却留下了严重的后遗症。基于家庭承包的制度特性，土地集体所有制普遍表达为社区集体的每个成员都天然地平均享有对土地的权利。而为了保证产权分配（界定）的公平性，从初始的按人（劳）均分土地使用权，到一次又一次地因人口变化而重划土地经营权，追求产权界定公平的调整永无休止，使得不稳定性与分散性成为内生的制度缺陷。（Nguyen，1996；姚洋，2000）第一，土地的经常性调整，使农户无法形成对土地投资的长期预期；第二，既然每个成员对集体土地权利是均等的，这就意味着他们在土地数量、质量及土地负担的分摊上是均等的，因而，土地远近好坏的统一搭配，使农户承包的地块不仅分散而且零碎，造成了严重的规模不经济；第三，为了做到地权的平均分配，每次调整都需要重新核查人口、土地面积与地块数量及其质量，产权的界定费用高昂；第四，土地的每次分割要达成全体成员一致接受或认可的方案，无疑将支付较高的谈判费用。

尤其值得重视的是，土地的赋权调整还带来了两个体制性的后遗症：一是村庄秩序的行政植入。农地的赋权调整在本质上是产权的重新分割与界定，是各种谈判力量的对比。土地"均分"基因与产权"变更"基因相融合，会不断诱导土地调整力量的形成。其中，国家力量直接介入农村生活，国家意志取代了从前传统村落的自发意识，村落组织成为国家政权的一部分。（谢琳等，2010）国家力量通过土地的无偿赋权对村庄的渗透带来双重效应：①通过土地的调整来维护农村稳定；②作为国家代理人的乡村干部在土地调整中的寻租。前者会培育藐视法律的力量（熊万胜，2009），后者则导致农民土地权益的受损。二是农业经营效率的损失。土地的均包与调整，必然不断加剧农地经营的小规模、分散化及细碎化问题。1986 年农户户均耕地 9.2 亩、分散为 8.4 块，2008 年下降到 7.4 亩、分散为 5.7 块。（何秀荣，2009）2011 年全国承包经营的耕地面积为 12.77 亿亩，经营农户 2.288 亿户，户均经营耕地仅 5.58 亩。（国务院发展研究中心农村部，2013）可以认为，中国农业的家庭经营几乎没有规模经济性。

（二）农业经营格局：面临的重大变化与挑战

土地制度作为农村经济制度体系和农业发展的基础制度，伴随着 30

多年来的改革历程,一直是农村变革最原本的核心问题。但就全国总体而言,土地制度在微观方面无论经历了怎样的变迁,其集体所有、均田承包和家庭经营的大格局几乎没有发生根本性变动。

随着工业化与城镇化的深入推进和农村土地与劳动力的快速流动,基于小规模、分散化与细碎化的"均包制"的制度遗产,我国农业经营格局正面临着重大问题。

(1) 农户的兼业化。全国农业普查的数据表明,1996年全国农业户中纯农户占62.81%,1999年下降到40.00%;2008年吉林、黑龙江、安徽、四川、浙江5省的比例只有25.30%。(国务院发展研究中心农村部,2013) 2011年对全国931个村庄抽样问卷调查的结果表明,外出务工及从事非农兼业的劳动力已经占到农村劳动力的48.62%。(上海财经大学2011年组织的"千村万户"暑期社会调查数据) 表明农民已经不以农为主。

(2) 劳动力弱质化。一方面是农业劳动力的非农化。伴随着劳动力的外流,我国农业劳动力的就业份额从1978年的70.50%已经减少到2011年的34.80%,几乎每年减少一个百分点。另一方面是留守劳动力的老龄化与妇女化。前述931个村庄的抽样调查表明,在留村劳动力中51岁以上劳动力占到39.80%、妇女占比则高达69.89%。表明农民开始不以农为业。

(3) 农业副业化。全国农村固定观察点数据显示,农户纯收入中来自农业的比重由1985年的75.02%下降到2011年的26.30%。表明农民已经不以农为生。

(4) 种植非粮化。1978年全国粮食种植占农作物播种面积的比重为80.34%,2010年下降到68.38%。(《中国农业统计年鉴》,1979,2011) 随着农地的流转,粮食种植的比例有加剧下降的趋势。2011年的问卷调查表明,未参与农地流转的农户,粮食的种植面积占比为74.32%,而转入农地农户中该比重则明显减少为60.19%。表明农户生产种植存在"去粮化"现象。

上述共同表达了农业不断"被边缘化"的问题。我们的前期研究表明,"弱者种地""差地种粮"的现象已经广泛存在,势必成为国家农业安全特别是粮食安全的重要隐患。(罗必良,2013)

必须清醒地认识到,随着农村劳动力转移规模持续扩大,"农业边缘化"倾向会愈加严重。这就意味着,农业发展不仅要面对"谁来种田"的现实问题,而且还要破解"种怎样的田"和"怎样种田"的深层难题。

(三) 走向规模经营:各种努力面临的约束

最近半个世纪以来,我国政府一直在追求"现代农业",但目前遇到的最为棘手的难题是:如何在坚持家庭经营在农业中基础性地位的前提下,推进农业经营方式的创新,加快构建新型农业经营体系。事实上,这也是全球"小农"共同面临的难题。

必须高度重视的是,如果农业劳动力素质、农户生产能力以及农业经营规模都远在现代生产力水平所要求的底线之下,以其为基础的科技应用、产品质量、市场准入、维生收入、从农热情等都将日益变得难以为继,现代农业也就因此而成为一个可求不可得的奢望。在很大程度上可以说,分散化的经营格局是近30多年来我国现代农业建设的主要障碍(何秀荣,2009)。

总体来说,面对家庭经营背景下的分散化、小规模经营格局,现行政策一直在着力推进农业的规模化经营:一方面是通过农地的流转集中,以改善经营的规模性,着力降低农业生产成本,提高生产效率;另一方面是通过农业的组织化,以推进农业的规模经营,着力降低交易成本,提高组织效率。在我国各地的实践中,人们始终在寻找和创新农业转型发展的途径和形式,比如鼓励农地经营权流转并向生产大户集中、建立农民专业合作组织、龙头企业联结农户、"订单农业"等等,核心在于推进农业的规模化与组织化进程。问题是,已经在试验的路子是否可行?

1. 现行农地经营权流转集中政策走得通吗

尽管农地经营权的流转已经成为一个基本趋势,但并未形成土地集中与规模经济的运行机制。一是农地流转方式以转包和出租为主①。2011年这两种类型所流转的土地占到流转总面积的78.20%。其中转包占到51.10%,有利于规模经营的股份合作的流转只有5.60%。二是转入主体以农户为主。2011年,在全部流转农地中,流入农户的比例占到67.20%,而有利于规模经营的企业主体只占8.40%。(国务院发展研究

---

① 按照农业部的相关政策规定,耕地流转主要有转包、出租、互换、股份合作、转让五种形式。

中心农村部，2013）事实上，农地因其资源特性在流转中定会内生较高的交易费用（Federico，2005）。因此，依赖于发育迟缓的农地流转市场来扩大农业的经营规模，既不具有实质性的效果，也不具有全局性和长期性的作用。

"鼓励农户间农地经营权流转集中"的现行政策实际上是在复制日本扩大农场规模的模式，即小农基础上的农地流转集中。国内和日本的实践经验都表明，纵向相比时，这一模式或多或少有点成效，但不足以改变农地经营规模过小的基本状态。日本从20世纪50年代末开始实施扩大农场规模政策，但50年的政策推进结果是仅仅使平均农场规模从起步的1公顷扩大到近2公顷。尽管农场规模扩大了1倍，但在今天的农业全球化环境中，依然不存在规模经济，更不要说与美国数百公顷规模的农场去竞争。（何秀荣，2009）

2. 以小农为基础的农业合作社道路走得通吗

合作社历来被视为弱小群体寻求互助合作的一种组织形式，其主要的在于资源共享并规避风险。合作社成功与否取决于效率，而具体的效率取决于合作社内部的组织管理状况和外部环境的适生程度。但是，小农合作的内在机理所决定的规模性却是十分有限的。

组成农业合作社的各个农户有着各自的利益诉求和行为选择，即使是富有合作意识的德国农民，也依然存在着将质次产品交给合作社、质优产品自行处理的现象。因此，合作社天然存在的"集体行动的困境"致使其组织成本极其高昂。

与传统合作社的外部环境相比，今天的外部环境已经变得更为工业化、城镇化、市场化和国际化，国际农业竞争和国内产业竞争迫使农业比以往任何时候都更应讲求规模经济和专业化。以小农为基础的农业合作社显然难以适应这种发展趋势。

发达国家的农业合作社主要是为了应对市场问题和政治层面的团体利益问题，而不是为了对付农场层面的生产问题。但我国的农业合作社既要应对市场问题，也要对付生产问题，而且我国小农面临的许多市场问题又恰恰主要根源于细小的农场规模。如果合作社不能解决生产领域的农场规模问题，也就难以从根本上解决市场问题。因此，传统农业合作社是缺乏前途的。

作为农业合作社楷模的日本农协和我国台湾的农协长期依赖政府给予

的特殊金融、保险业务和税赋优惠政策，而非依靠农业本身；否则，日本农协和台湾农协可能早已破产离析。

可以认为，如果将合作社视为一种替代农户经营的经营形式，而不是作为一种协调的组织形式，可以预期的绩效将是有限的。

3. "公司（龙头企业）+农户"的组织化路径走得通吗

人们对龙头企业带动农户的组织化方式寄予厚望。这种模式对企业而言，相对稳定了产品生产规模，较好地缓解了企业面临的供货不确定性问题；对农户而言，相对稳定了市场价格，缓解了农户面临的市场风险问题。该模式一度被人们认为是一种双赢的选择。"公司+农户"作为重要的组织形式，其主要的合约关系包括两种形式：一是商品合约，二是要素合约。

商品合约最典型的形式被称之为"订单农业"。其基本的方式是龙头企业与农户签订合同，并按照保底价格或者市场收购农产品。问题是，我国订单农业的违约率高达80%（刘凤芹，2003）。根源在于，一方面，如果企业没有形成有关订单合约的专用性投资，那么一旦面对市场低迷，企业极易违背承诺，产生毁约退出的机会主义行为；另一方面，当龙头企业形成专用性投资后，企业与多个农户签约的谈判成本、对农户生产行为的监督成本，以及农产品异质性与产品质量安全所决定的高昂考核成本，极易导致农户履约的机会主义行为，并易于引发农产品合约交易的"柠檬市场"。（罗必良，2008）

要素合约最典型的形式是由企业实施的对农户土地经营权的租赁经营。问题就在于企业所获得的土地经营权依附于农户的承包权，其所形成的土地要素合约并不单独由企业理论中的"权威"决定；相反，一旦企业形成资产专用性，极易受到农户机会主义行为的要挟。因此，"公司+农户"无论是"订单式"还是"承租式"合作，均包含着高昂的交易费用以及治理成本。

（四）现实的反差：对政策导向的反思

人们之所以关注我国农业的规模经营问题，一是因为土地的福利性质及其平均赋权所形成的过于小规模、分散化与细碎化，导致了土地利用效率低下与农业"边缘化"难境；二是随着工业化与城镇化推进，农村劳动力与人口流动已经成为基本趋势，人地矛盾的逐步松动为农地要素的流转提供了基础。由此，从土地福利性功能赋权转向土地财产性功能赋权，推进土地承包经营权的流转与农地集中，既增加了农民的财产性收益又改善了农业的规模经济性，既受到了各界的广泛重视同时也成为政府的基本政策导向。

（1）从政策层面来讲，早在1984年，中央"一号文件"就开始鼓励农地向种田能手集中。2001年中央发布的18号文件，系统地提出了土地承包经营权流转政策。2002年出台《农村土地承包法》，以法律形式赋予了农民对承包土地的占有、使用、收益和征收征用享有补偿的权利，首次将土地承包经营权流转政策上升为法律。2008年党的十七届三中全会通过的《中共中央关于推进农村改革发展若干重大问题的决定》进一步强调，"加强土地承包经营权流转管理和服务，建立健全土地承包经营权流转市场，允许农民以转包、出租、互换、转让、股份合作等形式流转土地承包经营权，发展多种形式的适度规模经营"。2013年党的十八届三中全会更是鼓励承包经营权向专业大户、家庭农场、农民合作社、农业企业流转，发展多种形式的规模经营。可以说，政府的政策导向为农地流转和农户退出土地承包经营权提供了制度基础。

（2）从土地对农户所承担的保障功能来说，其重要性在不断弱化。我国家庭住户收入调查的数据和农民工调查的数据表明，随着农民非农收入水平的提高，农户实际承包的耕地面积有显著下降的趋势，农户对土地福利功能的依附性在明显减弱。土地是生产要素，又具有福利保障功能。这两者在传统的农耕社会并不矛盾。然而，在工业化与城镇化以及经济开放与要素流动的背景下，情形则发生了重大变化。①城镇化与非农产业的发展，使得农民的农外就业机会增加，土地对农民的就业保障功能逐步弱化；②城镇化与人口的自由流动，使农民的农外选择空间不断扩展，人地矛盾已经逐步松动；③农业的比较劣势不断凸显，使得土地的收入保障功能不断弱减，农民弃农机会成本不断降低。不仅如此，与之相伴随的是广泛出现的耕地弃耕撂荒现象。尽管缺乏全国的数据统计，但大量的事实提供了多样化的证据。例如，2000年，安徽省土地抛荒面积占该省承包土地总面积的1.2%，河北省季节性抛荒面积占该省耕地总面积的4%左右；2001年，浙江省2505万亩耕地中0.2%～5.0%被常年撂荒；湖北省2008

年对5个县（区）的调查表明，有1.2%的耕地被撂荒①。（虞莉萍，2008；冯艳芬等，2010）

（3）从利益激励的角度来讲，人地关系的松动与资源配置效率的改善，也为农地流转提供了契机。已有研究证明，农地流转具有显著的潜在收益。其一，农地流转可以降低耕地的零分碎割带来的效率损失（Wan and Cheng, 2001；黄贤金等，2001；苏旭霞、王秀清，2002；Dijk, 2003）。Fleisher和Liu（1992）通过生产函数估算发现，如果农户样本中的地块数由4块减少到1块，全要素生产率将提高8%。其二，农地流转有助于实现规模经营，降低劳动成本，对农户不仅具有资源配置效应、边际产出拉平效应，还具有交易收益效应。（姚洋，1998）其三，通过农地流转提高农业的规模化经营程度，从而有利于农产品质量安全的控制。（汪普庆等，2009）其四，计量分析表明，农户土地流入面积每增加10%，家庭年人均收入将增加0.6%，年人均消费将增加0.16%。同时，农地流转也能改善农户家庭就业结构，农户每流入1亩土地，非农就业率就降低0.79个百分点；农户每流出1亩土地，非农就业率则提高5.84个百分点。（胡初枝等，2008）

因此，上述三个层面，都共同表达了农地流转的必要性与可能性。但现实的反差是，与农业劳动力的大量转移相比，中国农地流转的发生率严重滞后。1984—1992年，完全没有参与农地流转的农户高达93.80%，到2006年农地流转率只有4.57%，2008年的则为8.6%。近几年农地流转的速度有所提升，但到2011年依然只有17.80%。（国务院发展研究中心农村部，2013）

进一步推进工业化与城镇化进程，促进农业人口向非农部门的转移，是现阶段我国依然面临的基本趋势。但突出的问题是，由于城乡体制与要素市场的二元分割，在农村劳动力非农化流动的同时，并未产生有效的人口迁徙与农户土地承包经营权退出。其主要特征是，普遍表象为"人动地不动"，即人口发生大量流动（进城），但迁徙严重滞后。一是农民的"离农"，却没有"离地"；二是农民工"进城"，却没有"弃地"；三是土地的"弃耕"，却没有发生有效的农地流转，导致了人地关系的扭曲与人地矛盾的固化。

---

① 笔者认为，弃耕撂荒或许是小规模分散化的农业经营格局所难以避免的内生现象。

因此，尽管经过差不多30年的政策努力，我国土地分散化的经营格局不仅没有发生基本改观，反而有恶化的趋势。1996年，经营土地规模在10亩以下的农户占家庭承包户总数的76.00%，2011年的比重则高达86.00%；1996年经营规模在10～30亩的农户占农户总数的20.20%，2011年则只占10.70%。（见表1）

表1 农户经营耕地规模的分布情况

经营规模	1996年的农户比重（%）	2011年的农户比重（%）
10亩以下	76.00	86.00
10～30亩	20.20	10.70
30～50亩	2.30	2.30
50亩以上	1.50	1.00

注：①1996年的数据为全国农村固定观察点农户调查数据；②2011年的数据来源于国务院发展研究中心农村部（2013）。

不能否定推进农地流转的积极意义，但必须特别强调，促进农业的规模经营有多种方式，土地规模经营只是其中的选择路径之一。从理论上来讲，农业的规模经营可以通过不同的要素采用不同的匹配来实现，而寄希望于农地的流转来解决规模问题或许是一个约束相对较多并且是缓慢的过程。Hayami等（1993）曾经抱怨说，在农业经济学文献中，严重忽视了对土地市场的分析。一项关于独立后印度的田地调查显示：每年仅有0.2%～1.7%的土地被流转交易。假设每块地只被交易一次，那么全部土地流转一遍需60～100年。（Rawal，2001）

三、从规模经济转向分工经济：基于文献的梳理

（一）规模报酬与规模经济：概念界定

新古典经济学通常采用生产函数和成本函数来阐述规模经济问题，并将规模经济解释为一个正则拟凹的齐次生产函数。若各生产要素投入的产出弹性之和大于1，则该生产函数具有规模收益递增的特性，即具有规模经济的潜能。用数学形式表达：设x_1和x_2为产出q的要素投入自变量，t为常数，k为大于0的任意实数，若有生产函数$q = f(x_1, x_2)$满足$f(tx_1,$

$tx_2) = tkf(x_1, x_2)$，那么可以判断：若 $k = 1$，则上述生产函数的规模收益不变；若 $0 < k < 1$，则上述生产函数具有规模收益递减的性质；若 $k > 1$，则上述生产函数的规模收益递增，亦即具有规模经济性。

学者们给出了关于规模经济的种种定义。萨缪尔森（1998）认为，规模经济是由于所有生产要素的同比例增加而引起的生产率的提高或平均生产成本的降低，这显然是对上述生产函数的转述；斯蒂格利茨（1997）放弃了"同比例"的条件限制，认为只要当平均成本随着生产规模的扩大而下降时，或产出增加的比例大于投入增加的比例时，就存在着规模经济；曼昆（1998）则直接将规模经济揭示为长期平均成本随产量增加而减少的特性。

可见，规模报酬与规模经济并不是等同的。第一，规模报酬反映的只是全部投入要素按比例增加时产出的变化。它显然要求各要素具有可分性，可实际上劳动力、土地、资本的可分程度是不同的，并不能保证"按比例变化"；规模经济则包含了投入要素的非比例变化特征。第二，规模报酬关注于要素按相同比例发生变动对产量的影响，属于实物层面的分析；规模经济则强调平均成本与产出的关系，属货币价值层面的分析。因此，规模收益递增仅仅是规模经济的表现方式之一，或者说是一个充分而非必要条件。（许庆等，2011）事实上，获取以规模报酬递增所表达的规模经济常常是困难的。

（二）在规模经济的背后：从斯密到杨格再到科斯

生产规模的扩大为什么能够表现出规模经济（$k > 1$）呢？斯密（1776）最早以扣针制造业为例从分工的维度做出了解释。斯密给出了分工能够提高生产率的三点原因，一是劳动者的技能因业专而日进；二是能够节约工作转换中的劳动时间；三是有利于机器的发明与采用。三个原因使得生产专业化会表现出大规模生产的特征。但这种大规模生产能否表现出规模经济性，则取决于市场范围的大小。因此，由"分工取决于市场范围大小"所表达的斯密定理，包含了三个方面的重要含义：①分工能够通过市场来协调；②分工程度取决于市场范围的大小；③市场范围的大小又取决于运输条件。

然而，斯密定理面临着一种两难的困境：如果劳动分工确实受到市场的限制，那么个别厂商所在产业典型的市场结构就应该是垄断市场结构；

如果厂商的市场运行特征是竞争性的，那么该定理就存在缺陷，甚至是毫无意义的。马歇尔（1890）既不愿意放弃"收益递增"的思想，又不愿忽略竞争的存在，他采取的办法是将规模经济的概念引入新古典经济理论，并将其分为内部规模经济和外部规模经济。当一个企业的生产力随着企业规模的提高而提高时，就称存在内部规模经济；而外部规模经济则是指一个企业的生产力随着整个经济或一个部门规模的提高而提高。外部规模经济的实质是正的外部性或者说溢出效应。因此，外部经济的自然增长就成为报酬递增的唯一源泉。

由此，在新古典经济学中，规模经济被当作经济增长最主要的驱动力量，但是这种解释经济增长一般机制的方法并不符合古典学派的经济发展思想。正如杨小凯（Yang，1991）所指出的，新古典经济学对递增报酬问题的处理并非是恰当的，要么假定这种报酬是"外在的"，以便说明厂商规模扩大不会导致收益增加，从而使价格均衡得以成立（即马歇尔曲线）；要么违背定价行为理论，而假定厂商运行在一个垄断竞争市场中。

杨格（1928）指出，企业的规模经济事实上只是在社会分工体系既定的条件下观察单个企业规模扩大而带来的经济节约，它的前提是社会分工体系或者说经济网络已经形成。内部经济扩大的只是单个企业的规模，但却不能改变既定分工网络模式的构成。规模经济可能伴随在经济增长和发展过程之中，却不是经济增长与发展的根源，分工水平的高低才是经济增长的决定力量。

回到古典传统，就必须克服斯密定理的缺陷。斯密主要关注的是企业内的分工，但对整个社会的产业分工及其相互关系和演进的特点却很少论及。杨格（1928）的重要贡献就是将企业内分工与产业分工的交互作用联系起来。在杨格看来，"分工"这一概念包含着三个方面的内容，一是个人的专业化水平；二是不同专业的种类数；三是生产的迂回度。因此，报酬递增一方面来源于每个人专业化程度加深而带来的生产率提高（专业化经济）；另一方面必然要求不同个体或产业之间形成相互联系和交换关系，通过产业间的相互协调、合作以及迂回生产链条的不断加长，产生生产最终产品的效率不断提高的效果（分工经济与网络效应）。分工不仅取决于市场范围的大小，而且由分工引发的专业化生产环节的多少及其网络效应也会影响分工。由此，揭示报酬递增的自我实现机制的"分工一般地取决于分工"的杨格定理得以形成。

无论是斯密定理还是杨格定理，都涉及一个决定性的内生变量，即在斯密定理中表达为"运输条件"，在杨格定理中表达为经济网络中的相互联系与交换①。这些都可以视为科斯（1937）的"交易费用"雏形。

　　关于生产规模及其规模经济的决定，备受推崇的无疑是科斯的企业理论。科斯（1937）关于"企业的性质"的论文，被认为是研究企业性质的开创之作，同时也是揭示规模经济边界决定的经典文献。在科斯看来，企业和市场是协调劳动分工的两种不同方式，而这两种方式是可以互相替代的。企业之所以能取代市场价格机制来协调劳动分工，原因在于企业内部的管理成本可能低于市场交易成本。由此，企业边界的取得及其规模经济的产生是由于企业规模扩大从而节约的交易费用大于增加的组织管理费用；或者说，企业的规模经济由企业外部（市场）的交易费用与企业内部的管理成本共同决定。

　　德姆塞茨（Demsetz，1988）注意到了科斯企业理论的缺陷，认为避免交易成本过高固然是企业利益动机的一部分原因，但过分关注这一点，却使我们忽视了那些也许是更重要的、决定人们长期合作的原因。他甚至抱怨道："在所有运用这种理论的研究中，比较交易成本和管理成本的大小，已经成为众口一词的理论思维习惯。"因此，以交易费用理论解释企业的规模决定，尚存在一些困难（黄桂田、李正全，2002）：第一，按照科斯理论，一方面，如果市场的交易费用过高，而企业的管理成本较低，逻辑上所有的分工活动都可以纳入到一个企业来组织协调（市场消失）；另一方面，如果交易成本为零而管理成本大于零，就必然预示着企业的消亡。这意味着所有的生产将是由一个个独立的个人来生产。由此引发的问题是，无论是个人来单干还是由许多人组成企业来合作生产，都要取决于管理上是否达到规模经济。如果说进行管理是为了达到规模经济，那么把许多人组织在一个企业内进行生产，就完全符合交易成本为零的要求。这两个方面显然是一个悖论。第二，按照科斯的说法，如果企业通过市场的价格机制购买生产要素比自己生产更为便宜时，就会走向市场。问题是，即使存在这种选择性替代关系，该企业对于相对成本的比较也不仅仅限于在交易成本与管理成本的相对差异上，必然是将市场购买的采购成本与交

---

　　① 遗憾的是，杨格注意到了经济网络中的交易关系及其制约因素，却没有像斯密那样关注"运输条件"那样触及交易费用及其制度安排问题。

易成本和自己生产的生产成本与管理成本等多个成本因素考虑在内来进行权衡。可见,"企业在自己生产产品更便宜时就自己生产"与"当交易成本低于管理成本时企业就会向别人购买产品"这两种说法之间并不是等价的①。第三,既然科斯的替代逻辑只是简单地建立在特定的相对成本差异上,那么,该模型所导出的关于市场与企业相互替代的那个边际均衡点则是属于一种比较静态的均衡点,即使存在,这一均衡点也是属于特例②。然而,如果考虑到生产成本的变化及其由生产成本、分工协作等因素所决定的规模效果的变化等系列变量(例如,单位交易成本变动与单位生产成本变动由于变动方向或者变动速率的不同,单位总成本的变化并不一定与单位交易成本的变化相一致),这一决定边际替代的均衡点是不存在的,即使存在这样的均衡点,那也是非连续的与非稳定的。如果这一边际替代的均衡点缺乏相对稳定性,那么,严格意义的市场与企业间的边际替代机制就很难实现。

面对"科斯困境",张五常(Cheung,1983)对企业的性质提出了一个更明确的解释,弥补了科斯理论中的一些不足。张五常认为,企业并不是用非市场方式代替市场方式来组织劳动分工,而是用要素市场(劳动市场)代替中间产品市场。张五常的这一观点是有说服力的。按逻辑关系往下推演,企业雇佣劳动力的目的在于组织企业内分工,并进一步分析企业内分工的特点及与市场分工的关系。遗憾的是,张五常并未回归古典经济学的传统,仍是沿着科斯的理论范式往下走,将企业以劳动市场替代中间产品市场的原因归结为节约交易费用。(曹正汉,1997)

(三)规模经济来源于分工与专业化

早在科斯之前,奈特(Knight,1921)就根据不确定性和企业家精神对企业的功能进行过分析。在奈特看来,企业不是别的东西,而仅仅是一种装置,通过它,企业家自愿承担风险,并保证厌恶风险者得到确定的收

---

① 德姆塞茨(Demsetz,1988)进一步指出:第一,即使没有交易成本而只有管理成本,企业也可能有兴趣由自己来组织生产,因为其他企业的生产成本也许很高,使得自家生产要比购买其他企业的产品更合算。第二,如果其他企业的生产成本低到一定程度,即使自家生产不花管理成本,企业也可能购买其他企业的产品。

② 因为这一均衡点的确定是严格建立在完全的自给自足方式与有市场交易的合作性企业组织的生产方式之间不存在差异的基础上的(黄桂田、李正全,2002)。

人，以换取对后者的支配权。奈特指出，在不确定性下，"实施某种具体的经济活动成了生活的次要部分，首要的问题或功能是决定干什么以及如何去干"。这"首要的功能"即指企业家功能。因不确定性是无法保险的，企业家不得不承受不确定性，这样，企业家向他人支付有保证的工资，并以此换取支配他人工作的权利。与科斯相比，奈特直接触及企业的关键特征——权利的分配。此外，熊彼特（1934）视企业家为创新者，能够改革和革新生产的方式；卡森（Casson，1982）则认为，"企业家是擅长于对稀缺资源的协调利用做出明智决断的人"。

基于科斯和张五常的基本思想，杨小凯、黄有光（Yang and Huang, 1994）建立了一个关于企业的一般均衡模型。假定在一个经济系统中，每个人都可以生产两种产品：面包和生产面包过程中的管理知识。再假定专业化的经济性，人们会选择分工组织生产。组织分工的方式有三种：第一种方式是管理专家将管理知识卖给生产面包的专家以换取他所需要的面包。这种组织分工方式意味着两个产品市场，一个是管理知识市场，另一个是面包市场，分工的双方以产品交换产品，权威和剩余权是对称分配的，所以不存在企业。第二种方式是，生产面包的专家开家工厂，雇佣管理专家的劳动。第三种方式是，生产管理知识的专家开设工厂，雇佣生产面包的工人。这后两种组织分工的方式都是剩余权与权威的不对称分配，而且都是以劳力的买卖代替中间产品（管理知识）的买卖，都需要建立企业。由于第一种方式必须交易管理知识，第二种方式必须交易用来生产管理知识的劳动，两者的交易费用均很高。第三种方式只需交易面包和生产面包的劳动，面包的数量和质量以及生产面包的劳动均较容易测定，交易费用相对较低。所以，一般情况下，劳动分工将以第三种组织方式出现。在第三种分工方式中，管理专家拥有企业的剩余收益权与剩余控制权，剩余收益权就是管理知识的间接定价。（曹正汉，1997）

如果我们将奈特的企业家能力、杨小凯和黄有光的管理知识统称为经营决策能力（marketing），并将其定义为奈特所说的"决定做什么以及如何去做"的能力，而将所有涉及贯彻这一决策的其他活动定义为"生产活动"（producing，主要在物质上把投入变为产出），那么我们就可接受张维迎（1995）的下述判断：尽管每一个人都可能掌握某些经营决策能力，但观察表明，各个人的经营决策能力是不同的。这不仅仅是因为不同的人面对不同的搜集与加工信息的费用，同时还由于经营决策能力很大程度上取决于各个人的"机灵""想象力"和"判断力"。所有这些个人特点，起码有部分是先天的、无法教育的。此外，尽管各个人在他们的生产活动能力上也有不同，但生产活动能力的分布并不需要与经营活动能力的分布相一致。为了简单起见，我们假设，个人之间在生产活动能力上是完全相同的，但是在经营决策能力上有差别，这种差别为人们创造了一个合作的机遇，这种合作导致"企业"的出现。在企业中，那些具有高经营决策能力的人负责经营决策，而那些并不擅长经营决策的人则负责生产活动，以此代替每个人都是既负责经营决策又负责生产活动的个体实业家。在这个意义上讲，企业是一个具有劳动分工特点的合作组织。

进一步的问题是，为什么经营决策能力要通过企业而不能通过市场实现专业化呢？威廉姆森（Williamson，1985）的交易费用分析范式能够提供一定的解释。因为企业家人力资产专用性的特点，第一，由于不确定性，企业家人力资本在市场交易中会面临很大的被"要挟"而遭受损失的风险，而高度专用性资产交易对持续性和调适性的很高要求，使企业装置能够保障这类交易的稳定性与相互依赖性；第二，人力资产的专用性越强，且这种人力资产的拥有量越大，那么企业的规模倾向于扩大，以达到对专用性人力资产这种稀缺资源的规模利用，或者说以避免部分专用性人力资产在使用上的闲置。尽管威廉姆森范式能够解释企业的产生及其规模决定，但资产专用性所引发的交易费用决定论依然属于科斯理论的"思维习惯"，从而面临前述的"科斯困境"。

杨小凯、黄有光（1995）建立的一般均衡模型所包含的间接定价理论无疑具有更好的解释力。这一理论模型假定有很多天生相同的消费者—生产者，每个人都可以从事两种有专业化经济的活动，一种是生产最终产品的活动，一种是生产中间产品的活动。人们用资源生产没有直接效用的中间产品，一定是因为中间产品的使用可以提高最终产品的生产效率，这是一种迂回经济效果。关于最终产品和中间产品生产如何组织，这一理论模型包含自给自足、产品市场组织、中间产品生产者享有剩余权利的企业组织、最终产品生产者享有剩余权利的企业组织四种结构。其中，企业与非对称剩余权利可以将交易效率相对低的活动卷入分工，以避免对这类活动的投入产出直接定价所形成的高昂交易费用，这类活动价值的大小由剩余收益来反映。这就是间接定价理论（向国成等，2007）。因此，企业是一种巧妙的交易方式，它可以把一些交易费用极高的活动卷入分工，同时

又可以避免对这类活动的直接定价和直接交易。(曹正汉,1997)

杨小凯和黄有光的模型证明,企业及其规模经济的决定,并不是外生给定的,而是从分工中内生的。企业制度作为组织分工的一种特殊方式,是作为人们选择其专业化水平及其组织交易模式的结果而出现的(杨小凯,1998):①如果交易效率很低,则自给自足是一般均衡;如果交易效率很高,则分工是一个均衡。②如果劳动的交易效率高于中间产品的交易效率,则分工会通过企业制度和劳动市场来协调;否则,分工就通过中间产品和最终产品市场来组织。③企业制度会被选择来组织分工并生产规模经济,此时产品的交易和定价被相应的劳动力的交易和定价所取代(Cheung,1983);但是,仅仅劳动力交易取代产品的交易还不足以构成企业,中间产品在分工中的出现则是至关重要的必要条件。④当一般均衡中有企业时,如果生产中间产品的劳动交易效率高于最终产品的劳动交易效率,则生产最终产品的管理专家是企业的所有者;否则,生产中间产品的管理专家就是企业的所有者。

(四)农业分工:需要重视的问题

应该说,上述理论脉络有助于构建一个关于农业规模经营问题讨论和对话的基础,进而由农地规模经营问题转向农业分工经济的研究。

不同的产业,由于其需求与供给的不同特性,会表现出不同的可分工性或者大小不同的分工深化空间,进而表现出不同的生产迂回程度,并由此表现出不同的分工利益与效率特征。斯密(1776)已经指出,"劳动生产力更大的增进,以及运用劳动时所表现的最大的熟练、技巧和判断力似乎都是分工的结果"。他认为,"农业劳动生产力的增进,总也赶不上制造业劳动生产力的增进的主要原因,也许就是农业不能采用完全的分工制度"。从而揭示了农业生产力滞后于制造业的原因。这就是著名的"斯密猜想"。但是,这并不表明农业是一个效率改善的被动产业。

(1)生产组织的改进,通过寻求改变或者部分改变农业的产业特性,可以改善农业的分工效率。比如,农业的设施化能够以类似工厂化的生产将农作物的生产时间进行改变,可以提高农业生产的时间紧续性;改变农业的产品特性(产品的结构调整、标准化、储存、冷链及加工),能够拓展农产品的市场交易半径;增加中间品的投入,既可以缓解农业劳动的监督协调问题,也可以改善迂回经济。

（2）交易组织的改进，通过不同的交易配置，同样可以挖掘分工潜力。①如果农地流转的效率很高，那么农场组织（或者农户）就会通过扩大土地规模来实现"土地规模经济性"。但进一步的前提条件是，必须存在良好的企业家经营的激励机制、改善迂回经济的投资机制，以及具有能够有效协调农场内部劳动分工的组织机制和农产品市场进入的交易机制。②如果农地流转的效率很低，农场土地规模的扩大将受到约束，农业分工将转换为市场组织分工，中间产品的生产与劳动（服务）交易效率就具有重要作用。从农场的角度来说，意味着分工经济转换为通过农业生产性服务（如代耕、代种、代收，甚至是职业经理人的"代营"等中间性服务产品）的纵向分工与外包来实现"服务规模经济性"。

因此，在农业中总是存在发现分工深化的比较优势与潜在收益的可能性空间。

四、农业家庭经营卷入分工：一个超边际分析模型

按照斯密（1776）和杨格（1928）的观点，分工包括三个方面：个人的专业化水平、专业多样化程度以及生产的迂回程度。为了阐明农户家庭经营是如何卷入分工经济的，我们借用杨小凯（1998）和向国成等（2003）所构造的超边际分析模型进行阐释。

（一）农户专业化与分工经济

1. 假设

（1）农户的农业活动可以分为生产经营活动（进行生产经营及其决策）和生产性服务活动（提供种苗、代耕、代收或者销售等劳务）。

（2）设有两个农户，在决策前具有相同禀赋，既是生产者又是消费者，且有同样的生产函数和时间约束。分别用 X_i、Y_i 代表第 i 个农户的生产能力与服务能力，都是劳动投入水平 l_i（$0 \leq l_i \leq 1$）的局部单调递增函数：

$$X_1 = l_{1x}^a, \qquad Y_1 = l_{1y}^a$$
$$X_2 = l_{2x}^a, \qquad Y_2 = l_{2y}^a$$

其中，l_{ix} 和 l_{iy} 表示第 i 个农户投入 X 和 Y 的劳动份额（即农户的专业化水平）。设 $a > 1$，表示专业化经济程度参数。

(3) 设每个农户总的劳动份额（或总劳动时间）为1，则：
$$l_{ix} + l_{iy} = 1$$

2. 几何描述

根据上述，如果每个农户都自给自足，把生产函数代入时间约束，可得农户的生产转换函数：

$$Y_i = [1 - (X_i)^{\frac{1}{a}}]^a, \quad X_i, Y_i \in (0,1)$$

用 Y_i 对 X_i 求一阶导数，则

$$\frac{dY_i}{dX_i} = [(X_i)^{-\frac{1}{a}} - 1]^{a-1} < 0$$

上式是 Y_i 和 X_i 之间的边际转化率，是以 Y_i 表示的 X_i 的机会成本，也即 X_i 增加一单位时，Y_i 因有限资源必须减少的量。转换函数的一阶导数为零，表明它在 X—Y 平面上是一条斜率为负的曲线。

进一步用 Y_i 对 X_i 求二阶导数，则：

$$\frac{dY_i}{dX_i^2} = \frac{a-1}{a}[(X_i)^{-\frac{1}{a}} - 1]^{a-1}(X_i)^{-\frac{1}{a}-1} > 0$$

此式是边际转换率的导数，此导数大于零，表明转换函数在 X—Y 平面上是凸向原点的曲线，说明每多生产一单位 X，需要减少的 Y 越来越小，即边际转换率递增，从而表现出新古典生产函数的规模经济，而这正是专业化提高农户生产能力的结果（同样，如果用 X_i 对 Y_i 求二阶导数，也会发现专业化分工对农户提高服务能力带来的好处）。

根据上述，可以在 X—Y 平面上刻画出如图 1 所示的个人及加总的转换曲线（杨小凯，1998；向国成等，2003）。

图 1 中，A 曲线是单个农户自给自足（既从事农业生产经营，又从事农业服务）的生产转换曲线。当农户的劳动全部用于农业生产（X）时，其最大生产能力为 1；全部用于农业服务（Y）时，其最大服务能力为 1。B 曲线是两个农户都选择自给自足的总合转换曲线，从 O 点出发，做无数条类似于 OH 的射线，并取 IJ = OI，可得无数类似于 J 的点，并把它们连起来就构成 B 曲线。CDE 是有分工的总合转换曲线（不含 C、E 两点），D 点是完全分工状态，一户专于农业生产，另一户专于农业服务。在 CD 线上或者 DE 线上的任何一点都表明了部分分工状态（或者说兼业状态），既从事农业生产，又从事生产性服务。从图 1 中可以直观看出，有分工的总合转换曲线（CDE）明显高于自给自足的总合转换曲线（B），它们之

间的差距（阴影部分）就构成分工经济。

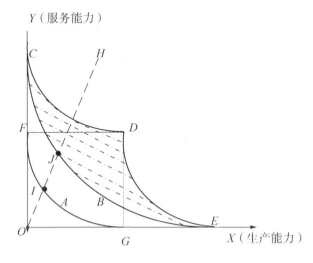

图 1　个人及加总转换曲线

（二）农户卷入分工的均衡分析

1. 假设

（1）在一个经济体中有 M 个农户，他们既是生产者，又是消费者。

（2）有两种产品，一种是初级农产品（如粮食、蔬菜、家禽等），另一种是在初级农产品基础上延伸的加工农产品。

（3）有一种针对初级品与加工品的交易服务（如信息、技术服务等），可以理解为迂回生产。

（4）设初级农产品和加工品的自给量分别为 x 和 y，其销售量分别为 x^s 和 y^s，购买量分别为 x^d 和 y^d。假定 k 为交易服务效率，则 $1-k$ 即为交易费用系数。这类服务既可自给自足，亦可购买，所以有 $k=r+r^d$。其中 r 为自给自足的交易服务，r^d 为买来的交易服务。农户也可以选择向别人提供交易服务，其售卖量为 r^s。因此，每个农户两种产品及一种服务的生产函数为：

$$x + x^s = l_x^a, \qquad y + y^s = l_y^b, \qquad r + r^s = l_r^t$$

式中，l_i 为生产 i 种产品和服务的专业化水平，a、b、t 为三种活动的专业化经济程度参数（为便于讨论，假定 $a = b = t$）。每个农户的时间约束是：
$$l_x + l_y + l_r = 1, \quad l_i \in [0,1], i = x, y, r$$

（5）假定交易服务效率 k 只与交易量有关，而交易服务本身又受到诸如交通、通信等有关便利程度的影响而产生的费用（用 $1 - K$ 表示，K 为便利交易效率系数）。所以，对于产品 x 而言，购买 x^d 时能够实际得到的是 Kkx^d，$(1 - K)kx^d$ 因不便利因素而在交易中消失掉了①。

（6）假定每个农户的生产经营地点是外生给定的，而每一对相邻农户的距离是一个常数。所以，当每个农户的专业化水平上升时，他购买商品的种类数会增加，因此他的交易对象（相邻农户）会向外扩展。假定以某个农户为圆心，那么该农户的交易密度（农户数）N 与交易区域的半径 R 成正比（按"圆"面积计算公式，$N = \pi R^2$），该农户与其他农户的平均距离 A 却与 R 成正比，即他交易的平均距离与 $\sqrt{N}$ 成正比。如果所有交易伙伴向该农户供给不同商品，他所购买的品种数是 $N = n - 1$。于是，因距离不便利引发的交易费用 $1 - K$ 与农户的交易伙伴数量相关：
$$1 - K = s\sqrt{N}$$

式中，s 是依赖于相邻农户的距离和 π 的一个参数。如果 $1 - K$ 独立于 N，均衡将或者是自给自足或者是极端分工，这表明一个局部分工之间的水平从不在均衡中发生。它可以理解为分工的逐渐演进不可能。因此，该式对于理解分工的逐渐演进是根本性的，它表明当交易品种数增加时，交易成本比分工的正网络效应增加得更快②。

此公式的经济学含义在于：①交易的品种数或者交易伙伴的增加，亦即专业多样化程度越高，农户的交易成本越低；②农户与交易伙伴的交易越便利（可以理解为农户生产性服务的可获性），其专业化与分工水平越高。

根据上式，每个农户的效用函数可设为：
$$u = [x + K(r + r^d)x^d]^\alpha [y + K(r + r^d)y^d]^\beta, \quad \alpha, \beta \in (0, 1)$$

---

① 交易费用系数 $1 - K$ 可视为科斯理论中的交易费用，不便利费用系数 $1 - K$ 是因交通、通信等形成的"流通"费用。

② 这显然是一个两难冲突。如果没有该公式，交易和生产中的完全分工不但能充分利用分工经济，而且可以减少交易费用，所以均衡永远在完全分工状态。而正是两难冲突才能阐释不同分工水平的生成及其分工演进的机理。进一步地，该式还有助于增进对"斯密定理""杨格定理"以及"科斯定理"的理解。

式中，α, β 代表农户对两种产品的偏好。这里假说偏好一致（$\alpha = \beta, \alpha + \beta = 1$）。此外，设 p_x、p_y、p_r 分别为 x、y、r 的市场价格。

2. 分工模式与均衡分析

根据上述假设，并遵循"文定理"①，可以进一步分析三种分工结构模式，并求角点均衡和全部均衡。（杨小凯，1998；向国成等，2003）

（1）自给自足模式，记为 A。

在 A 模式中，$x^s = x^d = y^s = y^d = r^s = r^d = r = l_r = 0$，农户的最优决策问题是：

$$\max U = (xy)^{\frac{1}{2}}$$
$$s.t.\ x = l_x^a, \qquad y = l_y^b$$
$$l_x + l_y = 1$$

（2）买一种产品的生产专业化模式，记为 PT。此模式有两类组合。

一是生产 x、买 y 且服务自给自足的决策（x/y）。在此决策中，$x^d = y = y^s = r^s = r^d = l_y = 0$，农户的最优决策问题是：

$$\max U = (Kxry^d)^{\frac{1}{2}}$$
$$s.t.\ x + x^s = l_x^a, \qquad r = l_r^a$$
$$l_x + l_r = 1$$
$$p_x x^s = p_y y^d \text{（预算约束，下同）}$$

二是生产 y、买 x 且服务自给自足的决策（y/x）。在此决策中，$y^d = x = x^s = r^s = r^d = r = l_x = 0$，农户的决策问题是：

$$\max U = (Kyrx^d)^{\frac{1}{2}}$$
$$s.t.\ y + y^s = l_y^b, \qquad r = l_r^b$$
$$l_y + l_r = 1$$
$$p_y y^s = p_x x^d$$

（3）生产与服务的完全专业化模式，记为 CT。此模式有三类组合。

一是生产 x、买 y 和 r，即（x/yr）的决策。在此决策中，$x^d = y = y^s = r = r^s = l_y = l_r = 0$，农户的最优决策问题是：

---

① 即：最优决策不会卖一种以上的产品，不会同时买和卖同种产品，不会买和生产同种产品。由于文枚（Wen，1996）对此做了严格的证明，被杨小凯命名为"文定理"（杨小凯，1988）。

$$\max U = (Kxr^d y^d)^{\frac{1}{2}}$$
$$s.t.\ x + x^s = l_x^a$$
$$l_x = 1$$
$$p_x x^s = p_y y^d + p_r r^d$$

二是生产 y、买 x 和 r，即（y/xr）的决策。在此决策中，$y^d = x = x^s = r = r^s = l_x = l_r = 0$，农户的决策问题是：

$$\max U = (Kyr^d x^d)^{\frac{1}{2}}$$
$$s.t.\ y + y^s = l_y^b$$
$$l_y = 1$$
$$p_y y^s = p_x x^d + p_r r^d$$

三是生产 r、买 x 和 y，即（r/xy）的决策。在此决策中，$r^d = x = x^s = y = y^s = l_x = l_y = 0$，农户的决策问题是：

$$\max U = (Krx^d)^{\frac{1}{2}}(Kry^d)^{\frac{1}{2}}$$
$$s.t.\ r + r^s = l_r^b$$
$$l_r = 1$$
$$p_r r^s = p_x x^d + p_y y^d$$

一个一般均衡包括所有商品（包括前述的产品和服务）的一组相对价格、出售商品的一组人数、由所有人选择的模式构成的一个结构，以及人们生产、交易和消费商品的数量（杨小凯，2003）。求上述三类分工模式不同决策的最优解，可以得到相应的角点均衡（见表2）。

表2　三个角点均衡的信息

结构	A	PT	CT
相对价格	—	$\dfrac{p_x}{p_y} = 1$	$\dfrac{p_r}{p_y} = \dfrac{p_r}{p_x} = \dfrac{4}{3}K^{-\frac{1}{3}}$
相对人数	—	$\dfrac{M_x}{M_y} = 1$	$\dfrac{M_r}{M_x} = \dfrac{M_r}{M_y} = \sqrt[3]{K}$
真实收入	$\left[\dfrac{1}{1}\right]^a$	$\dfrac{\sqrt{1-s} \cdot 2^{a-1}}{3^{\frac{3}{2}a}}$	$\dfrac{(1-s)\sqrt{2^{\frac{2}{3}}}}{6}$

将表 2 中真实收入在三个角点均衡之间进行比较，可以得到全部均衡及新兴古典比较静态分析结构（见表 3）。

表 3　全部均衡及比较静态特性

s	>0.7071	$0<s<0.7071$	
a	—	$a<a_0=\dfrac{\ln6-\dfrac{2}{3}\ln(1-s\sqrt{2})}{\ln2}$	$a>a_0=\dfrac{\ln6-\dfrac{2}{3}\ln(1-s\sqrt{2})}{\ln2}$
均衡结构	A	A	CT

全部均衡及比较静态特性显示（向国成等，2003）：

（1）当代表邻居间平均距离和交通条件的 $s>0.7071$ 时，均衡是自给自足。

（2）当 $0<s<0.7071$ 时，若专业化经济程度参数 $a>a_0$，均衡是完全专业化分工；若专业化经济程度参数 $a<a_0$，均衡是自给自足。

（3）如果 PT 结构的真实收入始终小于 A 结构，则 PT 不是全部均衡。说明没有一定的专业化的生产性服务，生产的专业化也难以实现，从而表达了农业生产性服务对农户生产的制约作用。

（三）农业家庭经营卷入分工：新兴古典经济学的含义

上述分析描述的是一个由 M 个农户所组成的经济体，从而表达了农业经济的分工格局。由超边际分析模型表明，参数 a 和 s 对分工模式及经济组织结构具有决定性意义。

（1）专业化经济程度（a）越高、参与分工相邻农户之间的距离越短，分工的均衡水平越高。对于一对相邻农户之间一个足够小的距离 s，专业化经济的报酬递增将造成均衡从自给自足（结构 A）向产品生产及服务的完全分工（结构 CT）演进。

（2）交易品的种类数由专业化的绝对程度和一对相邻农户之间的平均距离决定（杨小凯，2003）。假定专业化程度一定，那么分工主体越密集，专业多样化程度越高、市场范围亦越大，行为主体有效参与分工与交易的可能性越大。

（3）如果农业生产及其生产性服务的分工不断深化，使得专业化经济达到一定的程度，那么经济活动的聚集及其组织化程度的改善，能够有效降低 s，从而引起分工均衡水平和农业效率的一个"起飞"。

（4）随着分工演进、交易效率的提高，作为中间品投入的农业生产性服务（农业中可以广泛地表达为提供种子种苗、机耕、植保与防疫、机割、加工等多种服务，甚至可以延伸为提供技术咨询、管理决策、市场营销多种专用性知识型服务），能够有效推进农业产业链条各环节的纵向分工（杨小凯、黄有光，1999），从而提升农业的生产迂回程度。

必须强调的是，尽管 s 标识的是一个地理上相邻农户的距离，但它可以表达众多含义：交易伙伴的密集度（降低交易主体的搜寻成本）、交易品种的多样性（降低交易产品的搜寻成本），以及交易的组织化与服务化程度。

综上所述，可以认为，对于一个不断发育的专业化的农业经济，农户的分工将首先从自给自足转向生产与服务的局部分工（结构 PT）演进，接着通过降低 s 并转型到结构 CT。这显然表达了农业的专业化、专业的多样化、社会服务化与经营组织化随分工演进的特征。

五、重新认识家庭经营：回归常识与转型发展

中国农业处于重要的历史转型期，农业经营制度何去何从也处于关键的转折关口。与此同时，各种见解与争论又重新开始白热化。无论理论与观点如何仁智相见，但对一些基本问题所存在的认识上的误区必须引起重视：一是认为家庭经营无法实现规模经济；二是认为农民只有自己经营所承包的土地，才能有效保护自己的权益；三是认为农地流转可能会影响土地承包经营权的稳定；四是认为土地的确权就是为了推进农地的流转。我们认为，梳理各种认识与主张，纠正各种偏差并达成共识，有必要重新回归理论常识。

（一）人民公社体制转向家庭承包制的有效性

公社体制的核心特征是所有权与经营权的合一，表现出"集体经营"的特点（类似于古典企业理论中两权合一的"经营"概念）。然而，农业的集体经营面临着天然的困难。

由于农业生产是通过利用有构造的生命自然力进而利用其他自然力的活动（中国农村发展问题研究组，1984），这表明在农业活动中，任何其

他自然力的利用方式（包括工业化农业）和利用程度，都要受到生命自然力构造的支配、限制和约束。由于农业活动是一种以生命适应生命的复杂过程，并且这一不容间断的生命连续过程所发出的信息，不但流量极大，而且极不规则，从而导致对农业的人工调节活动无法程序化。与之不同，工业生产的可控程度极高，其生产过程中的信息相对比较规则，且信息的发生、传递、接收和处理通常是程序化的。因此，在工业活动中，等级组织的运营可以根据权威指令而进行。但农业活动的主体必须根据生物需要的指令来做出有效反应，而且由于生命的不可逆性所内含的极强时间性或生命节律，决定了农业组织要比工业组织必须更具有反应的灵敏性与行动的灵活性[①]。这种灵敏性与灵活性所带来的生产不确定性，需要有灵活的信息决策机制，由此决定了与之相对应的经济组织不可能是大规模的（罗必良，1999）。因此，人民公社的效率缺陷在于：一是信息处理成本极高，易于导致生产决策的失误；二是劳动监督成本过高，极易导致偷懒与生产性努力不足的机会主义行为。

家庭承包制是在保持所有权不变的前提下，经营主体由"农户"对"集体"的替代，其核心特征是承包权与经营权的合一，表现出"家庭经营"的特点。因此，公社体制下的集体经营与分权体制下的家庭经营，都是"两权合一"的经营形式。但是，不能认为这仅仅是一个简单的主体替代而否定其制度变革价值。恰恰相反，经营主体的变化具有重要的制度含义。

（1）一个关键的突破就在于赋予了农户以"承包经营权"。即使承包经营权依然具有古典企业理论意义上的"经营权"特征，但是：①它包含了由集体成员的身份权所获得的承包权——可以称之为"准所有权"——因为农村土地是农民集体所有，农户具有部分代表所有权身份的特性，从而使农民获得了真实的财产性权利；②它包含了以农户为单位所获得的独立经营权，从而大大改善了排他性及其生产性努力。

（2）尽管二者都具有"两权合一"的"经营"特性，但出现了制度安排的革命性变迁：①发生了所有权与承包经营权的分离，基于产权细分改善了产权的实施效率；②家庭承包经营更适宜于农业生命特性所决定的现场处理要求，从而降低了生产决策、劳动监督等组织管理成本。由此，家庭经营具有天然的合理性（中国农村发展问题研究组，1984）。

---

① 因此，舒尔茨（1964）指出，在农业中，决策必须在现场做出，否则信息不足。

（3）更为关键的是,承包经营权的形成进一步的承包权与经营权细分提供了基础,从而扩展了产权配置及其效率改进的潜在空间。因为上述逻辑是针对农户承包权与经营权合一,或者说是没有分工的封闭状态下而言的。一旦农户的生产经营活动走向开放卷入分工,情形将发生根本性改观。

（二）家庭承包经营及其规模决定

农业生产绩效的高低可以从不同的角度进行评价,而不同的生产目标决定着不同的生产制度安排。比如,在小农经济状态下,由于农户的经营目标是安全最大化,农户的理性选择必然是避免风险（不冒险采用新技术、小而全避免自然风险、自给自足避免市场风险、尽量少的投资避免投资风险）,并努力使产量最大化（机会成本几乎为零的无限劳动投入与精耕细作）。但是,一旦农户目标转化为经营目标（收入最大化）,同时又要兼顾到产量目标（假定政府与农户在这个目标上的激励相容）,那么经营方式将发生重大变化。

农业生产必须依赖于土地,但是土地生产率的高低并不单一地由土地本身决定,而是由土地质量、种子种苗、栽培技术、植保与田间管理,特别是灌溉条件等多种要素共同表达的生产函数。不同特性的资源的相互配置,无疑会决定经营组织形式。比如,干旱地区的土地产出率,可能首先不是由土地质量决定,而是更多地依赖于灌溉条件。第一,如果灌溉具有可分性（如每个农户在自己的承包地里打井）,并不会产生特别的规模要求。但导致的问题是使相对土地资源更加稀缺的水资源的利用,既存在投资的不经济,也存在利用效率的低下。第二,如果灌溉设施不具有可分性,就会对农户的土地经营规模提出要求。从这个角度来说,干旱地区选择分散化的小规模经营并不一定是最适宜的经营方式。第三,如果存在良好的公共灌溉服务（中间性产品）,并且存在用水量的考核技术以及相应的激励与约束机制,那么家庭经营规模就转换为灌溉的服务规模问题。

即使不考虑要素配置,仅仅就土地的性质而言,推进规模经营也将是困难重重：①农业土地及其经营的立地条件,决定了地理上的不可移动性,农地的流转及其相对的集中面临技术约束；②农地的流转只能是经营权的流转,而规模的形成依赖于多个不同的农户,面临着租赁成本、缔约及其监督执行等交易费用的限制；③规模经济是成本与收益的对比,而成本与收益高低对于不同的农户或者行为主体来说是不同的。因为行为能力的不同，使得适度规模并不具有一致性与同质性。显然，已有文献忽视了资源特性所包含的产权含义，同时也夸大了农地规模扩大所隐含的经济性。

（三）产权分割、农业分工与规模经济转型

1. 农地经营权的产权分割及其交易

现代产权经济学认为，产权一般表现为排他权、处置权与交易权。其中，排他权的关键在于排他性占有（控制权与支配权），这是有关产权的各种维度中最为重要的。占有可以是时段性的（一个时期），也可以是长期的（中央已经明确赋予农民以长久承包经营权）；在占有的基础上农户可以自主使用和处置（前提是符合用途管制），并由此获得收益；如果农户发现自己的处置能力有限，并且存在潜在市场获利机会，流转权或者交易权就尤为重要。

由于产权是一组权利的集合，因此产权交易所交换的权利，既可能是全部权利束也可能是部分权利，既可能是永久性的也可能是时段性的。

产权的交易程度取决于几个方面：①与物品性质有关。如果一项物品具有可分性，交易就具有灵活性，既可以交易整个物品，也可以交易部分物品。②与产权属性有关。一项物品可能有多个有价值的属性，如果价值属性可分，则可能交易部分产权；如果价值属性不可分，则要么全部交易，要么不交易。③与交易能力有关。如果一个人具有有限的支付能力，他可能只购买其中的某个部分，或者购买某个时段的产权。

因此，产权的分割与产权的交易紧密相关。

（1）从产权分割的角度来说，农地的产权主体可以分为所有权主体（农民集体）、准所有权主体（农户）、经营主体以及生产操作主体（可以是农户，也可以是其他行为主体）。我国农地产权的流转，不包括所有权的流转，也不包括农户的土地承包权，能够交易的只有经营权和生产操作权，由此会形成农户以外新的经营主体与生产主体进入农业。因此，家庭经营可以与多主体经营并存。

（2）从产权效率的层面来讲，从所有权中分离出承包权，并将承包权界定给农户是恰当的，因为农户更有能力、更有积极性进行土地产权的排他、处置与行使；从发挥比较优势的角度来说，承包权、经营权乃至于生产权的分离同样是效率边界的扩展。进一步地，假定承包经营权赋予农

户,如果农户的行为能力不足、资源配置空间有限,农户将某些经营权分离出来并流转给具有比较经营优势的行为主体,无疑既可以带给交易双方的合作剩余,又可以改善资源的配置效率。由此可以认为,允许生产经营权在农户自主自愿的前提下进行规范流转与交易,恰恰是维护和实现农民土地财产权益的一个重要方式。

(3)产权分割和产权交易可以多种多样。从农户分离出的土地经营权,还可做进一步的产权细分。为了便于表述,有必要从法律层面做进一步的厘清。

《农村土地承包法》规定,农村集体经济组织的农户作为承包方"依法享有承包地使用、收益和土地承包经营权流转的权利,有权自主组织生产经营和处置产品",因此,农地经营权的法定表达即是"生产经营和处置产品"的权利。但是,该法并未对生产经营权与产品处置权做进一步的表达。根据《全民所有制工业企业法》和《全民所有制工业企业转换经营机制条例》的规定,经营权是经营者对其经营财产的一种占有、使用和收益的权利。具体分为14项,即生产经营决策权、产品劳务定价权、产品销售权、物资采购权、进出口权、投资决策权、留用资金支配权、资产处置权、联营兼并权、劳动用工权、人事管理权、工资奖金分配权、内部机构设置权、拒绝摊派权。

因此,参照上述法律,可以将农户土地的经营权做多样化的细分。例如,从横向上来说,生产经营权可以分割为经营决策权(生产什么、生产多少)与生产决策权(如何生产);从纵向上来讲,以物资采购权为例,可以分割为采购成本控制权与采购操作权。

值得注意的是,由于农业的生命特性,由产权分割而形成的分权主体能否有效行使其细分产权,则与产权客体有价值属性的技术可分性密切相关。例如,前文提到的土地种植,从产权角度来说,一块农田可以分割为不同的种植区从而满足不同生产主体的种植要求,但灌溉属性的不可分性则有可能对产权细分构成障碍。

但是,随着农业技术进步与中间品市场的发育,相对于承包权与经营权合一的经营方式而言,农业生产经营权的细分与农业生产活动的可分性,能够大大丰富产权交易与分工活动的多样性。

2. 农事活动的可分性与规模经济转型

农地经营权的分割为不同主体进入农业提供了可能性,但农事活动的可分性则具有现实决定性。家庭经营从农业生产的层面来说可以包含多种农事活动。如果所有的农事活动均由一个农户独立处理，那么前述的现场处理以及农户能力的约束，必然导致农户经营规模的有限性。家庭生产规模的扩大必然地面临着劳动雇佣，而劳动规模的扩大又必然地引发劳动监督问题。采用机械替代劳动显然是恰当的选择。但对农户来说，农机投资却是一把双刃剑，一方面机械化作业无疑会要求土地经营规模的匹配，另一方面有限的使用频率必然导致投资效率的低下。

显然，由农户购买机械转换为由市场提供中间品服务，则可能将家庭经营卷入社会化分工并扩展其效率生存空间。比如，在农户的水稻种植生产中，多数农艺与生产环节是可以分离的（或者说可以作为中间性产品）。其中，育秧活动是可以独立分离的，能够由专业化的育秧服务组织提供；整地、栽插、病虫害防治、收割等生产环节可以向专业化的服务组织外包。

尽管农业生产存在信息的不规则性，但专业化组织具有信息搜集与处理的比较优势；尽管存在服务质量的考核困难，但专业服务形成的资产专用性与服务市场的竞争，能够有效减缓监督成本问题。关键是，农事活动的分工与服务外包的可能性及其效率，与服务市场的规模密切相关。假如众多的农户能够将某个生产环节外包，从而构成一定的总需求规模，提供相应中间性产品即专业化服务的承接主体就能够获得进入的规模经济性，由此而形成的分工经济即可带来合作剩余。在这种情形下，家庭经营就与农户土地规模无关或者关联性很低。

因此，一旦农事活动卷入分工，农业的土地规模经营就转化为服务规模经营，规模经济也就表达为分工经济。

（四）家庭经营的性质及其多样性

我们知道，在真实的世界里，无论经济如何发展、结构如何转型，无论是在新兴的发展中国家还是在西方发达的资本主义国家，无论是传统技艺手工业、商业服务业还是现代工业，家族企业的存在及其家庭经营都具有广泛性。同样，农业的家庭经营亦具有普遍性。

从产权理论的角度来说，家族企业的本质特征就在于企业的股权及其经营控制权的多少。包括：①所有权与经营权完全为一个家族所掌握；②掌握着不完全的所有权，却仍能掌握主要经营权；③掌握部分临界所有权而基本不掌握经营权。这些均可视为家族企业。（潘必胜，1998）因此，从家族拥有全部两权到拥有临界控制权，家族企业可以看成一个连续的分布状态。一旦突破了临界控制权，家族企业就蜕变为公众公司。（叶银华，1999）

基于上述标准，可以认为，在赋予农户长久而稳定的承包权的背景下，无论发生怎样的产权细分与经营主体的分离，土地的农户承包所决定的"资格垄断性"，意味着我国农业家庭经营的性质均不会发生根本性变化。中央提出"坚持家庭经营在农业中的基础性地位"，是旨在强调农户的经营主体地位。家庭经营既可像中国这样户均承包经营5.58亩的土地，也可以像美国那样经营达到数百公顷规模的家庭农场。因此，家庭经营与规模无关，关键在于凸显农业经营的主体地位。

如前所述，企业是一种巧妙的交易方式，它可以把一些交易费用极高的活动卷入分工，同时又可以避免对这类活动的直接定价和直接交易。以此类推，可以认为家庭经营的本质，就在于将不可交易（或理解为交易成本极高）的准所有权（即承包权）置于农户的产权主体地位，并通过经营权与生产权的细分及其交易来改善依附于承包权的经营权配置效率，从而避免了对承包经营活动的直接定价与直接交易。因此，家庭经营基础性地位的关键在于农户的承包经营权主体地位。例如，公社集体经营中以家庭为单位的"大包干"、承包权与经营权合一的农户经营，以及承包权与部分经营权分离后的家庭经营等，均可视为家庭经营。

因此，家庭经营的形式是多种多样的（见表4）。

表4 产权细分条件下家庭经营的多样性

具体情形	承包权	全部经营权	部分经营权	没有经营权	全部生产权	部分生产权	没有生产权	农户经营特征
情形Ⅰ	√	√	—	—	√	—	—	类似于古典型家庭农场
情形Ⅱ	√	√	—	—	—	√	—	经营式农场：雇工劳动（选择性）
情形Ⅲ	√	—	—	√	—	—	√	A. 农业退出+承租农场（土地出租）
情形Ⅲ	√	—	—	√	—	√	—	B. 参与劳动+承租农场（土地出租）

（续表4）

具体情形	承包权	全部经营权	部分经营权	没有经营权	全部生产权	部分生产权	没有生产权	农户经营特征	
情形 IV	√	—	√	—		√		A. 股份合作社+农户参与劳动	合作经营
	√	—	√	—		√	—	B. 合作农场+代营+代耕	

注："承包权"可视为"准所有权"。如果将经营权与生产权做进一步的细分，将生产经营控制权作为判定标准，那么家庭农场就表现为一个"谱系"型的多样化构型。表中的情形只是初步的罗列。

其代表性情形是：

（1）在封闭状态或者交易成本很高的情形下，自给自足的家庭经营（类似于古典型家庭农场）是一种均衡。

（2）如果农户能够有效地租用土地以及雇佣劳动，家庭经营就转换为生产大户或者家庭农场（经营式农场），从而形成内部分工，并进一步形成相应劳动的交易与定价机制①。

（3）如果农户面临较高的劳动管理成本与产品市场的交易成本，农户有可能转出土地而转变为农业职业劳动者或者非农参与者②。不过，这将意味着农户对农业经营的退出。

（4）如果土地以股份的方式集中，就可能形成股份制或合作社农场。这类农场既可以集体经营（股份合作社），也可以是代营式的合作农场（前提条件是作为中间性市场的农业专业服务具有较高的交易效率）。要特别说明的是，农业的专业化服务不仅仅包括生产性服务③、技术性服务、营销服务，还可以包括管理决策服务等。其中，管理决策服务可以分

---

① 按照现行政策规定，家庭农场是指以家庭成员为主要劳动力，从事农业规模化、集约化、商品化生产经营，并以农业收入为家庭主要收入来源的新型农业经营主体。其中，关于劳动力的约束，意味着中国的家庭农场必然是小规模的。

② 如果农户拥有大量土地，可能转换为土地出租农场，但这种情形在家庭承包制背景下不可能存在，只能出现土地承租的租赁农场或者生产大户。

③ 早在20世纪80年代初，"中国农村发展问题研究组"（1984）就强调指出，任何发达国家的家庭农场总是同一个巨大而有效率的社会化服务网络密切联系在一起。

为决策咨询的服务外包、职业经理人的委托代理等。

显然，将农地流转看作对家庭经营的动摇，显然是对家庭经营在认识上的固化与偏执①。

应该说，在承包权与生产经营权分离及其细分的情景下，"家庭经营"就转化为在拥有承包权前提下对经营权和生产权的"终极控制权"（由于生产经营权依附于承包权，因此生产经营权的流转并不是割裂式的彻底交易，它迟早还会回到承包者手中）、"流转决策权"（生产经营权流转给谁、流转多少、流转多久、什么方式流转等）以及流转合作的"剩余索取权"。可以认为，在分工条件下，家庭经营的本质，就在于农户以土地承包权的主体地位，并在拥有终极控制权、流转决策权与剩余索取权的同时，作为生产经营权细分及交易的中心决策者与缔约者。

六、结论与讨论

（一）主要的结论

（1）以均包制为主要特征的家庭承包经营制度，一方面使得农地小规模、分散化及细碎化的经营格局难以获得规模经济，另一方面也使得农业劳动力的外流及其弱质化难以产生家庭经营的劳动分工。因此，通过农地的流转来解决规模问题或许是一个约束相对较多并且是缓慢的过程。

（2）在新古典经济学中，规模经济被当作经济增长最主要的驱动力量，但是这种解释经济增长一般机制的方法并不符合古典学派的经济发展思想。规模经济可能伴随在经济增长和发展过程之中，却不是经济增长与发展的根源，分工水平的高低才是经济增长的决定力量。

（3）农业的生命特性所决定的组织运行机制，表达了家庭经营的天然合理性。家庭经营与规模经济、与现代生产组织方式能够并行不悖。家庭经营既可以通过扩大土地规模来改善农场组织的"土地规模经济性"，也可以通过农业生产性服务（如代耕、代种、代收，甚至是职业经理人的"代营"等中间性服务产品）的纵向分工与外包来实现"服务规模经

---

① 这些貌似维护家庭经营稳定的主张，从实践的角度来说，都可能导致家庭经营陷入封闭的小农经济状态。

济性"。

（4）制度目标与制度底线所决定的中国农村基本经营制度，其本质特征可以表达为：坚持和落实集体所有权、稳定和强化农户承包权、放开和盘活土地经营权、加强和贯彻用途管制权（可简称为"集体所有、家庭承包、多元经营、管住用途"）。由此，农村基本经营制度完善与创新的空间就集中表现为经营权的产权调整、经营主体的培育、分工深化机制以及经营体系的创新。以土地"集体所有、家庭承包、多元经营、管住用途"为主线的制度内核，将成为我国新型农业经营体系的基本架构。

（二）进一步的讨论

1. 关于农民合作社问题

无论是理论研究还是政策选择，农民合作组织问题都受到了广泛关注。实践中的中国农民合作社，形式多种多样，却有着不同的制度特性。

（1）以分享土地增值收益而形成的土地股份合作社。其主要特征是分享土地非农利用的增值收益，同时强化农户对农村集体资产的财产权利。尽管这类形式的股份合作社普遍存在的股权设置的社区封闭性、社区分利机制与福利主义、集体产权的模糊性与内部人控制问题，使得这类制度安排经常招致制度效率与制度复制的质疑，但考虑到不属于农业经营制度的范围，我们不予讨论。

（2）以改善规模经济而组建的土地股份合作社。其共同特征是以农户的土地经营权入股形成土地股份合作社。其具体的运作方式主要包括：①集体统一经营方式。即农户土地由社区集体统一经营（类似于表4中情形Ⅳ中的A）。这种经营形式的成功与否依赖两个方面，一是是否存在领头人的"能人经济效应"，如果经营者能力有限或者经营失误，往往会导致合作社的解体；二是是否存在良好的治理机制，如果"内部人控制"问题得不到化解，亦会导致合作社的不稳定。应该说，统一经营方式所依附的"权威机制"，既不具有可复制性，也难保证合作社的可持续性。②集体租赁经营方式。即将农户的土地入股成立合作社，然后以合作的名义将土地转租给农业企业或者大户经营（类似于表4中的情形Ⅲ），农户作为股东只是分享土地租金。这类方式在本质上类同于本文前述的"公司+农户"形式。不同的是，此类合作社能够有效降低土地租用主体与农户分散谈判的交易费用，改善土地租金的价格生成效率。但是，合作社的内部人控制与合约的不稳定问题,往往成为其致命缺陷。(罗必良,2011)上述两种方式都存在共同的问题:第一,农户不再是农业的经营主体;第二,没有体现农户土地的人格化财产特征,容易内生强烈的行政强制特征;第三,合作社作为一种装置,仅仅是土地收益的一种分利机制,而不是一种经营机制;第四,缺乏专业化的分工机制,尤其缺乏企业家能力的生成与职业经理人队伍的发育。

(3)以农业服务为主线的农民专业合作组织。包括提供农业生产环节服务的专业技术合作社以及提供全程服务的"托管式"社会化服务组织。

值得注意的是,农业生产环节的服务并非独立的土地经营主体,因而没有取代农户经营的主体地位,但往往缺乏服务组织与农户经营组织的交易平台,使得专业化服务面对众多分散农户,既不具有规模经济,也隐含高昂的交易成本;土地的"托管"在一定程度上已经类似于"租赁经营"(类似于表4中的情形Ⅲ),只是将租赁经营与社会化服务结合,但农户已经退出了农业经营,不再是农业的经营主体。

本文关注的问题在于,农业的家庭经营如何与不同的经营主体共同发展,既发挥家庭经营的比较优势,又吸纳其他主体的组织优势;既推进农业经营方式的创新,又不导致对家庭经营基础性地位的削弱。因此,崇州"农业共营制"(参见本书《农地流转的市场逻辑:理论线索与案例分析》一文中的案例分析,类似于表4中情形Ⅳ中的B)通过三大交易装置所形成的经营主体的"共建共营"、合作收益的"共营共享"、经营目标的"共营多赢",能够有效解决土地与资本的结合、土地与企业家能力的结合、土地与社会化服务的结合。

2. 关于农业经营制度问题

产权经济学区分了两个重要的概念,一是产权赋权,二是产权实施。明晰的赋权是重要的,但产权主体是否具有行使其产权的行为能力同样是重要的。产权的实施包括两个方面:一方面是对产权的实际处置,另一方面是对产权的转让与交易。由于产权在实施中的强度问题,使得同一产权在不同的实践环境、对于不同的行为主体,都可能存在实施上的差异。由此,农业经营制度的有效创新依赖于两个关键因素。

(1)明确而分立的产权。市场可以被认为是普遍化了的商品交换关系,而这种交换关系的维系必须要有相应的产权安排来保证交易的顺利进行。在市场交换的过程中，产权主体只有预期没有被抢劫而无处申诉的危险时，他才会积累财富并努力将财富最大化；当产权主体在把手中的货币或货物交给其他主体而不必担心对方不按合约办事时，或者在对方不履行合约而能够保证以一种低成本的方式挽回或减少损失的情况下，交易才会顺利进行。因此，只有在有明确的产权保护的情况下，交换才能顺利进行，价格（市场）机制才能发挥作用。由此，明晰的赋权意味着产权的保护、排他、尊重与契约精神。

正因为如此，农村经营制度的底线是必须维护农民的人格化财产，提升农民对土地的产权强度并保护农民的土地权益，在此前提下构建公开而有秩序的农地产权流转市场，并尊重农民自主参与流转的权利。

（2）合乎要求的经济组织。"合乎要求"一方面是指改善产权的处置效率，另一方面是指降低产权的交易成本。本文对科斯定理的分析表明，对于已经确权颁证的农户承包经营权来说，重新调整产权来改善处置效率与交易效率的空间并不存在，因此，从产权调整转向经济组织构造是必然的选择。科斯（1937）指出，市场运行是要花费成本的，而市场与企业是两种可以相互替代的资源配置的手段。因此，降低产权的实施成本，依赖于有效的关于生产组织和交易组织的选择与匹配。可见，农业的经营机制不仅包括要素价格机制、产权分立机制，还要有合乎要求的组织机制及其交易装置。

就农业经营体系来说，一方面，既要坚持家庭经营的基础性地位，又要化解农户经营的行为能力不足、分工不足与规模不经济问题，因而农业生产经营方式的创新尤为重要；另一方面，既要赋予农民更多财产权利，又要规避农户土地的禀赋效应，因而农地产权交易方式的创新同样关键。正是基于这样的角度，农地流转及其交易装置的匹配，就具有更为重要的理论内涵与现实价值。

参考文献

[1] Casoon M. The entrepreneur: an economic theory [M]. New York: Oxford: Martin Robertson, 1982.

[2] Cheung S. The contractual nature of the firm [J]. Journal of Law and Economics, 1983, 26 (1).

［3］Coase R. The nature of the firm［J］. Economica, 1937, 4（4）.

［4］Demsetz H. Ownership, control and the firm—the organization of eonomic activity［J］. Basil Blackwell, 1988.

［5］Knight F. Risk, uncertainty, and profit［M］. New York: A. W. Kelley, 1921.

［6］Rawal Vikas. Agrarian reform and land markets: a study of land transactions in Two Villages of West Bengal (1977—1995)［J］. Economic Development and Cultural Change, 2001, 49（3）.

［7］Samuelson P A, Nordhaus W D. Economics［J］. The McGraw-Hillcompanies, Inc, 1998.

［8］Schultz T W. Transforming traditional agriculture［M］. New Haven: Yale University Press, 1964.

［9］Williamson O E. The economic institutions of capitalism［M］. New York: The Free Press, 1985.

［10］Yang X, Y-K. Ng. Theory of the firm and structure of residual rights［J］. Journal of Economic Behavior Organization, 1995, 26（1）.

［11］曹正汉. 寻求对企业性质的完整解释：市场分工的不完备性与企业的功能［J］. 经济研究, 1997（7）.

［12］国务院发展研究中心农村部课题组. 稳定和完善农村基本经营制度研究［M］. 北京：中国发展出版社, 2013.

［13］何秀荣. 公司农场：我国农业微观组织的未来选择？［J］. 中国农村经济, 2009（11）.

［14］黄桂田, 李正全. 企业与市场：相关关系及其性质——一个基于回归古典的解析框架［J］. 经济研究, 2002（1）.

［15］刘凤芹. 不完全合约与履约障碍——以订单农业为例［J］. 经济研究, 2003（4）.

［16］罗必良. 合作机理、交易对象与制度绩效——温氏集团与长青水果场的比较研究［C］//中国制度变迁的案例研究：第六集. 北京：中国财政经济出版社, 2008.

［17］罗必良. 农业性质、制度含义及其经济组织形式［J］. 中国农村观察, 1999（5）.

［18］罗必良, 等. 产权强度、土地流转与农民权益保护［M］. 北京：

经济科学出版社，2013.

[19] （美）曼昆. 经济学原理 [M]. 梁小民，译. 北京：北京大学出版社，1998.

[20] （英）约翰·穆勒. 政治经济学原理：上卷 [M]. 胡企林，朱泱，等，译. 北京：商务印书馆，1997.

[21] （美）约瑟夫·E. 斯蒂格里茨. 经济学：上册 [M]. 梁小民，译. 北京：中国人民大学出版社，1997.

[22] （美）亚当·斯密（1776）. 国民财富的性质和原因的研究：上、下卷 [M]. 郭大力，王亚南，译. 北京：商务印书馆，1994.

[23] （法）泰勒尔. 产业组织理论 [M]. 张维迎，等，译. 北京：中国人民大学出版社，1999.

[24] 向国成，韩绍凤. 分工与农业组织化演进：基于间接定价理论模型的分析 [J]. 经济学（季刊），2007（2）.

[25] （美）约瑟夫·熊彼特. 经济周期循环理论：对利润、资本、信贷、利息以及经济周期的探究 [M]. 叶华，译. 北京：中国长安出版社，2009.

[26] 徐庆，尹荣梁，章辉. 规模经济、规模报酬与农业适度规模经营——基于我国粮食生产的实证研究 [J]. 经济研究，2011（3）.

[27] 杨小凯. 经济学原理 [M]. 北京：中国社会科学出版社，1998.

[28] 张维迎. 企业的企业家：契约理论 [M]. 上海：上海三联书店，1995.

[29] 钟文晶，罗必良. 禀赋效应、产权强度与农地流转抑制——基于广东省的实证分析 [J]. 农业经济问题，2013（3）.

附录

罗必良主要著述目录

[1] 《从贫困走向富饶》，重庆出版社 1991 年版。
[2] 《中国乡镇企业：发展、调控与变革》，北京农业大学出版社 1993 年版。
[3] 《管理学原理》，中国财政经济出版社 1996 年版。
[4] 《农业·农村·农民——思考与选择》，广东人民出版社 1997 年版。
[5] 《活个明白——经济学告诉你》，上海人民出版社 1999 年版。
[6] 《21 世纪的广东农业》，广东高等教育出版社 1999 年版。
[7] 《市场化进程中的组织制度创新——"布吉模式"的创新价值及对中国农产品流通体制改革的启示》，广东经济出版社 1999 年版。
[8] 《中国农业可持续发展：趋势、机理及对策》，山西经济出版社 2000 年版。
[9] 《经济组织的制度逻辑：一个理论框架及其对中国农民经济组织的应用研究》，山西经济出版社 2000.
[10] 《走向生态化经营——沱牌集团的创新及其启示》，中国数字化出版社（香港）2001 年版。
[11] 《技术创新、制度创新与农村发展》，中国数字化出版社（香港）2002 年版。
[12] 《产权制度与经济组织》，中国数字化出版社（香港）2003 年版。
[13] 《政府、市场及意识形态——新制度经济学的解析》，中国数字化出版社（香港）2003 年版。
[14] 《农村经济组织的创新与绩效——新制度经济学的解析》，中国数字化出版社（香港）2003 年版。
[15] 《新世纪的抉择——广东农村改革与发展的若干问题研究》，中国数字化出版社（香港）2003 年版。
[16] 《新制度经济学》，山西经济出版社 2005 年版。
[17] 《现代农业发展理论：逻辑线索与创新路径》，中国农业出版社

2009年版。

[18]《合作机理、交易对象与制度绩效——"温氏模式"及其解读》,中国农业出版社2010年版。

[19]《"公司+农户":合作契约及其治理——东进农牧有限公司的案例研究》,中国农业出版社2012年版。

[20]《粤澳食品安全合作机制研究——基于农产品安全视角》,中国农业出版社2012年版。

[21]《集体林权制度改革——广东的实践与模式创新》,中国农业出版社2013年版。

[22]《产权强度、土地流转与农民权益保护》,经济科学出版社2013年版。

[23]《中国农业经营制度——理论框架、变迁逻辑与案例解读》,中国农业出版社2014年版。

后　记

本书收录了笔者近几年关于农地产权、农业合约以及农业经营制度等方面的论文 12 篇，集中反映了本人在中国农业制度经济领域的近期研究成果。

部分文稿是我与我的研究生合作的成果。因此，我要向他们表示感谢。他们分别是：曹正汉（现为浙江大学经济学院教授、博士生导师）、何一鸣（现为华南农业大学经济管理学院教授）、钟文晶（博士，现为华南农业大学经济管理学院讲师）、凌莎（博士，现为桂林理工大学管理学院教师）。

事实上，本书收录的论文也是我领导的学术团队长期协作的结果。除了上述人员之外，罗明忠教授、米运生教授、胡新艳教授、李尚蒲副教授、刘一明副教授、陈灿副教授、陈利昌副教授、谢琳博士、彭东慧博士，以及团队成员所指导的研究生，均以不同的方式为本书做出了贡献。

本书收录的论文得到多个项目基金的资助，包括高等学校优秀青年教师教学科研奖励计划（2000076）、教育部哲学社会科学研究重大课题攻关项目（09JZD0022）、教育部创新团队发展计划（IRT1062、IRT-14R17）、国家自然科学基金重点项目（71333004）、广东省宣传文化人才专项资金（2013—21），在此特致谢意。当然，也要感谢发表这些论文的学术刊物，包括《中国社会科学季刊》《改革》《经济研究》《学术研究》《农业经济问题》《中国农村观察》《贵州社会科学》《江海学刊》《南方经济》等。

本书的选编整理与出版，得到了国家自然科学基金重点项目"农村土地与相关要素市场培育与改革研究"（71333004）、教育部创新团队滚动支持计划"中国农村基本经营制度"（IRT-14R17）的资助。

与此同时，感谢中共广东省委宣传部及广东省社会科学界联合会对本书出版的组织与资助。

罗必良

2015 年 8 月 26 日